尼山文库

面向世界的儒学

尼山世界儒学中心

联合研究生院共同课2022

靳诺 主编

中国人民大学出版社

· 北京 ·

学术顾问

张立文　陈　来

总 策 划

靳　诺

监　　制

国承彦

策　　划

（按姓氏笔画为序）

王新清　刘　皓　刘元春　刘增光
李术才　辛亚民　张人禾　陈传夫
陈曾平　周　杰　宫志翀　龚旗煌
梁　斌　臧峰宇　潘　悦

【代　序】

传承发展中华优秀传统文化
培养堪当复兴重任时代新人*

尊敬的各位老师、同学们好！

一元复始，万象更新，早春生机盎然，又是一年新的开始。《诗经》有云："周虽旧邦，其命维新。"中华文明正昂首于新的时代，我们正走在实现中华民族伟大复兴的道路上。我们刚刚跨过"两个一百年"奋斗目标的历史交汇点，开启了全面建设社会主义现代化国家新征程。在这个春天，尼山世界儒学中心联合研究生院开启了面向世界的儒学系列课程，这是我们在新时代传承和弘扬中华优秀传统文化、探索儒学教育传播的一次新尝试。

党的十八大以来，党中央和国家高度重视中华优秀传统文化的传承与发展。2013 年 11 月，习近平总书记在考察山东曲阜的时候明确提出，中华优秀传统文化是中华民族的精神命脉，中华民族伟大复兴需要以中华文化发展繁荣为条件，发出了传承、发展中华优秀传统文化的号召。

2014 年 9 月，在纪念孔子诞辰 2565 周年的大会开幕式上，习近平总书记发表重要讲话。他说，中国人民的价值观和精神世界，是始终深深植根于中华优秀传统文化沃土之中的，马克思主义基本原理必须同中国具体实际紧密结合，努力实现传统文化的创造性转化、创新性发展。此后，推动中华优秀传统文化创造性

---

* 这是中国人民大学原党委书记，尼山世界儒学中心理事长、联合研究生院院长靳诺教授 2022 年 2 月 24 日为"面向世界的儒学"学术系列讲座所做的开课致辞。

转化、创新性发展被写入了党的十九大报告，成为新时代传承发展中华优秀传统文化的一个方针。

2021 年，习近平总书记在“七一”重要讲话中明确指出，坚持把马克思主义基本原理同中国具体实际相结合，同中华优秀传统文化相结合。这不仅阐明了马克思主义中国化的重要文化内涵，而且体现了中国特色社会主义道路深厚的文化底蕴。

党的十九届六中全会通过了《中共中央关于党的百年奋斗重大成就和历史经验的决议》(以下简称《决议》)。《决议》指出，习近平新时代中国特色社会主义思想是当代中国马克思主义、二十一世纪马克思主义，是中华文化和中国精神的时代精华，实现了马克思主义中国化新的飞跃。《决议》还特别指出，文化自信是一个国家、一个民族发展中最基本、最深沉、最持久的力量。《决议》揭示了习近平新时代中国特色社会主义思想是对中华民族 5000 年文明的传承与发展，表明习近平新时代中国特色社会主义思想深深地植根于中华文化的沃土之中，它是有着深厚的中华文化底蕴的。

在新时代建设社会主义现代化国家新征程上，推进马克思主义的中国化，既要找到马克思主义同中华优秀传统文化的内在契合和高度融合之处，也要以新的时代精神不断激活中华优秀传统文化的内在生命力，在实践中不断将新的文化熔铸于马克思主义中国化的理论成果中，不断开辟马克思主义中国化新的境界。

要持续深入探索“两个结合”和“双创”的时代命题，就要深入探究包括儒学在内的中华优秀传统文化的要义及其时代精神，培养一批信念坚定、视野开阔的研究者和理论人才。为此，在山东省委和教育部共同支持下，尼山世界儒学中心应运而生。自 2019 年成立之日起，我们中心的建设目标就是打造成为世界儒学研究高地、儒学人才聚集高地、儒学普及推广高地和儒学国际交流传播高地。其中学术研究和人才培养又是我们中心建设的重中之重。

2020 年 11 月，尼山世界儒学中心联合研究生院揭牌成立，联合研究生院是国家重点支持的新型研究生院，承担着儒学方向高层次的培养任务。我们与中共中央党校、中国社会科学院大学、北京大学、清华大学、中国人民大学、复旦大学、山东大学、武汉大学、四川大学、中山大学等 10 个单位联合共建，汇集了国内外一流的教学与研究人才。2021 年经教育部批准，我们招收了首批儒学专项博士研究生，开启了儒学高等人才培养的新模式。

我们面向世界的儒学系列讲座课程，经过了一段时间的谋划，今天将在这里做一次尝试。这个课程的名称还是非常好的，儒学不只是中国的学问，实际上早已走向世界，已经成为人类文明的一个重要组成部分。儒学传统积淀着中华民族最深沉的精神追求，亲仁善邻、博施济众、成己成物、天下为公、和合大同等理念，同样应该成为构建人类命运共同体，促进人类文明交流互鉴，让人类未来得以生生不息、发展壮大的丰厚思想。

这个课程以系列讲座的形式，云集了如今儒学研究领域德高望重的著名学者。我相信一定是纵观古今、跨越中西，这里面既有深厚的学术底蕴，也会表达鲜明的时代精神，相信他们一定会为尼山世界儒学中心联合研究生院的同学们呈现高水准的学术盛宴。特别希望同学们能够珍惜机会，认真地听课，扎实地学习，相信对大家守正创新、明德弘道一定有很大的帮助。

靳 诺

【目　录】

第一讲

内圣外王论

主讲人：张立文
著名哲学家、中国人民大学荣誉一级教授

一、内圣外王观念的来源

我今天讲的是内圣外王问题。我们知道，内圣外王看起来是儒家的思想，一个价值理想，但是内圣外王这个命题，不是出现在儒家的四书五经当中，而恰恰出现在道家的《庄子·天下》当中。为什么看似儒家的命题，却出现在了道家的著作当中，为什么会是这样？《庄子·天下》当中是这么说的："判天地之美，析万物之理，察古人之全，寡能备于天地之美，称神明之容。是故内圣外王之道，暗而不明，郁而不发，天下之人各为其所欲焉以自为方。"也就是说，正是在内圣外王之道"暗而不明，郁而不发"的情况下，庄子才提出了这个问题。

那么我们再回过头来，就是说：为什么这个命题会出现在道家里头？那么我讲完下面的问题以后你们就会明白了。我今天要讲这么几个问题，首先就是要把内圣外王是什么意思搞清楚。当时先秦的诸子各派，按照自己的主张来讲问题，所以就形成了当时的百家争鸣、百花齐放，各个人的意见不一样的情况。正因为各派有各派的主张，所以在这个问题的解释上有不同意见。

第一种解释认为内圣外王是道家的价值理想，就是指以内在的圣人之德实行外王之政，后世儒家也以此为标榜。第二种解释认为内圣是指高度的道德修养，内在的一种圣，施于外的话就是王政。第三种解释认为道家的政治理想是由王者之位推进自然无为的王道。后来儒家所标榜的内圣外王是以圣人的道德修养为体，外王仁政为用，也就是说以体用来解释内圣和外王的问题。

就第一点补充说的话，道家讲清静，讲无为，这其实是它的一种修养工夫，是内圣的问题。我们从道教来看，那就更清楚了。你怎么样能够羽化登仙？你必须通过自己的修行修养，排除外在的干扰，黜聪明，才能够达到清静、无为的境界。如果你有为的话，就会有一种念头，你就不可能清静，就不可能无为；但是老子讲“无为而无不为”，他为什么这么讲呢？就是说人都要活动，也不是什么都不做，修养本身也是一种做。所以我们可以看《老子》书中讲：“邻国相望，鸡犬之声相闻，民至老死不相往来。”他又讲，怎样治大国呢？就像烹小鲜。所以，怎么做就是一种修养的问题。道家讲你怎么样达到真人境界，真人是什么？就是你在大湖里游不觉得热，你在深水里游也不觉得冷。这么一个境界就是真人的境界、超人的境界，你外在的东西都不可能来损害你，你不会被外在的环境、社会、制度所束缚。你的修养达到这么一个程度，就是道家的内圣。道家以及后来的道教，都需要你的修养来提升自己的水平。这也就是为什么我把内圣的一种解读，理解为道家的价值理想。

第四种解释是以此为儒家文化理想，圣王是这种理想的一种人格化，也是为了实现这个理想而塑造的一种典型人格。儒家把尧、舜、禹、汤、文、武、周公等历史人物理想化，那么作为圣王的代表，先秦典籍当中的这些历史人物人格的特质，就是按照内圣外王来塑造的。内圣外王奠基于孔子，他所在的鲁国是保存周代礼乐最为丰富的一个国家，但是春秋末年，礼崩乐坏，在这么严重的情况下，最感到忧患的是孔子，所以孔子讲：“八佾舞于庭，是可忍也，孰不可忍也？”什么叫礼崩乐坏？礼崩乐坏是指周代的文治以及贵族的行为控制力已经普遍失效了，维护社会安定的秩序已经动摇了，那么这就引起了孔子极大的忧患。他认为之所以礼崩乐坏，就是因为人自己的内心堕落了，人类行为和礼乐相脱节、相背离了，所以他认为应该从人心这个地方入手，有出世之道德自觉，培养其精神的活力和自己的控制力来重建客观的规范。所以他提出了“克己复礼为仁”，这就表示了一种要求，是要在内圣这一点上来着手。

那么孔子内圣的要求是什么呢？是要实现外王。希望用周代的文治重新发挥社会政治的活力。所以孔子周游列国，有人讲他就像丧家之犬一样到处跑，也有这么来贬低他的，那么他为什么要周游列国？他要实现他的政治理想，希望能有国家按照他的政治价值理想来施政，这就是他周游列国的一个根本目的。

在内圣外王的问题上，孟子没有想重建周文——周代的文治——这样一个理想，但是他特别关注仁政、德政、王道的主张，要树立儒家德治主义的一种典范。那么德治主义就使内圣与外王的思想紧密地结合在一起，所以孟子提到圣王观念的时候，主要是将尧、舜、周公、孔子作为代表。但是他喜欢讲王霸对立："以力假仁者霸"，力量假借以仁的名义，这个的话就是霸；"以德行仁者王"。有一次我们在学术会议上，同台湾地区的学者进行对话，关涉什么叫王道，什么叫霸道。我当时就说，"己所不欲，勿施于人"，这就是王道；"己所不欲"，要施于人，这就是霸道——我自己不愿意，但是我要把这个转嫁给别人；我自己不要战争，但是我要把战争转嫁给别人。我们知道春秋战国的时候，各个诸侯国为了自己的利益扩展自己的土地，不断地祸害他国，当时的战争是非常残酷的，所以孟子讲杀人的血都可以使地上的木杵漂起来。所以我们可以看到，秦国和赵国的长平之战，白起就坑杀了赵国 40 万的士兵，这就是霸道。当时很多人对此是嗤之以鼻的，因此，面对这种情况，孔子和孟子基本上是偏向于内圣的，不主张霸道。

从这里来看，我们可以回答刚才提出的问题，为什么内圣外王的命题出现在道家著作当中。我们知道《周易・系辞传》中有一句话："天下同归而殊途，一致而百虑。"这里可以看出中国的思想是什么？是多元一致！中国的思想就是这样，是一体多元。从这个角度来看，所谓道家、儒家、墨家其实都出于《周易》。我们知道《周礼》上有这么一句话，它说太卜"掌三《易》之法，一曰《连山》，二曰《归藏》，三曰《周易》。其经卦皆八，其别皆六十有四"。为什么有三《易》？三《易》的首卦是不一样的。比如说《连山》以艮卦为首卦，艮就是山，《归藏》以坤卦为首卦，《周易》以乾卦为首卦。那么为什么第一卦不一样？按照汉代郑玄以及后来学者的解释，《连山》是夏代的《易》，《归藏》是商代的《易》，《周易》是周代的《易》。"连山"就是山连山，以夏禹治水这样一种英雄事迹作为崇拜对象，其后世尊崇者就是墨家。大家知道墨家都是穿着草鞋，是苦行僧这样的形象，学习的就是夏禹治水所具有的奋斗精神;《归藏》是黄帝易，道家是黄老之学;《周易》是伏羲易，我们知道伏羲作八卦，文王在羑里的时候演六十四卦。就是说，儒家和道家其实都同源于《易》，一个是以乾卦为首卦，一个是以坤卦为首卦，都是从这里出来的。那这样我们就可以说，儒家也好，道家也好，它们都同源于《易》，所以说是“同归而殊途，一致而百虑”。如果从这个角度来看这个问题的话，那么内圣外王这个命题出现在道家就不奇怪了。

虽然儒道同源，但是它们之间有没有不同？我们知道，儒家是贵刚，《乾卦·大象传》讲:“天行健，君子以自强不息。”就是说要不断奋斗。道家以坤卦为首卦，讲“地势坤，君子以厚德载物”。像大地一样能够承载天下万物，也就是说你的胸怀要很宽阔，能够包容一切、吸纳一切。也就是说，儒家贵刚而道家贵柔，我们可以讲一个是阴一个是阳。所以中国人的性格既有刚强的一面，也有柔顺的一面。一方面是自强不息，人不犯我我不犯人，人若犯我我必犯人；另一方面呢，中国人还有包容性、宽容性，我们能够很好地向大家学习，向别的民族、别的国家学习，我们能接受世界各个民族的优秀文化，为我所用。这就是为什么在当今世界上，一方面我们能够具有坚定的自信，另一方面我们也以非常谦虚的态度来接受其他国家、民族的优秀文化，中国5000年来文明不中断，很重要的原因即在于此。

我们知道四大文明古国，很多古国中间都断了，没有延续下去，只有中国能够延续下去而不断，为什么？因为中国人有一种包容的态度。宋代的时候，开封有很多犹太人，但是后来都被华夏文明同化了。清代满族也基本上被中华文化同化了。中国的包容性、宽容性，使得中国的文化在不断吸收外来优秀文化的过程当中，不断做大自己，不断强大自己，所以使5000年的文化不中断，这就是很重要的原因。中国的古人是非常有智慧的，是有极高明的智慧的。如果说没有极高明的智慧，就不可能在这5000年的运营当中能不断地闪光，这个是很少民族能够做到的。中国人的精神，中国人的人格魅力，就在于内圣。外王就是实行仁政、德政，其结果就使得中国能够不断地壮大。

二、内圣与性情

怎么样能够做到内圣？如果从我们的价值理想、人格的魅力、思想的修养、道德的提升这些层面来说，第一点就是“各正性命”。什么叫各正性命？《周易·乾卦》有一句话：“乾道变化，各正性命。保合大和，乃利贞。首出庶物，万国咸宁。”大家去看过故宫没有？故宫的第一个大殿是太和殿，再进去是中和殿，最后一个殿是保和殿。所以你们不要小看《周易》，很多文化都由此而来。那么这里有个问题：为什么在太和殿和保和殿中间有个中和殿？如果你们懂得《周易》的话就知道了，《周易》里面有个既济卦，既济卦下面是个离卦，上面是个坎卦，离是火，坎是水。这两个配在一起，按照《周易》来讲，阴爻在阴位，阳爻在阳位，各得其位，非常正。九五爻为君位，为阳爻；六二爻为臣位，为阴爻。所以在太和殿与保和殿之间有个中和殿，就是说是个中介，调和君臣。故宫再往里走，就是乾清宫、交泰殿、坤宁宫。一共六个殿，对应卦象的六个爻。所以回到主题上来看，“各正性命”就是各安其位、各尽其职。如果说都按照礼仪不逾越，那么就是万物生长，所有的国家都非常安宁。

第二点是“养性立命”。《孟子》讲：“尽其心者，知其性也。知其性，则知天矣。存其心，养其性，所以事天也。夭寿不贰，修身以俟之，所以立命也。”我们天天讲安身立命，那么怎样安身立命？我们每个人都希望我们在社会当中能够安身立命，那就是说你必须修养自己的性，由此才能立命。这个“命”是一个必然性的问题，人终究要死，这个是逃不了的。这个“运”是偶然性的。所以我们每个人立足于社会，必须掌握自己安身立命的问题。那么我们怎样能够立命？那就需要从人性修养这一方面着手。“夭寿不贰”，长寿还是夭折，这个东西人是不能改变的。但命运可以改变，那就是通过道德修养。佛教讲“善有善报，恶有恶报”，《周易·坤卦·文言》讲“积善之家必有余庆，积不善之家必有余殃”。人怎么样改变自己的命运，就是要做好事，为人类谋福，为我们民族谋福，为大家谋福。这样你就能改变自己的命运。

《淮南子》中讲，一个人怎么样能够立命呢？那就是要能够和悦亲近地来看自己的性命，看到性命的自然性，能获得愉悦，获得快乐。董仲舒则认为，人的性命是天主宰的，他说：“命者天之令也，性者生之质也，情者人之欲也。”（《天人三策》）命是天来决定的，从这个意义上来讲的话，董仲舒和《淮南子》对性命的理解不同。

道家主张清静无为，如果说一个人能够保持清静无为，他的心情就比较愉快，就不会被烦恼所打扰，就不会有焦虑、痛苦、抑郁，他就能够活得长。如果一个人很焦虑、很烦恼，这个人的状态就不会很好。这个我自己也有体会。我们知道冯友兰有一段时间受批判，我们经常参加他的批判会。但是他能活到 95 岁。有一次我们一起开会，批判他的思想，我问他，我说：冯先生你听见我们的批评没有？他怎么说呢？他说：我从这个耳朵进，那个耳朵出。他根本不把对他的批判放在心上，保持一种很宽容的态度。所以，一个人如果保持清静无为，他的心情就非常开阔，能够包容一切不同的意见。这是能够长寿的重要秘诀。

第三点就是“尽心知性”。为什么讲尽心知性？我们知道人性的“性”从心旁，这就是讲人的主体性。人的心性既具有自然性，又具有社会性。刚才我还跟我的博士生说，汉字很好认，因为音、形、义是统一的。比如植树的“植”，木旁就是指与木有关，右边的“直”就是说这个声音是直。把这个一掌握，这个声音就读出来了，就不容易错字。人性的“性”是心旁，那就是说这个字和人的心有关。我们知道孔子讲“性相近，习相远”，孟子讲人生来都是善的，荀子讲人性本恶。西方人说人性是恶的，所以不可能以自律来控制、把握自己的恶性，必须有外在的法律，需要外在的力量。中国人讲人性本善，只要我们教化好，就会保持初心。所以中国人讲教化，使人能够从善，启发其自律；西方人讲人性是恶的，所以必须有他律，外在的法律。也就是说从人性出发，导致一个重教化，一个重法律；一个启发人的自觉，一个否定人的自觉，企图用外在的力量来约束人。这就是中西的区别，从哲学上讲就是两个路向。我们可以讲西方从古希腊的泰勒斯，到柏拉图、亚里士多德，到费尔巴哈，他们讲世界有一个本原，这个本原就像上帝创造万物一样。世界的本原要么是水，要么是火，要么是原子，一直到黑格尔讲绝对精神。所以我们从此来看，西方是讲一元的。实际上西方的哲学是上帝的变种，从泰勒斯一直到费尔巴哈，都在追求一个“一”。中国就不一样，中国的哲学是讲多元的，讲“和实生物，同则不继”。怎么讲“和实生物”？就是《国语》“先王以土与金木水火杂，以成百物”，就是说金、木、水、火、土是不同的东西，杂合起来生成百物。这是多元的。

有一年我在希腊开会，开会地点离爱琴海很近。我们就在那里游泳，爱琴海的水质非常好，浮力也很大，清澈见底，鱼在水里游我们都能看见。我们在岸上看到好多木头浮在水上，就像地球浮在水上一样，所以很能理解泰勒斯讲水是万物的本原。我们也去看日出了，在爱琴海看日出非常明显，突然就从海底蹦出来一个火球一样的东西，由此大概也能想见为什么赫拉克利特说世界的本原是火。

西方讲万物的本原是一个东西，中国讲金、木、水、木、土多种元素合起来，然后才能够成为万物。从这个意义上来讲，中国和西方的思想从源头上就是两个路向。简单讲，中国讲多元，也可以讲多元一体；西方讲一致性、统一性。此外，我们一定要注意到这么一个问题，孟子讲性本善，荀子主张性是恶的，但是荀子讲人可以改造，也就是说可以把人性的恶改造成为善性，那么最终还是认为人会向善的方向发展。

我还要讲一下性情是综合的。中国哲学有性命论、心性论，也有性情论。人是有感情的，不是冷冰冰的，所以《中庸》讲：“喜怒哀乐之未发，谓之中；发而皆中节，谓之和。中也者，天下之大本也；和也者，天下之达道也。致中和，天地位焉，万物育焉。”就是说人的情感，喜怒哀乐，没有表现出来，还在脑子里头，这个是中；发出来，表现出来，不要过度，合于礼节，无过也无不及，这叫做和。中是天下之大本，和是天下之达道。这样就能够“致中和，天地位焉，万物育焉”。

墨子本来是鲁国人，小时候是学儒家之道的，后来为什么会跟儒家分开呢？很重要的一点，就是他对儒家烦琐的礼节有不同的看法。按照儒家的观点，一个人的父亲母亲去世了，他必须守孝三年，守孝这三年是很苦的，不能吃好东西，不能穿华彩衣服，也不能进行夫妻生活。有些人很悲伤孤独，甚至病倒了。所以墨子不同意守孝三年的礼仪，这也就是为什么墨子喜欢夏政。人尽管有情，但是不能过，都需要控制自己的情愫。特别是我们现在的青年学生，压力也很大，毕业以后要找工作，可能找不到理想的工作。尤其是从农村出来的青年学生，家里对你期望很大，你考到博士了，毕业以后也只能勉强地生活，支持家庭很可能做不到。我们不妨学习古人的智慧，看得淡薄些，才能够很好地生活，健康地生活。

三、王道与霸道

前面我简单介绍过什么叫王道和霸道。王道、霸道的区分现在也适用，霸道还是存在的，比如说霸凌主义、霸权主义。霸有一个蒙蔽人的现象，那就是以“力”假借“仁”来实行霸道。我们现在也可以看到，一些实行霸道的人，在舆论上，制造一些合理的因素，打造出貌似合理的理由出来，也就是“假仁”。而王就是实行王政、德政。也就是说，王、霸是治国理政的两种不同路向。所以说我们要非常清醒地认识到霸道在当前社会的一系列表象，通过这个表象来认识它的本质。

《管子》说：“霸王之形，象天则地，化人易代，创制天下，等列诸侯，宾属四海，时匡天下。”所以说，王、霸的差别在什么地方呢？以私利分割天下的，就是霸；以德政、仁道来治理天下的，就是王。所以我们这里要认识到，不要以为说表面上讲王道，就是真的王道，我们要看它的本质。我们知道，日本人在侵略中国的时候，打的是什么旗帜？说什么“王道乐土”。它所谓的“王道”，其实是杀人放火，是奸淫掳掠，是侵略中国。所以说，我们不能被表面上的王道所蒙蔽，要看到王道的本质。王道是讲德礼，霸道是讲刑罚；王道是从公义出发，霸道是从私利出发。这也就是公与私、礼义与刑罚的区别。

汉代的时候，汉宣帝说“汉家自有制度，本以霸王道杂之”。什么意思呢？就是说王道和霸道两手抓，仁政和刑罚两手抓。简单来讲，一手是硬的，一手是软的；一个是霸道，一个是王道。我们也可以看到，中国的统治者往往兼用硬的和软的两手。

儒家和道家的思想，在中国历史上都实行过，中国的治国理政者是很有智慧的。秦末农民起义，天下大乱，社会生产遭遇了很大的破坏，人口减少。汉初用道家无为而治思想治理国家，很快就恢复了生产，成就了文景之治。唐初也是这样，贞观之治就是李世民用道家思想来治理国家，恢复生产。实际上中国历朝历代在大乱之后，都要恢复生产，与民休养生息，以使国家能够重新发展起来。

因此我们可以讲，儒道兼用是我们中国不断发展的原因。我们可以说，道家提出来的、儒家不断实行的内圣外王之道，在中国的实践当中得到了发扬，不管在内圣方面，还是在外王方面，都能够很好地互相协调、互相促进。我们要全面地理解内圣外王之道，在中华民族的伟大复兴事业中做自己的贡献，内圣外王之道也就在现实中具有了它的价值和意义。

整理者：胡兆东

第二讲

儒家文化的历史反思

主讲人：楼宇烈

北京大学哲学系教授

大家好！很高兴有这样一个机会和大家交流关于儒家文化的看法。儒家文化是中国文化的主流，当然中国文化的主流从历史上看也是多元的，但主流中的主流还是儒家。中国文化是儒、释、道三家兼容并包的，而且在历史的演变过程中，三家不断相互交流和吸收，而在吸收过程中又都能保持自己的独立特色。我经常讲一句话，中国传统文化中儒、释、道三家的关系是：你中有我，我中有你；但你还是你，我还是我。这是中国文化非常重要的一个特色。中国不是只有一种文化，而是兼容并包、相互尊重、相互共存。我今天选择“儒家文化的历史反思”这个题目，特别是强调“历史反思”，就是想把儒家文化放在中国传统文化几千年的发展历史中重新加以考察。

近代以来，中国文化特别是儒家文化受到了很大冲击，这是有其历史原因的。我们要不断探究先人对儒家的攻击，要在历史环境下考察当时对儒家的批判。同时，对于存续了几千年的儒家文化，我们也要放在历史中加以考察。如果儒家文化是不合理的、完全阻碍社会发展的，它就不可能存在几千年。任何存在都有它的意义和现实作用，我们不能简单地完全抹杀、否定，否则就是否定我们的历史，就会陷入历史虚无主义。

一、在历史中看儒学

中国文化是丰富多彩、源远流长、多元包容的文化，特别是儒家文化，在历史发展过程中发生了很多变化。就先秦而言，儒家的源头难以追寻，但从儒家文化注重的礼仪文化、礼乐文化来讲，是从周公开始创立的。周公制礼作乐，奠定了儒家的基础，接着孔子正式建立儒家。孔子处在一个礼崩乐坏的时代，他重新确定儒学应该怎样去讲，他的思想相比周公对儒学的初创就有变化。春秋末期礼崩乐坏，孔子要重新贞定儒学，提倡仁学来振兴礼学。孔子仁学的核心就是爱人，即“仁者爱人”，仁学的目的是恢复礼学，“克己复礼”为仁。孔子的目标就是复礼，重新建设、发扬礼乐文化。此后，孟子又重新建设儒家，孟子更强调社会治理，强调王道政治。孟子把儒家的文化运用到建立和谐的社会、运用到王道政治中。至荀子生活的战国中后期，儒学的礼乐文化又进一步发展。荀子结合当时先秦百家的思想，把各家思想融合到儒家中，强调的是隆礼重法，“隆礼尊贤而王，重法爱民而霸”（《荀子·强国》）。从周公到荀子，儒学仅仅在先秦时期就已经发生了这么多变化。

到大家较为熟悉的汉代，汉武帝时董仲舒提出了罢黜百家、独尊儒术，从此儒家思想一统天下。倘若读过董仲舒的《春秋繁露》就可以知道，董仲舒的儒学已经不是单纯的儒学了。从司马谈的《论六家要旨》中可以得知，先秦时期的百家争鸣在汉武帝时已经分为儒、墨、道、法、名、阴阳六家。董仲舒的思想已经完全综合了这六家，同时又继承了秦人的思想，把隆礼重法的思想落实到信仰和制礼作乐的过程中，强调刑德并用。这后来也成为了中国传统社会的根本治理方针。儒家不是只讲德不讲刑，也不是只任德或只任刑。尽管罢黜百家、独尊儒术被汉武帝所采纳，但在现实政治治理中，也不是单纯地运用儒家思想。汉武帝至汉宣帝时期，大臣们不断提出意见，指出独尊儒术是不行的。汉宣帝也并没有纯任儒术，而是吸收了各家的治理思想，在治理社会的手段上是刑德并用。我们从董仲舒的著作中可以看到对墨家的表彰、对荀子的赞扬和对阴阳五行思想的吸收。各家思想共同构成了中国思想的重要内容。

孔子讲过一句话：“中庸之为德也，其至矣乎！民鲜久矣。”（《论语·雍也》）中庸思想是中国文化比较重要的核心理念。《中庸》这篇文章从魏晋南北朝时期就被从《礼记》中单独提出来了。《中庸》的“中”“和”这两个概念非常重要，“中也者，天下之大本也；和也者，天下之达道也。致中和，天地位焉，万物育焉”（《中庸》）。中国文化的根本，就在于中和，只有在中和的状态下，万物才能生长。董仲舒也非常推崇中和的思想，提出：“能以中和理天下者，其德大盛；

能以中和养其身者，其寿极命”（《春秋繁露·循天之道》）。中和的思想在中国文化中是非常重要的，它也是儒家文化的一个重点。

荀子已经是儒家文化在先秦的集大成者，至董仲舒及其后，儒家又进一步发展。但有些人片面地、极端地推行儒家文化。比如说汉代实行察举制，以“孝”和“廉”两个标准来评定人才。但在推行过程中，特别是在东汉末年，“孝”“廉”的标准被极端化、歪曲化，出现了假孝廉。过去我们讲“孝”，很重要的一个层面是在父母死后怎样表达自己的哀思，儒家传统的做法是守丧三年，通常是在父母的墓前搭一个棚子守丧。而汉末有所谓的孝子在墓道中住三年，忍受寂寞，但实则是一种伪孝廉，违背了人性。在此背景下，出现了一批提倡人性自由自然的士人。如嵇康提出了著名的口号“越名教而任自然”，提倡人的个性充分发展，不受“孝”和“廉”的束缚。但人是社会性的存在，还是要遵守一定的社会规范。基于这样的历史状况，以何晏、王弼为代表的玄学家讨论人之自然的个性和社会的约束、要求怎样统一起来。这是一个比较重要的问题，直到今天我们还在探讨这个问题，思考社会的共同规则的要求和每个人个性自由的发展如何统一起来。从个人角度来说，人们都追求个性的自由自在；从社会的角度来说，人们要遵从一定的共同的规则，社会才能统一起来。自然和名教是一对永恒的矛盾，而玄学家把道家自然的思想和儒家礼教的思想很好地结合起来，通过很多论证来说明自然和名教是不矛盾的，既要让每个人的个性得到发展，又要让社会公平、和谐。玄学家的解决办法就是指出，共同的规则实际上是从自然中提炼出来的，而不是强加给个人的，这样就把自然和名教很好地统一起来了，出现了“名教出于自然”“名教本于自然”这样的理念。这其中最有代表性的例子就是王弼。作为最著名的玄学家，王弼二十三岁就过世了，但他留下的两本著作是我们研究哲学和思想史都不能忽视的，一本是《周易注》，一本是《道德经注》，这两本书中的注释是我们现在研究《周易》《老子》所不能避开的。他还有一部很重要的书是关于《论语》的注解，但这部书早已散佚了，不过残存的文本里边有一句话比较关键，是对“孝”的定义。什么是“孝”？“孝”是一种礼教的要求吗？王弼并不这样认为，王弼指出，“自然亲爱为孝”，孝就是自然亲爱的体现。这个道理体现在很多方面，比如我们讲“诚”。“诚”这个品德从哪里学来？就是从天学来的。《周易・观卦・彖传》中有一句话：“观天之神道，而四时不忒。”“四时不忒”，一年四季都没有差错，这就是“诚”的体现。天地的变化就是“诚”，就是“四时不忒”。《周易・观卦・彖传》又接着讲：“圣人以神道设教，而天下服矣。”“诚”这个概念完全是讲天意，而圣人要从天地变化之道中学来，用天的神道来教化民众。神道就是天地变化之道，而不是现在通常所讲的抬出一个偶像来。我们现在治理天下讲诚信，不能翻手为云，覆手为雨，不停变化，使大家都不知道该怎样做事，“诚”这种道德品德，就是从天地中学来的。天地的自然之道和社会的人道不是冲突的，中国的所有品德都可以说是从天地、万物中学来的。比如孝敬父母、赡养父母，中国会讲乌鸦反哺，乌鸦都懂得反哺、扶养它的父母。还用羔羊跪乳来教育大家讲礼貌，认为小羊跪着去喝母亲的奶是表示一种尊敬。人对自然界中很多现象进行了提升，提升到道德的高度去奉行，这就是人和动物的区别。动物是自发的，人则从自然的现象中提升出自己的行为规范、思想理念。通过自然与名教的关系这个基本问题，魏晋南北朝的玄学将儒、道的思想完全打通了。但这个自然与名教的矛盾在今天依然存在。

到唐代，儒家思想更加周密。儒、释、道三家正式的相互配合在唐代确立，唐玄宗亲自选了三本书作注解，分别是《孝经》、《道德经》和《金刚经》。可以说从唐玄宗之后，没有单独的儒家、道家、佛教了，但各家会有不同的倾向性，可以从儒家的角度来吸纳、结合道家和佛教，或者从道家的角度来接受儒家和佛教，或者从佛教的角度来接受儒家和道家，都是完全可以的。但总的来讲，这个社会已经形成了三教合一的局面。在唐代，民间可能信佛的多一些，这也保证了很多传统礼仪的传承。儒家本来是最讲究礼仪的，到了宋明时期，程、朱、陆、王等一批学者要恢复儒家的地位，但他们也很感叹，传统儒家的很多礼仪已经丢失了，只能到寺庙中找。《二程遗书》中就有这样的记载，很多已经丢失的传统礼仪却能在寺庙中保留得很好，能够让我们去学习。

唐代之后，儒家思想更是不断地变化。中国文化不是保守、不变的文化，它时时刻刻都随着实践变化而变化，我认为概括这种变化最好的就是在《论语》《中庸》都出现过的“温故而知新”。学习传统是“温故”，从学习传统中发挥出新的思想来，就是“知新”。我们一定要从历史的环境中去看，才能看到文化就是在继承、传承的过程中发展，我们不能简单地割断、抛弃历史，那就丢失了发展的动力，不知道该怎么发展了。见古才能知新，必须以历史为镜子才知道未来应该怎么走。

从人的生命来看也是这样。到现在我们还在讲，哲学的根本问题是我是谁、我从哪来、我到哪去。这些问题怎么能成为哲学的根本问题？对我们每个人来讲，最直接的感受就是我是从我父母这边来的，这是不可辩驳的事实。代代相续就是中国文化的生命观，这是一种整体生命观，生命是有联结的，不是孤立的，人不是从石头缝里蹦出来的，我们不需要探讨我从哪来，没有我的父母就不会有我，这是一个很简单、很直观，但我们需要面对的问题。

二、礼乐文化的知与行

儒学在历史上就是不断发展、不断适应社会而生存下来的。任何一种文化要生存下来必须具备两个条件：一是和它的生活环境相一致；二是随着自然的变化而变化。这个道理在先秦儒家讲礼的思想中能够很清楚地体现出来：“礼以顺人心为本。”（《荀子·大略》）对传统文化继承发展的一个重要的原则就是：“循其旧法，择其善者而明用之。”（《荀子·王霸》）挑选好的传统去发扬光大，这就是中国文化延续和发展的一个历史过程，也是我们对待传统文化应当遵循的原则。如果认为中国文化是保守、不变的，就是无视历史。中国文化从先秦到两汉、隋唐，再到宋明，不断在变化。在变化过程中，有向好的方向发展，也有向不好的方向发展，不是绝对的。要“择其善者”，就是不能没有选择地、没有原则地继承。

儒家思想最根本的就是礼教，过去被称为“吃人的礼教”。礼教对人有束缚，但不全是“吃人”的，也有“养人”的。所以我想讲一讲儒家的礼乐文化。礼乐文化为什么产生？虽然周公制礼作乐，但他没有讲清楚为什么制礼作乐。孔子生活在礼崩乐坏的时代，要恢复礼的制度，在他眼中，礼已经是公认之理，他提出仁学就是要恢复礼学，只要恢复礼，建立起礼的秩序就可以了。在孔子思想中也没有对礼乐的起源等问题进行探讨。到战国中后期，荀子探讨了礼乐起源的问题。如果我们知晓建立礼乐文化、礼仪文化的理由，就不会简单地去否定礼乐文化和礼仪文化。《荀子·礼论》一篇就是探讨礼文化的起源问题：“人生而有欲，欲而不得，则不能无求；求而无度量分界，则不能不争；争则乱，乱则穷。”人生来都有欲望，欲望得不到满足，就要去追求。无限地去追求，大家都追求和他人得到的一样多，就产生了争斗。一争斗，社会就乱了，社会就没有出路了。先代王者正是看到了这样的情况而制定礼乐，礼乐的根本目的是“养人之欲，给人之求”，满足人们必要的欲求。这和我们现在理解的礼乐不太一样。礼乐最重要的目的是使得“欲必不穷于物，物必不屈于欲”。这样的话在今天也有意义，今天人们也在为利益争斗，现代社会的发展就是让人的欲望穷尽万物，所以出现了各种各样的生态、社会问题。可见，礼乐确实有其现实作用，让人们克制过分的欲求，遏制无限度的需要，得到合理的欲求。这样的礼乐文化之建立，有其历史依据，也有其现实意义。我们理解了礼乐文化建立的初衷和它在历史上的作用，就应该明白礼乐不完全是用来控制人心的工具，而是出于社会需要。没有礼乐，社会就乱了，就没有出路了，就会争斗不休。我们需要通过礼来达到人们的自律。

这也是中国文化中文明这个词本来的意义。我们现在讲的文明不是这个词原本的含义。从这个词的本义上来说，文是文饰、装饰，明是光大、发扬。动物是质朴的、野蛮的，光着身子就出来了；人要通过装饰，穿上衣服才能走出来。动物是外在的，人是内在的；动物是自发的，不知道自己行为的意义，而人要知道自己这样做的意义。就如羔羊跪乳、乌鸦反哺，大自然就是这样运行着，但人就能看到其中的诚意。做人就要讲诚意，诚是礼中一个核心的部分，至诚则无差池。文明是通过从外到内的装饰，从外在的穿上衣服、住上房子，到内在的自觉地做出行为，而建构起来的，这就是人和动物的区别。不是吃什么、穿什么、生产什么就叫文明。

我们常常讲中国文化讲究人文精神，什么叫人文？人文就显示为中国文化中的这种文明，人的自觉自律就是我们文化的特征。人文这个词最初是与天文相对，出自《周易·贲卦·彖传》："刚柔交错，天文也。文明以止，人文也。观乎天文，以察时变；观乎人文，以化成天下。""文明以止"就是我们刚才讲过的人的自觉自律。观察天文的变化就能看到一年四季的变化；通过对人文的考察、教化来治理天下，就能造成好的社会的氛围。人文强调的同样是人要自觉自律，强调人要具有约束自我的能力。我们不能把这一点看成对自己个性的一种束缚。自由与必然的问题也是一个哲学问题，自由是诞生在必然基础上的，不承认必然性，只追求自由是不可能的，只有认识到必然才能得到自由。从现实生活中看，最常见的例子就是交通规则，只有遵守交通规则我们才能自由自在地走。人不是个体的，不是孤立的，人过的始终是群体的、集体的生活。

文明、人文最重要的就是对人的自我认识。当前最重要的问题也是对人类的自我认识、对个人的自我认识，只有在此基础上我们才能获得最充分的自由。另外，我们还要通过礼说明贵贱有等、贫富有差的问题。生活上有分别、有等级的区别是正常现象，到今天我们也不能避免。每个人都过得一样是不可能的，每个人都必须有自己的独特本质。《大学》中一个很重要的概念是人要"知止"，即知道止于何处。对于国家而言，再大的国家都要以百姓为根本。《大学》引用了《诗经》中的两句话："邦畿千里，惟民所止"；"缗蛮黄鸟，止于丘隅"。小鸟知道自己应该停在哪里，做人也应该如此。我是子女就应该遵从孝之理，我是父母就应该遵从爱之理，我是君就应该讲仁义，我是臣就应该讲忠。一提到这个问题，就有很多人认为中国文化是愚忠愚孝，对“三纲”的误解一直流传到今天，被很多人曲解成了“君要臣死，臣不得不死；父要子亡，子不得不亡”，认为“君为臣纲，父为子纲，夫为妻纲”都是封建的观点，要加以批判。什么叫“纲”？所谓“纲举目张”，“纲”是仪则、榜样，“君为臣纲”就是君怎么做，臣就怎样跟从。被歪曲成“君要臣死，臣不得不死；父要子亡，子不得不亡”完全是不应该的，这是糟粕，但就“三纲”本身来说，其并不是糟粕。君、父、夫要起榜样的带头作用，这样臣、子、妻才能照着榜样跟从，这和对“三纲”的误解性质完全不一样。不要把被曲解、被误用、被片面化推行的“三纲”看作它本身。

对儒家思想像这样的曲解以及在实践中的误用还有很多。思想并不是简单的、空的思想，关键要看怎样运用思想。我对《论语》开头第一句话有一些心得体会。《论语》开头说：“学而时习之，不亦说乎?”“习”通常理解为复习，我们要不断熟悉、反复；同时“习”也可以用实习来理解。我学了之后去践行一下、做一下看看，在做的过程中我也可能改变我的思维。“习”可以用复习来理解，也可以用实习来理解，这就是后来儒者反复强调的“知行合一”，“学至于行之而止矣”（《荀子·儒效》）。儒家讲学习的过程也很清楚，《中庸》讲“博学之，审问之，慎思之，明辨之，笃行之”，学要最后落实到笃行才是终结。学习要知“止”，按照荀子的说法，学习的过程中有两个“止”，一个是落实到行，另一个是落实到礼，礼就是懂得做人的道理。中国文化中教育的目的不是学知识，而是学做人，学习为人之道。《礼记·学记》讲“玉不琢，不成器；人不学，不知道”，学习的目的从根本上讲就是懂得做人的道理。

再为大家介绍一句《淮南子》中的话，很适合今天的现实，这句话讲知和仁，这也是中国历史中经常讨论的问题。中国文化将具有知和仁看作圣人的价值，即“既知且仁”（《荀子·君道》）。《淮南子》讲：“遍知万物而不知人道，不可谓知；遍爱群生而不爱人类，不可谓仁。”我们看到这句话应该很受触动，今天的社会新闻经常带给我们这种感觉：我们什么都知道却不懂得做人的道理，什么生命都爱却不爱人类。我看到这句话，非常感触，两千多年前的人都已经能说出这样的话，指出我们今天的问题。

我们看传统文化，要从学看到行。今天很多人推崇、学习王阳明，王阳明的根本理念就是“致良知”和“知行合一”。就如四句教所讲：“无善无恶心之体，有善有恶意之动，知善知恶是良知，为善去恶是格物。”良知就是知善知恶、分辨是非善恶的能力。知行合一要致良知，很多问题需要在后天的学习中改变，程朱理学讲“变化气质”也是这样的道理。过去曾经把孟子、荀子的人性论对立起来，认为孟子讲性善，荀子讲性恶。而王阳明讲“无善无恶心之体”，心的本体是无善无恶，念头一动就有了善恶，所以要为善去恶，回到良知。这个问题也关乎人类在整个宇宙万物中处于怎样一个位置。荀子曾经把世界分成四类：第一类是水火，有气而无生；第二类是草木，草木有气、有生，但无知，知也就是知觉；第三类是动物、禽兽，禽兽有气、有生、有知，但无义；第四类是人，人是有气、有生、有知，且有义，“故最为天下贵”（《荀子・王制》）。“义者，宜也”，有义就知道怎样做是对的，怎样做是错的，有分辨能力，这才是人。如果连对错都分辨不了，就是禽兽。这是荀子所讲的人的第一个特点。人的第二个特点就是“人能群”。荀子讲人“力不若牛，走不若马，而牛马为用”，牛马为人所用，原因就在于人能群，牛马不能群。“群”的含义就是有组织，荀子强调的就是人的社会性、人的有组织性，而不是人的自发性。唯有能群，才有这样大的力量，让牛马为我所用。这个概念后来就和社会性联系在一起。我国最初在翻译《社会学概论》这本书的时候，使用的就是“群学”一词。荀子讲“人能群”就是强调人是社会性的、有组织的人，而不是孤立、自发、个体的人。荀子总结的人的第三个特点是人有灵性。灵性就是主动性、能动性，人可以靠自己的主动性、能动性改变环境。从这个意义上来讲，人就是“天地之心”。人和天地并列，“天有其时，地有其财，人有其治”（《荀子・天论》），天生万物，地养万物，人管理万物。大家熟悉《礼记・礼运》这篇文章讲大同理想、小康社会，但人们往往忽略了其中“人者，天地之心也”这样一句。人是天地之心，我们自己的一言一行都是来源于心，心怎么想人就会怎么说、怎么做；人在天地间处于心的地位，人的一言一行都会影响天地的变化。知道了这句话就可以理解横渠四句中为什么第一句就说“为天地立心”。我们人要为天地立正心，而不能立邪心。关于什么是正心，什么是邪心，我们可以去看看《管子》。《管子·心术》强调，人的心要能管住五官，五官又管理着外界的万物。如果反过来，用外界的万物管着五官，就是心术不正。我们现在很多人不自觉地让外物管着五官，又让五官管着心，只关心好吃的、好穿的、好玩的，这就是心术不正，也正是我们通常会犯的毛病，要通过教育让人充分认识到这一点。荀子讲庸人的时候就提到了这一点，“从物如流，不知所归；五凿为正，心从而坏”（《荀子·哀公》），如果以五官的标准作为标准，就坏了。我们要用心去管五官，用五官管住外物，心术的正和邪就是这样区分的。“人者，天地之心也”，人的一举一动、一个念头都要小心，要“为天地立心”，这样才能与自然达成和谐，否则自然就会受到破坏，让万物都屈服于人的欲望，自然就会受到损害。比如现在气候的变化等现象，都和人的欲望有关系，是人一直在索取自然界的资源造成的。

西方文化和中国文化还是有差别的，近代以来可以明显看出西方看问题是直线型、计算型的，不懂得真真假假、假假真真，真亦假、假亦真的道理。西方讲究一切都是标准化的，但是中国文化认为没有绝对的标准，一切都要根据时间、地点、条件的变化而变化。中医就体现了这样的精神，中医讲究因人、因时、因地而异，要看这个人的年龄、性别、时间、地点、季节、地区来诊断，不是通过标准、数据同一化地处理。《中庸》的一个重要概念是“时中”，“时”包括了时间和空间，“中”就是标准，标准要随着时间空间而变化。这种思维方式和近代特别是提倡科学以后注重数据、标准的思维有很大的不同，数据和标准只能作为参考，但不能从一个时空挪到另一个时空，如果简单地照搬就会出问题。

从这些角度来看，我们对儒家文化所有的含义都要重新思考。再如从做人的角度来看，朱熹讲过一句很简单的话：“凡人所以立身行己，应事接物，莫大乎诚敬。”做人做事把握两个字的原则就可以了，就是诚和敬。诚就是要诚实，做人讲信用。不自欺就是诚的体现，不要自欺欺人。敬是尊敬和敬畏，尊敬别人，敬畏祖先和自然。做人就要根据这两个字去做，儒家提倡的礼的核心也和这个有关，儒家讲究等级的差别，就是要解决这个问题。在现实生活中人和人有很大的差别，很多时候是不能相互比较的，比较也是无益的。礼就是要解决这个问题。外在的情况不能改变，但在内心是可以改变的。《礼记》中有这样一句话："夫礼者，自卑而尊人。虽负贩者，必有尊也，而况富贵乎？"礼的一个重要精神就是要谦卑自己，尊敬别人，即使是一个挑担子的人也有可敬之处，你要尊敬他。所以孔子才会说出"三人行必有我师焉"，别人身上总有值得我学习和尊重的地方。礼要从根本上解决平等的问题，不是从外在的形式来解决这个问题，不是处处都要和别人一样，那是不可能的。《荀子》早就揭示了这个道理——"维齐非齐"，从内心出发尊敬别人才是真正的平等。礼很重视祭，《礼记》中明确讲："夫祭者，非物自外至者也，自中出，生于心也，心怵而奉之以礼。"我们祭一个东西，不是因为外在真的有这个东西，而是因为内心有它，才去祭拜它。所以《论语》说"祭如在，祭神如神在"，这是非常重要的。尊敬、敬畏都是出于内心，不是外在的，这才是真正的平等，礼就是要以这种方式解决平等的问题。

礼又是非常强调尊重生命的，生命是最可贵的，对于每个人来说都只有一次。儒家强调我们要看到生命是怎么来的。今天我们都把遗体理解为尸体，这个概念在今天完全用错了。《礼记》中明确讲："身也者，父母之遗体也。行父母之遗体，敢不敬乎？"父母的生命就在我们身上延续，运用父母的身体，一定要珍惜，要忠于国家、尊敬父母、爱护百姓。这就是遗体和孝的含义，也就是传承好父母的身体。儒家讲孝，有三种孝："大孝尊亲"，用通俗的话来讲就是光宗耀祖，让你的亲人受到社会的尊重；"其次弗辱"，不要让父母受到社会的侮辱；"其下能养"，养育父母在孝中处于最低的地位。现在很多人最低的要求都达不到，不要说"尊亲"了。

孝还体现在祭祀中，清明节我们要扫墓，祭祀祖先，《论语》中有一句话："慎终追远，民德归厚矣"。如果父母死后不按时祭祀，民风就会变得很浇薄。祭祀在以往总是被看作落后的、迷信的、不科学的，但恰恰是因为我们心中永远有逝去的亲人，我们才去祭拜。《荀子》中也有一句话："其在君子，以为人道也，其在百姓，以为鬼事也。"普通老百姓认为自己在祭拜鬼神，但对君子来说，祭祀是为了传播人道，通过祭祀让百姓不忘本、感恩、有敬畏心。做人不能忘本，儒家认为三个根不能忘，也就是所谓的"礼有三本"："天地者，生之本也；先祖者，类之本也；君师者，治之本也。"（《荀子·礼论》）国家最重要的任务就是教化民众，让人懂得做人的道理，《礼记·学记》讲"建国君民，教学为先"，要让社会养成一个良好的风气、良好的习俗。从这个角度来看，礼这个文化的意义仍然存在，不能完全抛弃掉，值得我们在其中吸取一些精华。

三、温故知新与择善明用

一百年来否定、推倒儒家文化，现在再将它建立起来是很难的，特别是很多习俗遭到了破坏，重新恢复起来是很困难的。比如祭祀，现在表面上还是有很多人在祭祀。我们对先人的祭祀，就是教导我们不忘本、感恩、敬畏，这三者是统一的，都是出于内心、培养内心的，这是从生活实践中去培养人。《明史》中讲"求治之道，莫先于正风俗"，治理国家要从风俗入手，如果生活中没有这样的风俗了，再让百姓接受这样的文化就很难。"百姓日用而不知"，对于很多政策，让百姓不自觉地运用是最重要的。在生活中不自觉地去做，这样就能体现文化的力量。所以我讲"建国君民，教学为先"，形成良好的氛围，这才是求治的根本。一个国家要治理好，就是要形成良好的习俗，让百姓日用而不知，习以为常地这样做，形成社会的潜规则，让百姓都遵循这样的潜规则。如果是百姓日用而求知就麻烦了，你要这样做，我要那样做，就会产生冲突。国家的富强不在于国库有多少钱，有多强大的武装，也不在于公共设施有多华丽，而在于国民的素质有多高，文化的软实力有多强。从这一点来看，要着重于人的素质的培养、人的品格的提升。人要有思辨能力，做正确的事。

关于文化的力量，孟德斯鸠在他最重要的一部著作《论法的精神》中有一个观点，即历史上有征服者与被征服者，征服者改变了世界，但中国的历史上，永远是征服者被被征服者改变。他说："在中国，礼仪、道德、法律、宗教是一回事。人们不能一下子把这些东西都改变。要由征服者或被征服者适当地去改变它。在中国总是由征服者进行这种改变。"这就是文化的力量。我们要有文化自信，去弘扬它，为人类做出我们的贡献。

我们对传统文化要取其精华，抛弃歪曲、曲解的部分，"温故而知新"，顺应时代的变化。如果我们今天还是要讲信用、讲诚实，还是要尊敬祖先，那就仍在延续这个文化。我们不能认为传统的就是落后的，而要把文化放在历史中来看。历史上，社会的和谐、稳定就靠这样的文化在维持，只要人类社会仍然存在，其中很多价值观就还是有意义的。中国人强调"化"，文化就是要以文化人，人文教化就是通过文化来教化民众，养成一个社会的良好习俗。我们先要研究明白文化、文明、人文的概念，即以人为本，对人类、个人有自我认识，这样才能让我们的世界、社会达到一个和谐稳定的秩序。

知是一个问题，行又是一个问题，传播传统文化最重要的就是落实到生活中，生活中如果好的习俗能够保持下来，整个社会都尊老爱幼，整个社会都讲诚信，我们就会少很多担忧。形成一个良好的社会习俗，让每个人都懂得做人的道理，就是教育最根本的目的。教育是要化人，不仅仅是灌输一些没用的知识，只有知识是做不好人的。通过对历史的反思，我们对儒家文化应该有新的认识，应该"择其善者而明用之""温故而知新"，该保留的保留，该发展的发展，这样才能延续历史，才会增强我们的文化自信。现在文化自信是一个大问题，缺乏文化自信的一个重要原因就是我们对传统文化没有正确的了解。很多时候人们只看到技术的差异，强调物质文明的发展而不是精神文明的发展，物质文化和精神文化、身与心之间达不到一个和谐。身体的物质享受和精神的丰富应该统一起来。中国文化是有十分丰富的生活的，我们要丰富自己的生活，一切都要围绕最根本的道，中国的文化讲究游艺增道，从器上升到道，技艺的出发点是为了陶冶性情，也就是所谓的“技进乎道”。道就是天道、地道、人道，核心是人道，而人道是从天道、地道中学来的，没有天道、地道就没有人道，一切都要围绕人道来开展，这样才能不断提升人类的文明程度。

整理者：姜　楠

第三讲

文化如何自信

主讲人：周桂钿
北京师范大学哲学系教授

一、文化自信与中国历史

“文化自信”这个题目现在在报纸上经常出现，经常有刊登，我看到以后，有一些想法跟同学们讲一讲，共同探讨一下。文化如何自信？首先需要了解文化是什么。文化好像说出来大家都知道，但为什么叫文化？我想文化可以倒过来说，就是化文，也就是把自己的思想精神，化成文字保存在文化载体上，保存在甲骨文、帛书、竹简还有书籍中。保存在那里，就是文化。很多人提到文化，说认字的人就是文化人，不认字的人就是文盲，这是对文化的一种表达。

各个民族对文化的定义都不一样，应该说是千差万别。从宏观上讲，关于中国的文化和西方的文化之间有何异同，曾经有过很多争论。曾经有一段时间，大家说西方的文化是蓝色文化，是进步、开放的；而中国文化是保守文化，是封闭、落后的。我说，为什么西方文化就是蓝色文化？他说，西方有地中海。我说，西方有地中海，中国也有渤海、东海、南海，中国的海岸线比欧洲很多国家的海岸线都长。而且海洋文化不一定都是进步、开放的，比如说印度尼西亚是万岛之国，其海岸线长度在全世界也是数一数二的，但是现在在世界上它还不算先进国家，所以这个说法是站不住脚的。

关于黄色文化和蓝色文化，我后来又做了一些研究。我认为中国曾是蓝色文化的真正带头人。特别是郑和下西洋，当时带了两万多人，两百多艘船，其中有 62 艘大船，走遍天下。所以有人说，全世界第一个航空母舰总司令是郑和。现在西方老讲哥伦布航海，哥伦布第一回航海比郑和航海晚了 87 年。哥伦布 3 艘帆船，87 个人，郑和带的人是他的三百多倍，船也是他的好多倍。差别那么大，但是没人说，老说中国不行。有的人说，要看现在。我说，要看历史，不能看一时一世。没人跟我辩论。

还有文化基因的问题，这个问题追问的是文化与文化的主要差别是什么。我觉得，中国文化最主要的特点是“和而不同”，就是不同的人民、不同的观点可以和谐相处，体现出极大的包容性。西方文化是优胜劣汰的——我强了，我就是奴隶主；不强，就当奴隶。中国人从孔子到孙中山，都讲“天下为公”。毛主席也是这样的观点，一直主张倾听群众的意见。西方文化强调优胜劣汰是什么原因呢？欧洲有很多个国家，哪一个民族强起来就称霸，哪一个弱了就被打下去。比如说法国强起来，然后德国、英国都被法国打下去了；然后德国强起来，又把法国、英国都打下去了。就这样优胜劣汰，我比你强，你就要听我的，不然就打你。

但是中国尤其是儒家思想历来反对这种理念，提倡以德服人，而不是以力服人。以德服人，才能够使人信服，让人从心底佩服；以力服人，打不过你，没办法，但是只要有机会，就会反过来把你打倒。所以，欧洲没有一个国家可以像中国这样延续两三千年。

西方学者克罗齐说：“一切历史都是当代史。”我就很奇怪，为什么都是当代史呢？司马迁在两千多年以前写的《史记》是当代史吗？原来不是那个意思，当代史讲的是欧洲的情况。欧洲历史没有延续下来，是很多人根据传说进行加工的，是编造出来的，所以都是当代史。而我们中国古代写历史非常严肃认真，用的资料都是很可靠的，以此来总结历史上的经验教训。

史学界有句话：“善可为法，恶可为戒。”这是做史学的人的信条。善的方面值得学习，坏的方面可以作为教训警诫。写历史要有教育意义，有这样的一个方针或者宗旨。所以司马迁写《史记》花了很大的功夫，贡献很大，开创了我们古代二十四史的范型。同时司马迁写他所身处的当代史，汉武帝的缺点也写上了。而之后的著作，都不敢写当代的缺点。后来的史学家吸取了司马迁的教训，不写当代史，写前代史，前代史涉及的君王已经下台了，然而根据保存的资料来写史非常可靠。所以中国的历史是非常可靠的，不是胡编的。二十四史书写下来的历史传统是其他所有国家没有的，不光是西方，包括印度也没有。所以，它们没有我们所说的历史的概念，它们的历史是后来追溯成的。所以说，我们一定要读历史，才能读懂中国文化。

但是这里面有一个什么事情呢？我在这里有点体会。班固写《汉书》的贡献很大，后来范晔写了《后汉书》。其实有很多人写东汉的历史，当时实际上有八家，在这八家里面，别人把范晔写的《后汉书》抽出来出版，认为最好。别的七家，有人将其中的资料摘录下来，作为对范晔《后汉书》的补充，放在注解里面，都是值得参考的，这样就使得历史更全面，也很好。从这里来看，中国历史所以才能传这么长时间，而且传下来的是可靠的历史，是世界上唯一的。二十四史，两千多年保存下来，就是中国的历史文化，在世界文化史上是独一无二的瑰宝。我们知道日本人也写日本历史，是在我国唐代时候开始写的，是参考我国的史书写的，但是并非都是可靠的。

以前有人说中国很落后，中国的二十四史都是垃圾，应该烧掉。我说，你都没看呢，就说应该烧掉，你怎么知道它是垃圾呢？实际上不是垃圾，是全世界独一无二的历史文化的瑰宝。世界上有一种这样的倾向，就是哪个国家被打败了，哪个国家的文化就变成落后的代表，但实际上并非如此。

中国的史书非常有价值，要想提高文化素质，看中国的史书很有帮助。当时毛泽东就很认真地学习中国古代的东西，他把二十四史和《资治通鉴》看了很多遍。我把《资治通鉴》看了一遍，觉得收获很大。首先的收获就是对中国的传统历史有了比较全面的了解，它是很有规律性的。所以写历史的人都很注意“善可为法，恶可为戒”。

中国过去还有这样的一句话：“言而无文，行之不远。”如果说了话，没有写下来，那传不远。口耳相传，传着传着就传错了，传错了大家也都不知道，所以要写出来。中国的文字有明显的演变痕迹，司马迁用汉朝的隶书写，隶书我们现在还看得懂。西方用拼音来讲历史，过一段时间就不认得了。所以西方人说他们都是当代史，都是当代人写的。

现在我们的甲骨文，还是可以认出一些，和汉代的隶书、秦代的小篆、周代的大篆都有关系，懂得那些就像阶梯一样往上走，可以看懂甲骨文。听说玛雅文化也有甲骨文，全世界不认识其中任何一个字，因为它没有阶梯。讲古代文明一定要有真凭实据，不能虚构。

但是，甲骨文、竹简、帛书里面一些字的写法和通行字不一样，我想写出来，大家看看。这个字你们认识吗?

这是“仁”字，楚墓竹简里面有这个字。这么写是什么意思呢?就是人的身体和心联系起来，就是仁。一个人分为两个部分，一部分是身体，一部分是精神，就是人二。心跟身体联系在一块，就是仁。有一个成语“麻木不仁”就可以体现这一点。你打他的身体，他不觉得疼，这是麻木不仁。这个“仁”字就是麻木不仁的来源。后来孔子解释为，要关心别人，又从中推导出仁者“爱人”的意思。

我最近看一篇文章，提到说孔子不姓孔，理由是他的父亲不姓孔。我说他父亲是不姓孔，但是他的爷爷姓孔。古代不像现在这样，谁的姓都要稳定下来。特别是先秦时代，姓不是那么稳定。比如说“伏牺”，有的地方写作“虙牺”。东汉时代“虙”字后面加上“音必”，但是在唐代学者写作“音伏”，这个不像，“音必”应该是对的。我不知道唐代人为什么把东汉时代的这个字念成“伏”，没什么根据。还有，人的姓名变化是经常的。比如说卫鞅到了秦国，秦王封他到商地，他就变成了商鞅。但是也没有人说“卫”应该念成“商”。还有吕望，后来说姜太公也是这个人，但是也没有把吕改成姜。所以，战国时代改姓的人挺多的。在历史发展过程中，姓也在不断增加，所以原来说百家姓，现在一千多都不止了。

二、中国文化的优异与我的治学经验

1998 年，出版了一本书，叫《从这里走向辉煌——中国社会科学院研究生院部分优秀毕业生事迹汇编》。里面有一篇是写我的，题目叫《让中国哲学成为思想明灯》，就是说我对中华文化有自信。里面讲了九段话，把我的自述，还有一些学术成果都列了出来，列了九篇。第一段是“岂有堂堂中国空无人”。在清朝人吴趼人写的一本书《痛史》里面，有一句话对我触动很大。《痛史》是我上初中时看的课外读物，里面说：“楚虽三户能亡秦，岂有堂堂中国空无人。”“三户”，我当时弄不清它是什么意思，是官？还是三户人家？三户人家好像少了点。就是说，三户可以把强秦打倒。现在我们这么大个国家怎么会没有人才？我们应该有人才呀！这对我的影响很深，所以后来我在文章中就提到这个。

第二段是“花盆难养万年松”，吃大苦，不贪享受。就是说，养尊处优的人没有出息，因为他没有经风雨、见世面。就像孟子说的“天将降大任于是人也，必先苦其心志、劳其筋骨”，只有在吃苦之后才有能力承担以后的大任。汉朝人就有这样一句话：“贤而多财则损其志，愚而多财则益其过。”这句话非常深刻，两千多年以前总结出来的经验教训，现在很多人不知道。贤而多财，是说这个小孩品质比较好，但钱多了就会降其志，就不那么努力、刻苦了。本来他的成就会更大，但是因为他的钱多了，就消费去了。愚而多财是指品德不好的人，钱多了就会增加他的罪过。因为品德不好的人就会用钱办坏事，钱越多，办的坏事越多。所以，钱多都是有害无益的。

吃苦是宝，吃亏是福。吃得大苦，小苦就不苦了。我刚到北师大的第一年，让我带学生去实习，每天就像上班那样，一共是六周。我那时候住在丰台，到师大附中要转两次车。叫我去，我二话没说就去了。别人就说，你真的不怕苦。我说，在师大那叫什么苦呀！我原来在乡下插队八年，最苦的是没饭吃。后来到中学当教师，我自己做饭，课还挺多的，我就觉得不苦。到师大什么苦都没有了。吃大苦很有必要，不要认为天下太平了，就没有苦了。你要是没受过苦，干什么都觉得苦。吃过大苦，什么苦都不觉得苦了。不怕苦就不会有怨恨，就不会贪图享受，这样很多事情就比较顺利。

第三段是“冰冻三尺非一日之寒”。这说的是什么事呢？我在小学时听我的老师讲，地球是圆的，为什么有潮汐呢？他说地球在转，转到这边，下面就涨潮了，上面就落潮了。一天转一圈，所以一天涨潮一次。他初中没毕业，所以很多科技的东西不太懂。我说我们福建就在海边，每天都涨潮两次呀，白天一次，晚上一次，跟他说的不一样。问他，他也不懂。后来我上大学，在中国人民大学哲学系，第一个星期天，辅导员带我们参观天文馆，里面布置了很多东西，其中就讲到潮汐问题，上面写一天两次。我问解说员，为什么一天两次？解说员看了说，这里写错了吧，应该就是一天一次。我们辅导员大学上了六年毕业，也说应该就是一天一次啊，怎么是两次呢？我说我就是海边的。他也说不清楚。我就想怎么办呀，我在二十多年前的问题还没解决。后来自己去研究天文学，研究出来为什么。主要是看了恩格斯的《自然辩证法》，发现恩格斯讲的都是对的。这一点也是我的一个长处，就是什么问题没解决的就是没解决，放在头脑里面。不像别人没解决的以为解决了，就相信别人说的。从小学到二十多年以后，自己研究出来正确的答案。有的人不知道，反而觉得什么都懂，很奇怪。就比如说潮汐这个问题是怎么产生的。有的人说，这早就知道了，有现代科技，应该不在话下。但是没说怎么回事，实际上他不懂，但是不承认不懂。这是其中的三段。

我还关注过一些与科学有关的问题——两小儿辩日。在战国时代就有人说了。故事说，孔子从一个地方经过，两个小孩在辩论太阳的大小，没有结论，就问孔子怎么回事，孔子也不知道。但是现在不算问题了，不过实际上还有问题。

后来我下了很大功夫研究这个问题，写出了一个比较接近正确的答案，但还不太能保证。后来我看国内外的资料，反复看别人的说法。李约瑟写了《中国科学技术史》，里面就有两小儿辩日。李约瑟在里面说，这个问题很难，我解答不了，我找两个博士帮我写这个。李约瑟是世界科技史专家，名气很大，他就承认他不会，但是很多中国人不知道，还不承认。

浑天说与地心说相比，我认为浑天说更高明。张衡是中国最具有代表性的天文学家，他提出了浑天说，并发明了地动仪论证他的理论猜测，对东汉以后的天文学、历法都有很大的指导意义。当然，盖天说、宣夜说也有价值。宣夜说高明，但是东汉的时候宣夜说过时了，流行盖天说和浑天说。盖天说是说天是圆的，地是方的。历法是根据浑天说做出来的，中国的历法最准确的就是元代的授时历，那个历法跟现在的公历几乎一样，但是它早实行几百年。但是，只要是中国进步的都没人说，我认为这是不应该的。盖天说在中国是最早出现的，所以它的影响比较大，天坛、地坛都和盖天说有关系。

恩格斯说："理论思维仅仅是一种天赋的能力。这种能力必须加以发展和锻炼，而为了进行这种锻炼，除了学习以往的哲学，直到现在还没有别的手段。"那我反过来说，为什么要学哲学？就是为了提高理论思维。现在很多人说学哲学没用，我认为这是无知的表现。你说打篮球有用吗？打篮球扔来扔去，是为了锻炼身体，不是说打篮球就能长出一米来。学哲学不是说给你一些什么知识，而是锻炼你的理论思维能力，让你聪明起来。就一个人来说，最重要、最宝贵的是什么？一个是智慧，一个是健康。健康就是体育活动，智慧就是学哲学。所以在外国很多大学里面，每个人至少学一门哲学。

关于我对中国哲学的研究，比如我写的书认为王充超前觉醒。有的人也说王充是超前觉醒，他提出来"知为力"，翻译成现代文即"知识就是力量"，因此说王充是中国的培根。我认为这个说法有点毛病，王充比培根早约一千五百年，应该说培根是英国的王充。

说起王充，我和他似乎有特殊的关系。我也弄不清楚为何会这样，总之有很多偶然性，我认为我和王充有缘分。我在上初中的时候，到一个百货商店里面逛。商店里面有个书店，我看到有一本书叫《王充——中国古代的唯物主义者和启蒙思想家》，是苏联曾经的驻华大使阿·阿·彼得洛夫写的。我买了一本，也看不懂，就放在家里。后来上大学，上学以后插队，到河北魏县插队八年。有人让我给全县中学政治课教师讲儒法斗争。我就去买了两本书——《荀子》和《论衡》。后来我把《论衡》反复看，觉得《论衡》讲得比较具体、比较现实，《荀子》的理论性较强。后来我考上研究生的时候，刚报到三个月，就在《光明日报》哲学版发表了一篇文章《王充反孔吗?》，这是我在讲儒法斗争的时候发现的一个问题。《论衡》里面有《非韩篇》《问孔篇》《刺孟篇》这三篇文章。一般认为《问孔篇》《刺孟篇》是反儒家的，《非韩篇》是反对法家的。但是那时候，法家时髦，说王充是大法家。我不同意这个看法，就写了那篇文章。后来才知道，我插队的那个魏县，过去是魏郡，就是王充的老家。所以我觉得这其中有很特殊的缘分。另外我看了王充的《问孔篇》，里面对孔子没有批判，只是认为汉代的儒者神化孔子是不对的，孔子自己没有神化自己。王充说最值得学习的是孔子，既然孔子最值得学习，又怎么可能反对呢？所以我说，王充不是反孔。

再如庄子哲学。我学哲学的时候，去山西参加一个会议。在参加小组讨论的时候，上海有一个大哲学家冯契，说他很喜欢庄子，让我写《辞海》的庄子这一条。我那时还是学生，硕士还没毕业。中国历史上有很多人赞扬庄子，张岱年先生曾跟我说，庄子的哲学引出的问题都很深刻，是秦汉以后所没有的。鲁迅说，战国以后所有的哲学家没有比庄子强的。鲁迅这样评价某个人物是很少的，他老是批判别人。顾颉刚也有过类似说法，说战国时代哲学的最高代表是庄子，文学最高代表是《楚辞》。徐复观写了《中国艺术精神》，讲庄子的道就是艺术精神。而我们的教科书里面，庄子被说成唯心主义、不可知论、没落奴隶主阶级的代表。我后来研究发现，中国是求善的政治哲学。中国的哲学家都是跟政治家结成联盟，讲的是修身、齐家、治国、平天下，都是讲“天下为公”，所以和西方并不一样。但是为什么有人把西方的东西套到东方？这可能和苏联有关系。很多错误不是哲学家的错误，而是研究哲学家的张冠李戴弄错了。西方是求真的科学哲学，庄子是求美的艺术哲学，并不一样。

我研究董仲舒的政治哲学。马克思、恩格斯的意思是研究宇宙本原才有唯物主义和唯心主义的问题，用到别的地方就会造成思想混乱。但是我们现在到处乱用，比如说董仲舒，他不跟科学联系，也不讲宇宙本原，但是都给他戴上主观唯心主义、形而上学的帽子，这些都是错的。现在我把他翻过来，我认为董仲舒是伟大的儒学代表。王充说："文王之文在孔子，孔子之文在仲舒。"周文王、孔子、董仲舒，这三个人是一脉相承的，是儒家圣人。所以我发了一篇文章，说董仲舒是儒家大圣人，和过去的观点不一样，但是也没人跟我商榷。董仲舒讲的大一统、独尊儒学、天人感应，在汉代都是政治相关的问题。

我到日本担任客座教授九个月。我问他们还请了中国哪些学者，他们说以前都是请西方的，我是第一个。我觉得很稀罕，怎么是第一个呢？我们可能教条主义太多了，讲不出道理。请我的有一个副教授，他到我那里拜访。他给我了一个小册子，我就把我研究王充的那本书拿给他。他拿回去看了以后就给我打电话，问请我当客座教授行不行，我说可以，过了两年他就请我去了。后来我想了想，我在书中引了一个日本学者的一句话，那个人就是他的导师的导师。我到日本讲学就讲了这个。我说不要看穷的国家、穷的人民没有钱，但不一定没有智慧。有的人有钱可以买书，学到知识，但是智慧不一定提高。

另外，关于"儒学创新派"。有一回我在国子监开会，我问张岱年先生："别人说您是新儒家，您是不是？"他说："我不是新儒家，我是儒学创新派。"张岱年先生说，张载是辩证唯物主义者，王夫之也是。我后来又看到，毛泽东写给陈伯达的信中提到，墨子是古代辩证唯物论大家。但是"辩证唯物主义"或"辩证唯物论"，在中国的哲学界从来不用。要说你是唯物的，就在前面加"朴素"二字。两千多年这么多人，留下的著作那么多，都是片面的、局限的、错误的，好的都是西方的，这怎么可能呢？

张岱年先生在《中国哲学大纲》里说："如是真理，朴素何害？如非真理，纵讲得精微，亦不过善于诡辩而已。”他对“朴素”很反感。但是很多讲“朴素”的人，没有一个人说得清楚“朴素”是什么意思，都只说什么样的哲学是朴素的，都是套话、空话。

整理者：项依然

第四讲

儒家的实践智慧

主讲人：陈来

清华大学哲学系教授、国学研究院院长

大家好，我们这个讲座是属于“面向世界的儒学”系列。儒学应面向世界，我们今天的儒学研究、儒学讨论，不是我们自己关起门来进行讨论。在相当程度上，要联通世界哲学，要自觉地参与、接引世界哲学的相关讨论，在这些讨论中向世界介绍、展示中国哲学的特色，使我们的哲学研究在比较的视野、比较的探讨中获得一种深化。

中国哲学的传统非常重视实践智慧，可以说，实践智慧一直是中国哲学的主体和核心。儒家自孔子以来，更是强调哲学作为实践智慧的意义。儒家哲学思想的特点是：突出人的实践智慧，而不突出思辨的理论智慧；儒家的实践智慧始终强调以道德为基础，从不脱离德性；同时，儒家的实践智慧又突出体现在重视修身成己的向度，亦即个人内心的全面自我转化；最后，儒家哲学思想总是强调实践智慧必须化为实践的行动，达到知行合一的境界。这是我们今天讲座的要点。

一、道德德性

现代哲学越来越关注实践智慧，与其字面意义的直接性不同，实践智慧乃是根源于古希腊哲学，特别是亚里士多德的哲学。亚里士多德哲学中的 phronesis，英译曾为 prudence，中文译本以往亦多译为“明智”，而现在更多的学者从哲学诠释上接受把这个词译为“实践智慧”。它在亚里士多德的《尼各马可伦理学》第 6 卷中被作为人类认识真理的五种方式之一，这五种方式即技术、科学、实践智慧、智慧和理智。当然，自海德格尔和伽达默尔以来，当代哲学中有关实践智慧的讨论已经超出亚里士多德的意义，成为世界哲学的重要论题，但仍以亚里士多德的讨论为出发点。现代西方哲学对亚里士多德这一概念的关注主要是针对科技理性对生活世界的宰制，以寻找出一种既非技术制作又非理论智慧的合理性实践概念，满足今天人们的要求。

在亚里士多德哲学中，智慧（sophia）的地位本来高于实践智慧（phronesis）。但他也指出，“人们称阿那克萨戈拉和泰勒斯为智慧的人，而不称为实践智慧的人。人们看到他们对自身有益之事并无所知，而他们所知的东西都是深奥的、困难的、非常人能及的，但却没有使用价值。因为他们所追求的不是对人有益的东西。实践智慧是针对人的事情”（《尼各马可伦理学》）。很明显，智慧追求的东西是深奥难懂的，却对人没有实际益处；而实践智慧追求的则是对人有益的东西，这种有益主要是指人的事物的善，所以实践智慧紧密联系着善的实践。而智慧则只是思辨的、理论的理智，即理论智慧，不是实践性的，没有实践力量，它只有真与假，而不造成善与恶。

实践智慧的本意是强调德性实践中理智考虑、理性慎思的作用，是应对具体情境的理智能力。然而亚里士多德哲学中的伦理德性与作为理论德性之一的实践智慧之间的关系，往往是不清楚的，实践智慧有时被理解为工具性的方法，这也是近代以来在西方哲学中实践智慧脱离德性而蜕变为聪明算计的一个原因。

由于 phronesis 多被译为“明智”，因此，狭义地看，在古代儒家哲学中，与 phronesis 较相近的概念是“智”。当我们说到作为实践智慧的哲学时，我们也自然想到中国最古老的词典——约公元前 3 世纪成书的《尔雅》——的解释，《尔雅・释言》：“哲，智也。”近一百多年以来，中文用来翻译 philosophy 的“哲学”之“哲”，古代即以“智”为之释义，认为哲就是智，二者为同义词。在这个意义上，也可以说，古代中国早已经把哲学理解为智慧之学，虽然中国古代并没有一门独立的“哲学”。

“智”字从知，在春秋时代又通用于“知”。公元 2 世纪的词典《释名》说：“智，知也，无所不知也。”可见智是智慧，知是知识，智不是普通的知识，而是高级的知识和能力。智又以见为前提，见是经验，《晏子春秋》说“见不足以知之者，智也”，《文子》说“见而知之，智也”，表示智慧需要以经验为基础，而不是脱离经验的理性活动。在公元前 4 世纪以前，中国哲学中的智多是指就知人而言，指与人所面对的事物、人所身处的世界相关的实践性能力和知识，是有益于人的事物，而不是关于宇宙世界普遍事物的知识。如《尚书》说“知人则哲”，《论语》中记载，孔子学生“问知”，“子曰：‘知人’”。孟子也说：“智足以知圣人。”表示哲学是认识人的智慧，哲学与人的生活、人的本性、人的生命活动以及人道的法则有关，可见这里讲的哲、智即实践智慧。《周易》特别注重行动的实践智慧，如把智慧表达为：“知进退存亡而不失其正者，其唯圣人乎！”知进退存亡的具体节度而不离于善，此即行动的实践智慧。因此，哲、明智在中国古代皆有智慧之义。

孔子谈仁很多，谈智较少。他说“智者不惑”，这里的智即是明智。《中庸》讲三达德，智甚至排在首位，居于仁之前，可见《中庸》对智的重视。中庸之道是理性对实践情境的一种把握，由经验而来，《中庸》对智的强调和亚里士多德对实践智慧的强调有一致性。《中庸》还有一个重要的观点，就是主张“好学近乎知”。我们知道孔子虽然较少谈智，但非常重视“好学”。按照《中庸》的看法，孔门提倡的好学和智是一致的，这提示了一个重要的通向实践智慧的诠释方向。

好学与智的关联性，在孔子关于“六言六蔽”的论述中最突出地表达出来：“子曰：‘由也，女闻六言六蔽矣乎？’对曰：‘未也。’‘居！吾语女。好仁不好学，其蔽也愚。好知不好学，其蔽也荡。好信不好学，其蔽也贼。好直不好学，其蔽也绞。好勇不好学，其蔽也乱。好刚不好学，其蔽也狂。’”（《论语・阳货》）这一段话很重要，从德性论来说，它表示每一个别德性对人的意义不是独立的，而是与其他德性相辅相成地发挥其作用的，诸德性的相辅相成才能造就君子或圣人的中和不偏的人格，而在德性的相辅相成的结构里，好学占有突出的地位。仁、知、信、直、勇、刚这六种德性都是伦理德性，但是孔子强调，对伦理德性的追求不能离开好学，所有的伦理德性若要中和地发挥其积极的作用，就不能离开好学的德性，不能离开好学的实践，否则这些伦理德性发生的作用就会偏而不正。由此可见，好学不仅是一种优秀的能力和特长，还是一种心智的取向，而这种能力和取向明显指向知识的学习与教育，指向明智的能力。这样就把伦理德性和理智德性结合起来了。在这个意义上，好学扮演的角色和好学所积累的能力也正是亚里士多德的实践智慧。这和亚里士多德主张的实践智慧的作用以及所谓整体的德性中不能缺少理性的观点相一致。

不过，在古典儒家思想中对“智”的理解，最重要的还是孟子的“是非之心，智也”。孟子的这个思想就把“知”引向了对是非的道德辨识。“是非”是道德的概念，于是“智”在孟子哲学中成为主要的道德德性。这个意义下的实践智慧是关于辨别善恶、判断是非的智慧。汉代的儒学继承了孟子这一思想，并确立了智和仁义并立的地位，宋代以后，“智”在儒学中一直是四项道德主德（仁义礼智）之一。这便与亚里士多德有所不同，因为在亚里士多德那里，作为一种理智状态，实践智慧不是德性，而是能力；但比起技术来说，实践智慧又是德性。但他始终认为实践智慧不是伦理德性。而在孟子哲学中，智既是理智，也是伦理德性。后来明代的哲学家王阳明也明确肯定良知就是是非之心，是最根本的德性。而且，亚里士多德主张由实践智慧增进人的幸福，亚里士多德说实践智慧针对对人有益的事情，其所谓有益也包含着幸福，而亚里士多德的幸福包括外在的善，例如财富。但孟子的德性论并不包含任何关于生活幸福或外在善的观念，完全集中于道德的完满。可见儒家的实践智慧明确是道德德性。儒家关注的幸福是康德所谓的道德幸福，而外在的善或身体的幸福在中国哲学尤其是儒家哲学中则不受重视。

二、修身工夫

儒家的实践智慧不限于对智德的提倡与实践，而是包含了丰富的内容。首先，在思辨与实践之间，孔子已经明白显示出了偏重，即重视实践而不重视思辨。孔子的学生认为孔子很少谈及性与天道，是孔子重视实践的明显例证。孔子对名的重视也只是重视名的政治实践功能，而不是强调名言概念自身的抽象意义。早期儒家就已经确立了这种思想性格，在理论与实践之间，更注重发展实践智慧，而不是理论智慧，其原因正在于儒家始终关注个人的善、社群的善、有益于人类事务的善。退一步说，孔子即使关心宇宙天道，也决不用“理论化态度”（海德格尔把脱离生活实践的哲学态度叫做理论化态度）去谈论天道，而是以实践智慧的态度关注如何在人的生活世界与天道保持一致。整个儒学包括宋以后的新儒学都始终把首要的关注点置于实践智慧而不是理论智慧之上。当然，在儒家的体系中理论智慧也是重要的，如《周易》代表的对宇宙的理解是儒家世界观的重要基础，宇宙的实体与变化是儒家哲学关心的，但站在儒家的立场上并在天人合一的框架下，对宇宙的关心不会完全独立于实践智慧，而是可以服务于实践智慧。

儒家的实践智慧始终坚持智慧与德性、智慧与善的一致而不是分离。亚里士多德所说的实践智慧是理性在道德实践中的作用，这种理性作用体现为在善的方向上采取恰当的具体的行为，这是实践智慧作为理性具体运用的特性。在亚里士多德看来，伦理德性要成为行动，离不开实践智慧，故所有行为都是二者结合的产物。儒家所理解的实践智慧既不是技术思维，也不是聪明算计，更不是一种工具性的手段，不属于功利性的原则，明智不是只顾自己、照顾自己的生活，而是一种道德实践的智慧。在亚里士多德那里，关于实践智慧的说法往往含混不清，如他既说实践智慧必须是对人的善，又说善于考虑是实践智慧的最大功用。他说道德德性使活动的目的正确，实践智慧使我们采取实现目的的正确手段，这里所说的正确手段不是道德意义的，而是理性意义的。在这个意义上，实践智慧既不是道德德性，也不能提供善的目的，而只是实践的具体方法。当然，亚里士多德也强调离开了实践智慧，道德德性的实践就不能掌握中道，认为只有合乎实践智慧，伦理德性才能把事情做好，伦理德性必须有实践智慧的具体指导，从而实践智慧一定是做好事的。然而，无论如何，一个完整的道德实践必须有实践智慧作为理智参与，由伦理德性完成，故可看出亚里士多德的实践智慧强调实践中理性的具体作用，而不是强调伦理德性的导向作用。

进一步来看，在亚里士多德哲学中，实践智慧的指向是“做事”（doing），把握恰当的时机作出行动的决断，而无关乎“做人”（being），这就与儒家不同。儒家所展开的实践智慧主要的指向是修身、“做人”（learning to be a person）。或者换一个说法，希腊的实践智慧重在“成物”，而儒家的实践智慧重在“成人”（to be a true person）。所以在儒家看来，亚里士多德的德性论是不完整的，他的实践智慧虽然与科学、技术、制作不同，但仍然是一种外向的理智理性，指向做事的行为——doing right things；而不是指向自身德性的修养——being a good person，故不包含任何内在的觉解。所以，亚里士多德的实践智慧是做事的理性，此理性应有价值的理性来为之导向，而不能说伦理德性由实践智慧指导，因为伦理德性是真正求善的，而实践智慧是工具性的。当然，亚里士多德的另一句话是对的：“伦理德性使目的正确，实践智慧使手段正确。”可惜他自己的说法往往不一致。按这个说法，在实践上，道德德性提供大的善的方向、目的，而实践智慧的作用应当是提供精细的行为制导。儒家哲学的实践智慧在这方面更为清楚从而有其优越之处。

中国现代哲学家冯友兰指出，从中国哲学的观点看哲学，哲学的功能在于改变或提高人的精神境界，获得一种看待世界的全新的方式，因此提高心灵境界是中国哲学实践智慧的一个目的。精神的提升，内心的和谐、自由、宁静，这种心灵自我的转化是实践的根本目标。

实践智慧不仅表现为把精神的提升作为哲学的目的，而且表现为为了实现这一目的所探索的各种工夫手段、方法。儒家所说的心灵转化的方法不是古希腊的对话或沉思，而是以道德修身为根本的精神修炼。哲学的智慧必须为人的自我超越、自我提升、自我实现提供方向的指引和修持的方法。自我的转化即内在的改造，是气质的根本变化，超越自己现有的状态，使生命达到一个更高层次。

因此，一个重要的区别是，儒家哲学对哲学的了解是实践性的，而这种对实践的了解，不限于认识外在世界、改变外在世界，而更突出认识主观世界、改造主观世界。所以儒家的实践智慧包含着人的自我转化与修养工夫，追求养成健全的人格，《大学》就是这一实践智慧的纲领。《大学》以“止于至善”为目的，即确立实践活动的根本目的是至善（如亚氏之最高善），确立了儒家实践智慧的求善特性，而求善的具体修养工夫有慎独、正心、诚意、致知、格物。其中的致知就是扩充和发展实践智慧，而扩充实践智慧有赖于在具体事物和行为上为善去恶，如止于仁、止于敬等，此即格物。诚意是追求好善如好好色，达到自慊的内心境界，而诚意的工夫又称为慎独的精神修养，诚于中而行于外。总之，内心的修养是儒家实践智慧的重点。当然，儒家的实践智慧在全体上包含治国平天下，即对现实政治世界的改造和治理，但这种治理以己所不欲勿施于人为中心，而且《大学》讲得很清楚，自天子以至庶人，一切人、一切事都必须以修身为本。

修身是累积扩大实践智慧的根本途径，人格的锻炼是儒家最看重的实践方面。《中庸》把慎独作为主要的独立的工夫，由内在的中去建立行为的和，“修身以道”“修身则道立”，同时，《中庸》强调君子的实践不离人的生活世界，愚夫愚妇可以与知，因为“道不远人，人之为道而远人，不可以为道”，实践智慧要求理性的运用不可离开人伦日用常行的世界。《中庸》又提出“时中”，而“时中”是“在事之中”，是“随时而中”“做得恰好”，是针对个别事物、特殊境况的，是实践智慧在做事上的恰当运用的状态。《中庸》最后要达到的是诚者不勉而中、不思而得、从容中道的圣人境界。

《中庸》主张的实践智慧还展现为“慎思明辨”，与亚里士多德的不同在于，亚里士多德的慎思就是善于正确考虑具体的情境，亚里士多德的慎思作为实践智慧的主要成分之一，主要是关于行为的考察，而不是关于自我的考察反省，《中庸》的慎思首先要求的是对自我内心的考察反省。

儒家的实践智慧又被概括为“为己之学”，“为己”的意义就是“己”的发展、转化，而美德的培养和精神修炼都是以“成己”为宗旨的。这些致力于发展美德的精神修炼即基督教所谓的精神性。《中庸》说：“诚者，非自成己而已也，所以成物也。成己，仁也；成物，知也。性之德也，合外内之道也。故时措之宜也。”这里的知即狭义的智，指向成物，这与古希腊是一致的。但广义的实践智慧是成己与成物的合一，既包含着以诚成己，也包含着成物之智，而成物之智联系着时措之宜，后者正是亚里士多德强调的做事的实践智慧，即做事的中庸之道、恰到好处。但在儒家看来，这一切成物的时措之宜是以修身成己为基础、为根据的。

三、知行合一

儒家实践智慧的一个特色是关注实践主体。因此从儒家的立场看，广义理解的实践智慧应当包含修身的向度，重视德性的修养是儒家德性伦理与亚里士多德性伦理的一个根本不同。这种立场包含着把哲学作为一种生活方式的理解，从而实践的智慧不仅仅是做事恰当合宜的智慧，还是面对人生整体的智慧。此外，亚里士多德的实践智慧只说了理性对行为的具体的指导，而真正的生活实践需要处理知与行的关系，因为实践智慧的作用可以说正是要把“德性所知”与具体境遇联结在一起而成为完整的行动，把价值承诺落实在行动上。在儒家看来，不仅德性所知，而且经典世界中的一切叙述若要通向现实世界，就必须由实践来完成，实践的智慧必须化为实践的行动。实践智慧作为“知”本身就要求把自己展开为“行”。

在儒家思想中，“实践”本身就常常意味着道德修身的践行活动。《中庸》提出了博学、审问、慎思、明辨、笃行，其中就包括了“笃行”，这也是《中庸》

实践智慧的重要方面。《中庸》认为“中庸”与知（智）关联较多，智既是道德德性，也是实践智慧。而实践智慧必须包括对已知美德的践行、实行。

宋代以后儒学中的“实践”概念广为运用，而实践和躬行连用甚多。后世的历史编纂学家认为，北宋新儒家以“实践之学”为宗旨，南宋儒学的特征被称为“默然实践”，朱子哲学被概括为“其学以求诚为本，以躬行实践为事”，这些历史编纂学家认为宋明理学就是“以实践为宗旨”，理学家强调“圣贤所重在实践”，“穷理以致其知，反躬以践其实”成为理学重视实践的明证。

现代新儒家哲学家梁漱溟尤以“实践”针对理智智慧，在他看来，认识真理的方式有四种，即科技、哲学、文艺和修养，修养即修持涵养。他说：“孔学于实践中自有思考在内，亦即自有哲学在内，但只为生活实践的‘副产物’，最好不从思想理论来看待之。……为学生讲说时当指示其各自反躬体认实践，默而识之。”他认为：“把他们（儒家孔孟）切己修养之学当做哲学空谈来讲而不去实践，真是一大嘲弄。”还说：“儒家之为学也，要在亲切体认人类生命此极高可能性而精思力践之，以求‘践形尽性’”，“儒家期于‘成己’，亦曰‘成己、成物’，亦即后世俗语所云‘做人’”。所以，他所了解的哲学的实践便是反躬内向。这也涉及儒家对哲学的理解。按照梁漱溟的理解，哲学并非如西洋古代所说的爱智，而是“生命上自己向内用功进修提高的一种学问”，是一种强调修身和变化、提高自己生命的实践智慧。他认为“古书中被看做哲学的那些说话，正是古人从其反躬内向的一种实践活动而来”。所以他又说，儒家的哲学可称为人生实践之学，是一种生命的学问，哲学必须是一种自我的实践和活动，强调儒家哲学作为人生实践活动的重要方面。

明代哲学家王阳明指出：“凡谓之行者，只是着实去做这件事。若着实做学问思辩的工夫，则学问思辩亦便是行矣。学是学做这件事，问是问做这件事，思辩是思辩做这件事，则行亦便是学问思辩矣。若谓学问思辩之，然后去行，却如何悬空先去学问思辩得？行时又如何去得做学问思辩的事？行之明觉精察处，便是知；知之真切笃实处，便是行。”亚里士多德的实践智慧是指向行动的慎思明辨，而王阳明所说的“思辨是思辨做这件事”，意思与之相近；其所说的“行之明觉精察处，便是知”和“知之真切笃实处，便是行”，既是强调实践智慧是对行动的明觉精察，也同时强调实践智慧作为知必须和行结合在一起。

在古代中国思想中，孔子以前都使用德行的观念，有时简称为德。古代德行的观念不区分内在和外在，笼统地兼指道德品质和道德行为，重点在道德行为。其实，早期儒家便在德的问题上与亚里士多德有差别，即虽然孟子集中关注德性的问题，但孔子和其他早期儒家重视德行的观念，主张德行合一、知行合一，而不主张把德仅仅看作内在的品质，强调要同时注重外在的行为，可见儒家的实践智慧必须强调践行的意义。同时智不是仅仅作选择、作判断，或进行推理，知必须关注行、联结到行、落实到行。知而不行，从儒家的角度来看，是实践智慧本身发展不够、扩充不够，还没有达到真正的实践智慧“真知”。

如前所说，致知即扩充实践智慧，王阳明指出智或知应当是良知，而良知必须知行合一。因此，在儒家的立场上，实践智慧是伦理德性，也是道德知识，故实践智慧必须包含知行合一的方面。这和现代哲学的海德格尔有些类似。海德格尔以实践智慧为良知，以召唤自己实际的生存作出决断，以回到本真的生存。因此儒学对哲学的理解，不是关注超感性领域，更不重视理论构造、抽象推理和逻辑演绎，儒家的哲学观显然不是海德格尔所批评的“理论化态度”，儒家强调的是在生命世界中的生命体验、生命实践，而这个生命实践是以人和道德实践为中心的。

四、成物之道

最后略谈一下儒家实践智慧思想中的成物之道。《周易》在孔子的时代以前，已经成为中国文化的经典；在孔子以后，又成为儒家尊奉的经典。于是，在儒家尽力把对《周易》的诠释向德行方面转化的同时，《周易》自身带有的吉凶意识和世俗智慧也影响到儒家的智慧思想，从而使得儒家的实践智慧也一直包含了这个涉及做事的“成物”部分。

在古希腊的实践智慧思想中，包含了工具性的审慎计度。在西方后来的伦理思想史上，也可以看到把审慎、精明等作为重要德性的思想，注重做事的成功之道、聪明和机巧。其实在古希腊如伊索克拉底的思想中，明智就是审时度势、随机应变的行动能力，反映了实践智慧的日常性、世俗性一面。这与实践智慧是针对具体事物的特性有关，例如亚里士多德强调实践智慧不是针对一般事物，而是针对具体事物。古希腊的明智是实现具体目的的手段的一种智性能力，也是把握实践情境具体尺度的智慧。

亚里士多德在《尼各马可伦理学》第 6 卷中说道：“甚至人们善于计较以得到某种益处，我们也称之为一种明智”，“一个明智的人就是善于考虑的人”，“明智是善于照顾自己”。他甚至还表达出这样的思想，即明智是有经验“怎么照料自己的生活”，“顾自己是明智的一类”，“明智不等于聪明，但却包含着聪明”。这些地方提到的明智也就是实践智慧。孟子论智时说道：“所恶于智者为其凿也，如智者若禹之行水也，则无恶于智矣。禹之行水也，行其所无事也，如智者亦行其所无事，则智亦大矣。”（《孟子·离娄下》）。可见，孟子认为明智不能是聪明谋划，他甚至吸收道家思想以反对这种聪明谋划。

对于儒家来说，类似古希腊传统的世俗性实践智慧包括三个方面：《周易》的通变智慧、《中庸》的节度智慧、世俗的成功之道——也就是韦伯所说的非伦理的世俗智慧。这三者共同构成了儒家的成物之道。姑且就《周易》系统的实践智慧略谈一点。

就儒家智德的广义内涵而言，其重要内容是明辨是非，不受迷惑，也包括识利害、通变化、正确决断、趋利避害、求得成功。这些内容主要是由《周易》系统所带来的。《周易》的基本思想是吉凶利害，而非德性修身。关注吉凶利害是人的实践领域所需要的，故儒家也予以重视。这一类是“非道德”的实践智慧，而“非道德”（non-moral）不是“反道德”（immoral），而是一种道德中立的实用主义的表现。这种道德中立的实用主义在中国文化中也受到了各家的重视，包括道家，这反映了中国智慧的重要方面。在亚里士多德看来，实践智慧不是道德德性，而是一种非道德的理智状态，实践智慧针对人的幸福。这些都与《周易》对吉凶智慧的追求相通，故可以说《周易》的智慧更接近亚里士多德的明智。但《周易》有两个层面，卜筮的操作针对具体事项，而《周易》的通变智慧并不针对具体事项，这是与亚里士多德不同的。

如《周易·系辞传》说：“是故吉凶者，失得之象也；悔吝者，忧虞之象也；变化者，进退之象也。”“知变化之道者，其知神之所为乎？”《周易》追求的是在变化中“吉，无不利”。吉凶即祸福，知祸福就是明智。汉代贾谊说：“深知祸福谓之知，反知为愚；亟见窕察谓之慧，反慧为童。”（《新书·道术》）董仲舒说：“智者见祸福远，其知利害蚤。物动而知其化，事兴而知其归，见始而知其终，……如是者谓之智。”（《春秋繁露·必仁且知》）这些都是通过吉凶祸福表达的明智。而总体上说，经过十翼的发挥诠释，在儒家思想中，《周易》的智慧已主要不是处理个别具体事项的成败利害吉凶，而是着眼于掌握和理解重大的变化之道，以开物成务，如《周易·系辞传》所说，“知变化之道者其知神之所为乎”，“通天下之志”，“成天下之务”。

总之，就现代哲学的讨论所针对的问题如技术理性的统治而言，儒家的实践智慧比起亚里士多德的实践智慧有其特色，也有其优越之处，即毫不犹豫地强调道德的善是人类实践的根本目标，重视人的精神修养和工夫实践。当然，儒学的实践智慧虽然重视向内的工夫，但不离事事物物，且能发为积极的社会政治态度与实践，促进社会改造和政治改良。这就是《大学》八条目中“治国平天下”的范围了，正如亚里士多德的实践智慧广义上也包括政治学一样。

以上是我今天的报告。面向世界的儒学，不能关起门来只研究自己的学问和传统，也要进行文化的交流、哲学的交流，参与世界哲学论题的研讨。一方面，把中国哲学、儒学带入世界哲学的论坛上；另一方面，也通过这些参与，深化对中国哲学、儒家哲学的了解。

整理者：武刚刚

第五讲

儒家经典的体系、内容及其当代价值

主讲人：舒大刚
四川大学古籍整理与研究所教授

我们都知道，每一个优秀的民族、每一种悠久的历史文化，都有自己的经典和圣人。圣人，就是德行高尚、知识丰富、有预见能力的这样一种人。经典，就是指具有根源性、典范性、权威性和经久不衰价值的文献，或者是经过历史淘汰优胜出来的、被证明是最有价值的那种文献，或者是某个民族、某个专业最精粹、最精髓的作品，或者是一个时期最具代表性、最完美的成果。所以经典尤其偏爱那种具有重大原创性、历史奠基性的著作。具有我们描述的这些性质或者特征的，才能够称为经典。这些经典，再经过历史的长期演绎、融合和创新，就成了后世这个民族历史的根、文化的源、民族的魂，它是人们从事生产、生活、文明创作的精神食粮和心灵家园。所以我们认识这些经典的内容和价值，沿袭和传承这些文化经典，就是实现我们这个民族文化传承、文化自信、文化自强的重要途径。熟读和阐释好这些经典，是实现传统文化创造性转化和创新性发展的重要途径，也是研究其他学术的必备知识和基础技能。

历史发展的当下，我们要走向全球化。我们宣传和阐释好这些经典，也是我们民族与其他民族进行文明对话、文明交流所依仗的重要实力和特有资源，因为我们跟人家交流，总得拿出礼品来，总得有自己的交换物。经典就是我们实现文化、精神、思想、学术交流的重要资源，也是我们这个民族走向世界、融入世界的宝贵财富和靓丽名片。这是经典的价值和定位，我在这里先有一个简单说明。

这个讲座分四个方面：第一是何谓经典。第二是儒家经典的体系。儒家经典在其传承过程中不断形成体系，而且这个体系也是不断演化的。第三是经典的内容，就是它有哪些最基本的内容。第四是经典的当代价值。这些古老的经典，很多都是两千多年前甚至更早形成的，有没有过时？能不能转化？具不具有现代性？对于这些问题，我想在这里做一个分析和回答。

一、何谓经典？

从汉字经典本身的意义上来讲，古代经典的含义跟我们今天意义上的经典意思也是非常契合的。

（一）“经”字

“经”，许慎《说文解字》讲：“經，織從絲也。从糸，巠聲。”我这里用的是繁体字，因为讲文字本义的时候，它的形体很重要。这里面就告诉我们这个“经”字，左边从“糸”这个偏旁，取义；右边是从“巠”，取声兼义，读作“jīng”。整个字的意思，是指织布机上的纵丝，也就是从头拉到底的那个线，叫纵线，也就是经线。

刘熙《释名》说：“经，径也。”“径”就是直路，也就是干道的意思。那么这个“经”是径路，好比经线。又说：“经，径也，常典也。”这是从它的意义上来讲，“经”就是常典，“常”就是常久不变、永恒不衰的意思，“经”有这样永恒不灭的价值。到了南北朝时期，刘勰《文心雕龙》又讲：“经也者，恒久之至道，不刊之鸿教也。”即是说“经”宣扬的是一种长久的、伟大的真理，是永远不过时、不被刊削掉的“鸿教”。这些都说明，“经”具有两个特征：一是贯穿始终、贯穿古今；二是具有永恒性和包容性。所以“经”就是我们前面提到的最根本的、具有永恒价值的文献。

在先秦时期，我们有根本性的经典，后来又发展成各个领域的经典。《管子》里面有“四经”，还有“经言”，《墨子》里面有“经说”，兵家有“兵经”，医家有“医经”，术数家有“星经”，等等。这些都是各个领域、各个专业、各个方面最有代表性、最具影响力、最具有根源性的文献，这个是“经”的本义。

（二）“典”字

《说文解字》：“典，五帝之书也。从册在丌上，尊阁之也。庄都说：‘典，大册也。’”相传上古有《三坟》《五典》，《三坟》是三皇之书，《五典》是五帝之书，简称坟典，其记载的是三皇五帝的史事。“典”是记载五帝史事的文献。这是一个会意字，像“册在丌上”。“册”就是竹简，是用丝革编起来的比较工整、规范的简册，再被摆到一个丌案上。“尊阁之也”，就是将“典”这种文献珍藏在这里，把它摆在高高的、神圣的案头。其实，甲骨文中的“典”字，像左右手合举一捆简册，也是表示尊重的意思。

许慎又引另外一个人庄都之语：“典，大册也。”“典”是一种形制比较大的书册装帧。据说在汉代，这些典册是根据不同的内容与地位来决定其长短和形制的。郑玄《论语序》云：“《易》《诗》《书》《礼》《春秋》策皆二尺四寸；《孝经》谦半之；《论语》八寸筴者，三分居一，又谦焉”。也就是说，“五经”非常重要，是用二尺四寸长的简抄录的。《孝经》谦半之，是用一尺二寸长的简抄录的；《论语》简八寸长，只有经简长度的三分之一。可见，古代对最尊贵、最重要的文献，是用长简来书写的，其他文献则等而下之，长度不一。这在后来的考古发掘中是有所印证的。“典”既然是大册，就是非常庄重、非常重要的，其装帧也比较规范，采用最长的简策来抄录。

“典”在历史上可能有多种，现在保存下来的在《尚书》中的就有《尧典》《舜典》，当初统称《帝典》。《尚书·周书》记载周人战胜殷人后，殷遗民有些不服，周公就召集他们进行训告，说：“惟殷先人，有册有典，殷革夏命。”说你们殷人祖先那些文献中，有小规格的“册”，也有大规格的“典”，这些文献上面就记载了你们祖先“殷革夏命”的事变。“命”指的是天命，就是政权的合法性。意思是，夏桀暴政，政权合法性在你们祖先那里，你们殷人就拥有了天下共主的位置。现在你们末王纣也行暴政，政权的合法性已经不存在了，那你们就得换位思考，我们也要革殷人的“命”。说明商人“有册有典”，是有历史记载的。

后来在甲骨文里，也发现了“册”字，说明当时有这种竹简的书。《左传》记载，楚国有个左史叫倚相，楚庄王就说，这个人很了不得，“是能读《三坟》《五典》《八索》《九丘》”。《三坟》《五典》《八索》《九丘》，就是四类历史文献。《古文尚书序》说，《三坟》是三皇的书，也就是伏羲、女娲、神农（又有伏羲、神农、黄帝等不同说法）时候的书；《五典》是五帝的书，也就是黄帝、颛顼、帝喾、尧、舜时候的书；《八索》是八卦之说；《九丘》是九州之书。今天除了我们刚才提到过的《尚书》中的《尧典》《舜典》二典外，《三坟》和其他三典都不存了。至于八卦之说的《八索》，很有可能与今传《周易》类似。九州之书的《九丘》有可能类似《山海经》或者《禹贡》这类地理性著作。

（三）“经”“典”连用

“经”和“典”是两类非常重要的文献：“经”是用丝绳或韦革编成的、具有永恒价值的竹简，“典”是体制较大、被尊阁在案头的重要简册。“经”“典”在某种制度上或意义上是相通的，所以后来就把这两个词联系起来，用“经典”来称经过孔子整理的、儒家的那些文献，这些才是中国最早的，也是根源性的真正经典。

《汉书·孙宝传》记载孙宝之说：“周公上圣，召公大贤，尚犹有不相说，著于经典，两不相损。”周公、召公都辅佐周成王，一个能文，一个能武；一个是圣，一个是贤。但是他们两个之间也有不愉快和误会。大概指周初周公留在朝中辅佐成王，召公驻防在外，召公听信了一些流言，说周公将“不利于孺子（成王）”。其实是当时成王年幼，周公只是代为执政，后来又还政成王。这件事著于经典，最后误会解除，两不相损。历史上存在过的误会，按直笔、实录的方式记载于经典之中，但是并不影响周公、召公二人圣贤的形象。这里的经典，就指《尚书》等类书籍。

《后汉书》也讲了邓皇后读经典的故事："六岁能史书，十二通《诗》《论语》。诸兄每读经传，辄下意难问，志在典籍，不问居家之事。母常非之，曰：'汝不习女工以供衣服，乃更务学，宁当举博士邪？'后重违母言，昼修妇业，暮诵经典。家人号曰'诸生'。"这里的"史书"与我们今天所指的历史书籍不一样，它是指一种字体，即太史之书，就是周代太史籀所创的大篆，是秦始皇统一文字之前的古文字，又称史籀之书。邓皇后六岁就能认识那些古文字，十二岁就通解《诗》和《论语》。她常常在兄弟们读经传的时候，认真思考提问题，对典籍非常着迷，却不关心当时女孩子应该关心的事情。她的母亲常常批评她，说你不学习女孩子应该学习的针线活，将来好为家人缝衣裳，反而专心学习文化知识，难道以后要去当博士吗？（当时的博士比今天的博士地位高得多，是太学的老师，而且是主讲老师。）邓皇后不想违背她母亲的话，于是就白天学女红，晚上研习儒家经典，家人就调侃地称她为"太学生"。邓皇后小时候读的典籍就是儒家经典。

后来，历经南朝入唐的陆德明写有《经典释文》，对当时经典著作中的文字、读音、意义、异体字进行了系统梳理。被称为经典的书有哪些呢？陆氏《经典释文·自序》："癸卯之岁，承乏上庠，……辄撰集五典、《孝经》、《论语》及《老》、《庄》、《尔雅》等音，……古今并录，括其枢要，经注毕详，训义兼辩。"这里的"五典"指与五经相关的经典，即《易》《书》《诗》《周礼》《仪礼》《礼记》《春秋》《左传》《公羊传》《穀梁传》。《孝经》《论语》《尔雅》这些都是儒家的。同时还有《老子》《庄子》，它们则是道家的。在陆德明心目当中，经典包括了儒家的"经"和解经之"典"，此外还有《老子》《庄子》，这当然是受汉以来尤其是六朝时期玄学的影响。《经典释文》涵盖了儒道两家的重要文献。

后来人们讲经典，也是各有所指。儒家讲经典，是以经过孔子删定的"五经"为主，以及围绕"五经"形成的传记文献。孔颖达《尚书正义·序》："暨乎七雄已战，五精未聚，儒雅与深阱同埋，经典共积薪俱燎。"这里的"经典"就是指秦始皇焚书坑儒时所烧掉的儒家经典。道家也有自己的经典，后来汇聚成

《道藏》。佛教进入中国后也形成自己的经典，后来汇聚成《大藏经》。于是“经典”的范围就越来越扩大了。

（四）经典的价值

既然经典的原义、体制如此庄重盛大，那么经典在文化史和学术史上有什么重要地位和特殊作用呢？

我们这里先做一个简单的提示：

（1）经典是文明的门槛（生产、生活、技术、制度、习惯、风俗）。

（2）经典是文化的源头（哲学、宗教、教育、价值观、管理）。

（3）经典是道德的教条（伦理、道德、理想、追求、人己、物我）。

（4）经典是价值的尺度（是非、美丑、对错、得失、利弊）。

（5）经典是行为的准绳（规范、礼仪、举止、修养、言谈）。

（6）经典是精神的家园（艺术、博雅、情趣、境界、梦想）。

（7）经典是信仰的鸿宝（终极关怀、临终关怀、现实关怀）。

（8）经典是民族的灵魂（智慧的结晶、历史的积淀、美好的象征、最后的裁判）。

（9）经典是历史传承的根脉，是学术文化的源头，是民族精神的魂魄。

第一，从人类发展史看，经典是文明的门槛。经典记载了许多生产生活的经验，当时的科学技术，以及文明、制度、秩序、规范，还有优秀的习惯和风俗。通过经典指导以后形成的社会形态，就进入了系统的、文明的高级阶段，呈现出理想优雅的状态。所以我说，经典之于历史是很重要的。

第二，经典是文化的源头。经典中记录了不同时代的哲学、宗教、教育、价值观，以及管理方法，等等。经典又往往是从事教育的重要的教科书。后来的思想、学术、文化、观念等，都要受经典的影响。

第三，经典是道德的教条。经典常常告诉我们为人风范，包括伦理、道德、理想、追求、人己关系、物我关系等，教导我们怎样做人，怎样与人相处，怎样对待事事物物。经典无疑是对道德的重要归纳。

第四，经典是价值的尺度。经典中有是非观念、美丑判断、对错褒贬、得失评判，还有利弊权衡，等等。我们人生的价值观，有许多在经典中就有成文规定。比如我们中国人的很多价值观，都来源于儒家经典。

第五，经典是行为的准绳。经典中有行为规范、礼仪准则、言谈举止的说明，还有修养的教诲，如修身齐家等。经典指导我们怎样为人处事，怎样言谈举止，怎样做文质彬彬的君子。

第六，经典是精神的家园。经典是一种高雅的文化产品，其中有艺术，有文学，有渊博的知识，有高雅的情趣，有高尚的境界，还有人类的各种梦想，引导人们向善、向上、向好发展和追求。读了经典，可以提升精神境界，规划好自己的人生目标，从这个意义上讲，经典无疑是我们的精神家园。许多人启蒙读经典，后来为官、为师、为臣、为将、为相也要读经典。到了退休后，自己有了思想，想著书立说，也要围绕经典来展开，经典就成了我们的精神家园。

第七，经典是信仰的鸿宝。经典里面有终极关怀，它告诉我们万物怎么产生、人从哪里来；还有临终关怀，告诉我们将到那里去；更有现实关怀，告诉我们当下该怎么做。经典事关一个民族、一个国家的精神信仰。

第八，经典是民族的灵魂。所谓民族，实际是一种文化的符号。民族的构成固然有血缘的因素，但主要还是文化观念。假如一个民族不存在文化观念，实际上这个民族就已经消失了。我们要保持民族的存在感，一定要吸收经典里的智慧、历史文化、美好追求，甚至经典里的是非判断，因为经典本身就是智慧的结晶、历史的积淀、美好的象征，还是最后的裁判。

第九，经典是历史传承的根脉，是学术文化的源头，是民族精神的魂魄。经典伴随着一个民族、一个国家发展壮大，不断给其奠定文化根基，注入精神活力，启迪思想智慧，因而自然而然就成了这个民族和国家的历史传承的根脉、学术文化的源头和民族精神的魂魄。简言之，经典就是民族和国家的根、源、魂。

（五）人类经典举隅

刚才我们是从概念上来定义经典的，下面让我们在世界史范围内再展示一下经典的魅力。不仅咱们中国是经典的国度，而且从整个人类范围来看，优秀的民族国家莫不如此。

在几大文化体系形成的过程中，都存在经典影响的力量。一支是欧美，一支是古印度（虽然现在被欧美化了，但在古代有它自己的古印度文化），一支是古希腊，再一支就是中华文化，还有一支是阿拉伯世界。之所以这几个地方能够把文化区别开来、独立出来、形成系统，就因为它们有经典为之守候。

欧美等西方世界。它们拥有人们最熟悉的经典《圣经》（准确地说，应是《新旧约全书》）。其中《旧约》是犹太教的主要经籍，音译是“塔纳赫”，从传说中摩西带领以色列人从古埃及走出来写起，一直写到耶稣降生前大约 500 年才完成了主体部分，前后经历了 1000 年左右。《旧约》是犹太民族的主要经典。犹太这个民族在历史上真是多灾多难，但是之所以它经历了那么多磨难还没有消失，就是因为它有经典。经典教会了他们有信仰和价值观，教会了他们生存的活力和团结，也教会了他们坚强地生存。为什么呢？因为这个经典中有他们的史书、传奇、律法、诗歌、书信和论说，反映出犹太民族的历史、哲学、文学、信仰、道德、礼仪等。有了这些坚守，这个民族才成其为民族。基于犹太民族信仰的基督教，从一个原来是多灾多难、小部落的信仰，逐渐地发展演变成一个世界性的宗教，其中经典所起的作用是非常大的。

古印度。历史上古印度曾经吸引那么多人前往“取经”“访古”，就因为它有系统的经典。它最重要的经典大概有三部：一是《薄伽梵歌》；二是《吠陀经》；三是《奥义书》。这三部书号称古印度最为重要的三大圣典。《吠陀经》是婆罗门教也是现代印度教最重要和最根本的经典。“吠陀”是“知识”和“启示”的意思。《吠陀经》中文献有 108 种之多，它代表了古印度几个世纪当中涌现出来的众多印度教哲学流派的灵感源泉，是指导印度教徒修道、证教，达至恒定不变的自我状态的重要文献、重要教科书。

《奥义书》在师徒之间秘密传授，“奥”是“坐近来”的意思。该门学问乃师徒亲相传授，是秘密书、哲学书，内容非常丰富，思想非常幽玄。我们所见到的中译本《奥义书》有《五十奥义书》。它是古印度婆罗门教的根本经典，汇集了韦檀多时代（公元前 7 至前 6 世纪）许多派别的思想，记述了古代印度的祭祀活动和修行生活，包括种姓阶级制度和教育文化、民间风俗以及各种社会生活。

《薄伽梵歌》是古印度大型史诗《摩诃婆罗多》的第六篇，这一篇非常长，横跨好几百年。它是古印度思想界最有影响的一部著作，以诗歌的语言来传达思想。

佛教的创教教主释迦牟尼，也是在这些古经典影响、启发下形成和产生了自己的一套思想体系。这些经典保存下来，就是古印度文化至今灭而不衰、衰而不亡的原因。

古希腊。古希腊的经典也很多，但是大多是人文性的，如《荷马史诗》，它由《伊利亚特》和《奥德赛》两部史诗组成。这两部史诗描述了古希腊从氏族社会向奴隶制社会过渡时期的两场大仗，也反映了那时的社会史和风俗史，具有历史学、地理学、考古学、民俗学等多重价值。虽然那个时候还是人类的童年，但是他们的想象力非常丰富。古希腊经典在思想上、艺术上都具有超时代的价值，因为它们肯定了人的尊严，跟中世纪纯粹以神为本形成了鲜明的对照，所以欧洲文艺复兴首先就以古希腊经典为武器。

阿拉伯。阿拉伯世界的经典众所周知是《古兰经》。《古兰经》虽然产生较晚，但影响大、传播快。它的记载从公元 610 年开始，以安拉命天使向穆罕默德传达“古兰”启示的方式开始，直到穆罕默德 632 年去世为止。《古兰经》是阿拉伯世界有史以来第一部用阿拉伯文书写的文化典籍，它以安拉的神圣语言、以真主启示的方式来传达伊斯兰信仰和教义，其中反映了穆斯林社会生活、宗教信仰、道德规范，以及科学技术、各家各派的不同观念等。

此前的阿拉伯世界只是一个模糊的概念，整个中亚包括阿拉伯半岛，邦国、部族林立，互不统摄、互相战争。这部经典诞生后，就把这个广大领域中不同部落、不同民族、不同来源的人群，用统一的语言、统一的信仰，甚至统一的文学形式整合起来了。团结就是力量，这些人整合起来，便继续向世界各地传播信仰，其信众现在已经遍布亚非欧，可见经典的整合力量是非常强大的。

佛教。中国佛教的禅宗有七经（《心经》《金刚经》《楞严经》《圆觉经》《楞伽经》《维摩经》《六祖坛经》）；净土宗有五经（《无量寿经》《观无量寿佛经》《阿弥陀经》《大势至菩萨念佛圆通章》《普贤菩萨行愿品》）；密宗有《大日经》《金刚顶经》《时轮经》等经典。它们后来都汇集在《大藏经》中。《大藏经》从北宋初年在成都雕成 13 万片的《开宝藏》后，到今天重修《中华大藏经》，中外历史上共修纂过数十次藏经。此外，南传佛教（小乘）有《巴利三藏》，藏传佛教有藏文《大藏经》，蒙古有蒙文《大藏经》，满族有满文《大藏经》。这样才使佛教的信仰得到完整保全。

道教也有《道藏》，还有《续道藏》。川大詹石窗先生又领衔在修《中华续道藏》。各家各派都有经典，是这些经典把自己的信仰、哲学、礼仪、道德、伦理，还有行为规范、价值尺度、知识技能都凝聚起来、传承下去，使其学派或宗教得到永久保存，甚至发扬光大。

经典记录了特定民族的历史，启迪了各自民族的智慧，规范了各个地区的文化，影响了各自信众的思维，凝聚了教民的族群，再造了信众世界的文明。文明之所以不断扩大，就是因为有经典在不断传承和演绎着，经典就是所属民族的文明范式和行为指南。

近代以来，也是这些经典，伴随着资本的流动、主人的脚步，甚至坚船与利炮、胡萝卜与大棒，走遍世界每个角落，最终征服了欧洲、美洲、澳洲、中亚、南亚和非洲。可以说，正是这些经典，不仅拯救了经典创造者自己，还征服了经典接受者的世界。

近代殖民不仅是武力的、经济的殖民，还是宗教、经典的殖民。武力殖民是血腥的，经济殖民是掠夺的，宗教殖民和经典殖民却是比较温和的。在近代资本征服世界的过程中，经典扮演的角色、发挥的力量是非常强大的。相反，即使一个帝国在历史上曾经强盛一时、所向披靡，甚至地跨欧亚非，曾经如日中天、不可一世，如果没有经典来进行文化巩固、培养共同意识的话，那么再强盛也会逐渐衰萎。没有经典带来的理念和文化的认同与征服，再强大的政权也不会长久。只有把经济的、武力的征服，与经典的因素结合起来，才会构建起永久的共同体。这是人类历史反复证明了的。

二、儒家经典的体系

现在我们来看看，儒家经典有怎样一种体系，它又是怎样不断形成的。当下由于倡导文化自信、文化复兴，我们使用“经典”这个词的场景非常宽泛。时下讲读经，出现了很多泛经典的现象。如童蒙经典有“孝弟三百千千”，即《孝经》《弟子规》《三字经》《百家姓》《千家诗》《千字文》，现在都叫经典了。当然，这些童蒙读本作为童蒙启蒙确实还是很不错的；有中级经典“学庸论孟”，即《大学》《中庸》《论语》《孟子》；有高级经典“诗书易礼春秋”；此外，还有经典文献集成，比如《儒藏》“三藏二十四目”里面收集了各种各样的典籍及其解释文献。

无独有偶，在文学领域也有自己的文学经典。如《文选》《唐文粹》《宋文粹》《古文观止》；还有“三百首”系列，即《唐诗三百首》《宋词三百首》等。史学也有经典，比如“前四史”、“两鉴”（《资治通鉴》《续资治通鉴》）、“十通”（《通典》《通志》《文献通考》《续通典》《续通志》《续文献通考》《清通典》《清通志》《清文献通考》《清续文献通考》）。子学也有经典，如《老子》《庄子》《墨子》《列子》《管子》《晏子春秋》《商君书》《韩非子》。兵学也有经典，如《孙子兵法》《孙膑兵法》《吴起兵法》《六韬》《司马法》《三略》《尉缭子》《李卫公问对》等。实际上，这些经典不是元文化经典，而是衍生的文化经典。

经典有一个逐渐发展的过程，从量上来说有由少到多的增益过程，从层次来讲有从内到外的层层递增过程。因此，经典是有层次的，有核心的经典，又有第一圈、第二圈、第三圈的经典。

在中国古代，只有儒家经孔子修订整理的六艺被称为经，其他只能称传或者记。后来由于经典范围扩大化，传和记也成为经了。早期诸子书只称传、记，后来儒家子书《孟子》也升格了，成为经。甚至现在有一种呼吁，要把《荀子》列为经，也不无道理。

至于那些诗歌、文学、史学、子学，甚至宗教性著作，不论是从历史发展的先后顺序来看，还是从它们的影响面、对于中华文化的传递作用来看，都是不能与儒家经典六艺相比拟的。于此，我们先要有一个标准，虽然很多好书被称为经典，但是一定要知道这些经典是分成不同层次的，有核心经典、外围经典、三围经典、四围经典，甚至泛经典，就像一块石头丢进水里，水纹一波一波扩大，而最核心的还是石头丢下去的那个圆心。即使是儒家经典本身，也有一个形成发展壮大的过程。

（一）最早只是四经

《诗》《书》《礼》《乐》早先还不带经字，只是一类文献的泛称。《礼记・王制》讲，周代“乐正崇四术，立四教，顺先王《诗》《书》《礼》《乐》以造士。春秋教以《礼》《乐》，冬夏教以《诗》《书》。王大子、王子、群后之大子、卿大夫元士之适子、国之俊选皆造焉。凡入学以齿”。大约在春秋时期有“经”之称。《管子・内言・戒》提到“泽其四经而诵学”，这“四经”两字，唐人注为《诗》《书》《礼》《乐》。又《周易》讲“以经纶天下”，龚道耕先生说，这个“经”也指《诗》《书》《礼》《乐》。

《王制》的说法，反映了周代以来培养干部后备队伍的制度。当时设乐正一职，负责四种技艺教学，设立四种教化，立有四个科目，就是继承先王留传下来的《诗》《书》《礼》《乐》来培养人才。春秋天气凉爽，就教《礼》《乐》，以便演习；冬夏寒冷炎热，教以《诗》《书》，以便凝聚精神，钻研涵泳。这是当时官府的教育制度，不是教育所有人，只有王子、王大子、群后之大子，还有卿大夫、元士之适子、国之俊选，才有资格接受教育。这与后来孔子实行有教无类的普遍性教学是有区别的。孔子以前的教育，是分阶级、分地位、分阶层的。不过，儒家还是继承了自周代以来就形成的《诗》《书》《礼》《乐》四经教化，只是范围扩大了、内涵提高了。

（二）其次是六经

到孔子之时，四经扩展成六经。《庄子·天运》载孔子见老聃时说："丘治《诗》《书》《礼》《乐》《易》《春秋》六经，自以为久矣"。这里就明确讲到六经。

《庄子·天下》也讲："古之所谓道术者……其在于《诗》《书》《礼》《乐》者，邹鲁之士、缙绅先生多能明之。"邹鲁之士就是今天齐鲁南边的学者，包括鲁国和邹国。接下来又讲："《诗》以道志，《书》以道事，《礼》以道行，《乐》以道和，《易》以道阴阳，《春秋》以道名分。"实际提到的是六经。前说只提《诗》《书》《礼》《乐》，这是传统的提法，儒家早期经典的概念还是停留在四经，因为四经是官学的教科书。后说列举的六经，是经过孔子整理并以之施教而形成的。据《庄子》的解释，《诗》是讲自己心志的，《书》是讲先王政事的，《礼》是讲行为规范的，《乐》是讲和乐和谐的，《易》是讲阴阳变化的，《春秋》是讲等级名分的。这种划分和定义，是从孔子开始的。

《史记》明确说，孔子"论次《诗》《书》"，表明以前《诗》和《书》是存在的，但是篇次搞乱了，孔子把它们重新编订、重新解释，所以叫"论次《诗》《书》"。又说孔子"修起《礼》《乐》"，《礼经》《乐经》原先也是有的，周公制礼作乐，但到了春秋时期已经礼崩乐坏了，孔子重新提倡和调整《礼》《乐》，把《礼》《乐》搞得头头是道。又说孔子"赞《易》"，《易经》原来也是有的，但是里面的道理被讲歪了，被占卜之士迷信化了。孔子自云“五十以学《易》”，揭示出里面的道和哲理，整理成“十翼”，形成《易传》，把占卜之书变成了经典。原先四经没有《易》，就因为它不是常人可学习的。还有孔子“作《春秋》”。《春秋》以前也有底本，它是鲁国史官所记的史书，但经过孔子删削、褒贬，就升格成为“经”。《春秋》里面的思想、价值观、追求、好恶表达，是经过孔子谨慎措词形成的，所以叫“作”。四经加上《易经》《春秋》就形成了六经。

六经的形成是儒家正式登上历史舞台的重要标志，因为儒家学派有了自己的经典。加上孔子的整理、解释，形成了系统的思想、理论。孔子再用这些书和理论去教弟子，形成“弟子三千，身通六艺者七十有二人”的庞大群体，于是又有了一群信众。如此这般，儒家才算正式形成了。孔子以前只有“儒”这种官职，但是还没有形成“家”。儒家是在有了经典、有了理论、有了群体后，才形成“家”、形成“派”的。

在六经的基础上，再经过整合或增益，又出现了七经、九经、十三经等概念。这又是什么情况呢？这也是一个不断增益的过程。

（三）然后是七经

七经指七部经典，大概是从西汉文翁之时有此称谓的。史载汉景帝末年，文翁为蜀守，在成都开办石室学宫，推行七经教化。史书说，文翁派相如（实际是张宽）等十八人，“东受七经”，先到长安学习七部经典，学成之后“还教吏民”，即回来当老师，教化蜀郡的年轻人。

什么是七经呢？就是《诗》《书》《礼》《易》《春秋》，再加上《论语》《孝经》，七经于是形成。其实当时太学也教“专经”和《论语》《孝经》，比如教《诗经》的不是只教《诗经》，同时也教《孝经》《论语》，教《易》《春秋》等经的也是如此，只是他们不把《论语》《孝经》称“经”，而是称“传”，因此后来他们只设“五经博士”。

在蜀中，《论语》《孝经》与五经并称经，故有七经之称；同时蜀人也是七经皆学，故有七经之学。蜀中名士，《诗》《书》《礼》《易》《春秋》《论语》《孝经》都学，形成七经体系。这个体系对蜀学的形成影响非常大。史书介绍中原士人通习群经只称五经，如许慎号称“五经无双许叔重”（《后汉书·儒林传》），张衡号称“通五经”（《后汉书·张衡传》），等等。而介绍巴蜀士人通群经则称七经。如《后汉书》载，赵典“学孔子七经”，杨充“精究七经”（《华阳国志》）。毕沅《传经表》附《通经表》，所列汉代通七经者六人：张宽（西汉成都人）、荀爽（东汉末汝阴人）、赵典（东汉成都人）、杨克（又作充，东汉梓潼人）、李撰（蜀汉梓潼涪人）、许慈（南阳人，仕于蜀汉）。除荀爽外，其他五人皆是蜀学中人士，这自然是蜀学贵七经的结果。新近成都出土的《裴君碑》说“孔修畔学”“恢兴七艺”，“畔学”指成都的学校，“七艺”指蜀学的七经。七经概念在东汉得到普遍认同，儒经体系于此实现从五经（重史）向七经（重传记）的转型，如西晋傅咸有《七经诗》，北朝樊深撰《七经异同说》，等等。

（四）唐代的九经

九经是指唐代科举考试时要考的经典。当时有进士，有明经，还有其他科目，最重要的科目就是明经、进士两个。进士主要考文学，也考经典，而以文学为主。明经就一定要对经典精通。明经分一经、三经、五经等，最厉害的是九经。是哪九经呢？《旧唐书·柳仲郢传》载，柳仲郢曾手抄九经三史；又《旧唐书·儒学传》载，谷那律被褚遂良称为“九经库”，韦表微“著《九经师授谱》”；《旧唐书·隐逸传》称，王友贞“读九经，皆百遍”；等等。所谓九经皆指群经。

具体是哪九经呢？据《唐会要》，贞元年间秘书监负责人刘太真上言，请皇帝允许选儒者“详校九经于秘书省”。此前，历经南朝入唐的陆德明校过十二经，著有《经典释文》；唐太宗时司马贞校过五经，著有《五经定本》。至唐中后期，经本文字又出现字体的问题，唐大历年间，名儒张参主持勘定《五经文字》，后将所勘定之五经墨书于国子监中孔庙之西廊屋墙壁上，此“太和壁经”的前身；

《唐会要》记载，太和七年“十二月，敕于国子监讲堂两廊，创立石壁九经，并《孝经》《论语》《尔雅》，共一百五十九卷，《字样》四十九卷”。所谓九经就是《周易》《尚书》《诗经》《周礼》《仪礼》《礼记》《左氏春秋》《春秋公羊传》《春秋穀梁传》，加上《孝经》《论语》《尔雅》本来是十二经，但是后三者当时未称为经，故只称九经；《字样》即《九经字样》。

儒家原有六经，《乐经》失传，只有《易》《书》《诗》三经旧传；《礼经》由原先的《仪礼》(《士礼》）增加了《周礼》《礼记》(《礼记》实际是《仪礼》的说明，还有一些子书在里面）而成为“三礼”；《春秋》加传变成三部：《春秋左氏传》《春秋公羊传》《春秋穀梁传》。原有六经变成九经了。

（五）以蜀石经为代表的十三经

十三经又是怎样形成的呢？儒家十三经是从五代到北宋在成都形成的。晚唐时期，中原战乱，藩镇割据，中央政权更替频繁，形成五代十国。成都就先后诞生了两个割据政权，一个是王氏的前蜀政权，一个是孟氏的后蜀政权。这两个政权境内都比较安定，统治者还比较重视文化。后蜀政权更是重视文教，尤其重视图书刊刻。唐末以来，成都的雕版印刷业非常发达，号称“西川印子”。后蜀宰相毋昭裔于广政初年（约 938 年）开始把经典刻到石头上，一直延续到北宋宣和年间刻成《孟子》，才最后刻完，是为蜀石经。蜀石经规模很大，有经有注，“碑逾千数”。据宋人著录，蜀石经共有《石经周易》、《石经尚书》、《石经毛诗》、《石经周礼》、《石经仪礼》、《石经礼记》、《石经春秋》(《左传》)、《石经公羊》、《石经穀梁》、《石经论语》、《石经孝经》、《石经孟子》、《石经尔雅》，最后还总括一句：“石室十三经，孟蜀所镌。”“石室十三经”这个名称，就是从这里开始的；儒家十三经体系，也是从这里开始的。五代时期，成都还最早用雕版印刷术来印行儒、释、道经典，后来这个技术传到中原名义上的中央后唐、后晋，又以中央国子监的名义来刻印经典，号称“监本”。

以前也刻有石经，如唐代刻有《开成石经》，共刻了十二部儒家典籍。再前面有三国曹魏正始年间，刻有《正始石经》，又称三体石经（未刻完）。再前面东汉刻有《熹平石经》，刻有七部。据说王莽时也刻有石经，但是现在一点痕迹也看不到了。以上石经规模都不全，唐代刻了十二部，只有蜀石经刻了十三部，它把《孟子》加进来了，所以叫十三经。此外，其他石经只有本文，没有注释；蜀石经有经有注，所以它的规模相当宏大，宋人说它"碑逾千数"就是这样来的。这个是儒家十三经体系最终形成于成都的历史事实。

经典本文的规模，实际字数不算太多。《周易》二万四千多字，《尚书》二万八千多字（去掉《古文尚书》增添的才有一万七千多字）；《毛诗》三万九千多字；《周礼》四万五千多字；《仪礼》五万六千多字；《礼记》多一点，也不到十万字；《左传》十九万多字（《春秋》经文只有一万八千多字）；《公羊传》是四万四千多字；《穀梁传》四万一千多字；《论语》一万三千多字；《孝经》最短，一千八百字；《尔雅》一万三千多字；《孟子》三万四千多字。十三经全部加起来才六十三万多字。

（六）宋儒的四书五经

到宋儒那里，还嫌这些经典的文字太多了，要选最精粹的诵习。他们把《大学》《中庸》从《礼记》中提出来，与《论语》《孟子》构成四书，认为这四书是首先要学习的；然后行有余力，再学其他的五经，这就形成四书五经体系。四书容易普及，总共只有五万三千多字，其中《大学》一千七百多字，《中庸》三千五百多字。其实，汉唐人是《论语》《孝经》加五经（或九经）。《论语》《孝经》是普及读本，五经或七经是专业读本，比起四书体系还轻松简要。

到了明代中后期，尤其是阳明心学产生后，人们觉得没有必要读那么多书，王艮学派就提倡读好《大学》《孝经》《论语》就够了，重在实行。《大学》把读书人的目标、阶梯都给划定好了，读书的目标就是《大学》第一句话："大学之道，在明明德，在亲民，在止于至善。""明明德"就是不仅仅学习知识和技能，更要修炼自己的德行；"亲民"就是要服务社会；"止于至善"就是做得更好，没有止境。而后才是正心、诚意、格物、致知、修身、齐家、治国、平天下。《大学》把一个士人一生要做的事情，全部给规划出来了，规模、次第都搞定了。

《孝经》呢？据说孔子既成六艺，然后再作《孝经》。郑玄说："孔子以六艺题目不同，指意殊别，恐道离散，后世莫知根源，故作《孝经》以总会之。"六经原出历史文献，文字和意义都相当深奥，不专门做学问的人掌握不了，于是孔子就再著《孝经》以概括六经的内容，《孝经》就成了六经的纲领性文献。六经所提倡的精华内容，作为一个士人，甚至天子、诸侯、卿大夫，以至于匹夫匹妇，应该怎么做呢？在《孝经》里都提纲挈领地揭示了。

再就是《论语》。《论语》是孔子与弟子及时人交往的记录，有他自己的言行，也包括他弟子的一些言行。这些言行也是反映了六经精神的。儒家重要的概念，都在《论语》当中提出来了，部分也加以了解释。

马一浮先生说："六艺之旨，散在《论语》而总在《孝经》。"六经的精要观念，在《论语》当中都有星星点点的散落，就像大珠小珠落玉盘一样；而在《孝经》中就系统化了，就像珍珠串成项链了。

人们认真把《大学》《论语》《孝经》这三部书读了，文字不多，费时不长，儒家的主要思想，你一生要做的事情，都清清楚楚的了。我觉得王艮这个观点不错，可供不搞儒学专业的参考。

以上讲的是儒家整个经典体系的形成及其规模情况。下面我们就讲一讲经典的内容和当代价值。

三、经典的内容

前面我们对经典的整体内涵和功能有一个大致的概述，下面我们再分别来叙述一下。

（一）六经皆史（史学）

首先，经典记载了一个民族的历史，因为在经典之前，仅是口耳相传，没有那么系统。

我们先引《庄子》的两段话看看。《庄子·天运》引老子之语曰："幸矣，子之不遇治世之君也。夫六经，先王之陈迹也，岂其所以迹哉！今子之所言犹迹也。夫迹，履之所出，而迹岂履哉？"又《天下》："古之所谓道术者……其明而在历数者，旧法世传之史尚多有之；其在于《诗》《书》《礼》《乐》者，邹鲁之士、缙绅先生多能明之。"

第一段出自孔子跟老子的对话。孔子说，我治六经已经很久了，但是游说诸侯，大家却不相信，没有一个人愿意重用我。老子就说，真是有幸，你没有遇到那个想用你来治理社会的君主。为什么呢？老子说，六经只是先王走过的陈迹，已经成为历史，这些已经走过的路成为过去，那些脚印并不代表他之所以要那样走的道理，脚印只是鞋子踩过后留下的印子，本身不是鞋子，不能再穿。其实就是讲，只找到历史陈迹，并没有找到永恒真理。

这里就反映道家不重视历史。他们认为历史经验是不可靠的，所以说"为学日进，为道日损"。儒家提倡"学以立其道"，历史经验值得借鉴。不过，这里至少承认一个事实，那就是六经是先王之陈迹，即六经是先王的历史。

后一条《庄子·天下》所说也差不多。"古之所谓道术者""其明而在历数者""旧法世传之史"，都是指历史。"其在于《诗》《书》《礼》《乐》者"，说明《诗》《书》《礼》《乐》的内容都属于"古之所谓道术"，是"明而在历数者"，是"旧法世传之史"，即它们都是史书，属于历史文献。

既然是历史文献，就有历史价值，可供历史研究之用。六经不像有的宗教经典，只是教主假托神灵在那里讲道理，不全是历史的记录，最多只在举例子时反映一点历史情况和当时社会，但是其主题不是为历史而讲历史。而六经本身就是历史文献，本身讲的就是历史，因此具有经久不衰的价值。

我们要了解我国固有的文化，要明了我们古代的学术思想渊源，就不能不了解经的大致内容，更不能不知道历史上的经学概貌。我们想了解自尧舜以来中国上古历史的各个方面，除了依据这几部经书之外，我们真还找不到更多更好的系统资料。尤其是在考古学尚不发达也不系统的过去，我们研究历史更要靠经典。并且即使在考古学已经很发达的今天，要很好地解释那些考古发现的文物、文献，以及其中反映的一些历史现象，经书也是我们进行互证，甚至认识和解释古文物的重要工具和桥梁。比方甲骨文，假如没有六经和《说文解字》这些经典作为支撑，甲骨上刻的那些字画根本就没法认识。尽管现在发现了那么多的考古遗迹，没有经典的帮助，要想明确地勾画出尧舜以来尤其是夏商周的历史，也是不可能的。所以，经典是历史研究避不开的。

第一个将经典利用得最好、写成千古不易的史书的是司马迁。司马迁的《史记》号称是“无韵之《离骚》，史家之绝唱”，为什么《史记》能够成为史书的绝唱呢？因为司马迁充分利用了经典。其中的《五帝本纪》《夏本纪》《商本纪》《周本纪》，都是依本于《尚书》和《左传》的部分记载。东周以下的“世家”“列传”，主要是依据《左传》和《国语》。当然，战国时期依据诸子文献和《战国策》要多一点。即使我们不去改写中国上古史，我们要读懂《史记》，也得对六经熟悉，因为《史记》就是对六经的“搬家”或翻译。我们研究古史、古代史书，六经都是不能抛开的，尤其是《左传》，它是中国古代编年史的开山始祖，本身就是史书。

后来有个概念即六经皆史。从隋朝的王通到清代的章学诚，都这样说，这是一个基本常识，并非特别发明。不过我认为说得最好的还是王阳明。《王文成全书》卷一：“（徐）爱曰：‘先儒论六经，以《春秋》为史。史专记事，恐与五经事体终或稍异。’先生曰：‘以事言谓之史，以道言谓之经。事即道，道即事。《春秋》亦经，五经亦史。《易》是包牺氏之史，《书》是尧舜以下史，《礼》《乐》是三代史。其事同，其道同，安有所谓异？’”又曰：“五经亦只是史。史以明善恶，示训戒。善可为训者，特存其迹以示法；恶可为戒者，存其戒而削其事以杜奸。”

徐爱问，先儒讨论六经的性质，以《春秋》为史，史专记事，这与五经事体恐怕不相符合，因为史记事、经明道，史、经不能混为一谈。王阳明说：从记事的角度说，《春秋》是史书；从讲明道理角度来说，它就是经。但是事即道，道即事，就是说道和事不能分开，讲道不能脱离事，讲事又不能不讲出其中的教育意义、教化价值。这就是中国的史书、中国的经学，亦史亦道、亦史亦经。所以说“《春秋》亦经，五经亦史”。《春秋》里面讲了历史，但又是经，因为它有先王之道，有孔子所寄托的理想在里面，“其事则齐桓、晋文，其文则史”，“其义则丘窃取之矣”。里面的道义、义理，是孔子给它灌注进去的。五经不能离事实来空言义理，孔子说：“我欲托之空言，不如载之行事之深切著明也。”讲一个道理，一定要假托一个事情来讲，寓教于事、寓理于史。我们经典里既有事，也有教；既有理，也有具体的人物事件。王阳明说，“《易》是包牺氏之史”，《易经》记载有伏羲之事，记载了他用阴阳符号反映事理的心路历程。“《书》是尧舜以下史”，前面我们讲了《尚书》是尧舜、夏商周的历史。“《礼》《乐》是三代史”，礼乐文明是从夏商周留下来的，就是三代之史。“其事同，其道同，安有所谓异？”事中有道，道中有事，事与道二者是不能分开的。他又说五经无非历史。历史书籍是把善恶的事情记下来，客观地立此存照。善的、可以正面教育人的，就把事迹记下来让人们学习；恶的、可以警示世人的，把警诫意义记下，具体过程删削掉，以免后人重蹈覆辙。

今人系统论述经与史关系的，有我的老师金景芳先生。他在《经学与史学》中从六个方面论述了经书跟史书的关系：第一，解决中国原始社会与奴隶社会分期问题，不可不研究经学；第二，解决中国奴隶社会内部的阶段问题，不可不研究经学；第三，解决宗法问题，不可不研究经学；第四，解决井田问题，不可不研究经学；第五，解决中国哲学史中天的问题，不可不研究经学；第六，解决中国古代的官制、礼制、兵制、学制等问题，不可不研究经学。这篇文章发表在

《历史研究》1984年第1期。尽管三十多年过去了，但是我认为这些论断还没有过时，甚至还应该加强认识。金老是从经学入史学的一代大师，所言皆经验之谈。

（二）六经皆文（文学）

六经是我国现存最早的以文学的语言表达出来的文献，是后世文学取材、效法的源头。我国第一部系统的文论著作《文心雕龙》，专门有《宗经》一篇，讲："论、说、辞、序，则《易》统其首；诏、策、章、奏，则《书》发其源；赋、颂、歌、赞，则《诗》立其本；铭、诔、箴、祝，则《礼》总其端；纪、传、移、檄，则《春秋》为根"。在刘勰看来，论、说、辞、序等文体，是学《易经》的；诏、策、章、奏等文体，是学《尚书》的；赋、颂、歌、赞等文体，是学《诗经》的；铭、诔、箴、祝等文体，是学《礼经》的；纪、传、移、檄等文体，是学《春秋》的。后世这些文体都从六经发源而来。

不仅刘勰这个文论家这样讲，而且《颜氏家训》也这样讲："夫文章者，原出《五经》。诏、命、策、檄，生于《书》者也；序、述、论、议，生于《易》者也；歌、咏、赋、颂，生于《诗》者也；祭、祀、哀、诔，生于《礼》者也；书、奏、箴、铭，生于《春秋》者也。"甚至唐宋的大文豪，像韩愈、柳宗元、苏洵、苏轼等，他们也都认为自己文章是学六经。所以六经皆文这个命题，是可以成立的。

（三）六经皆道（哲学）

还有六经皆道，道就是哲学。有人会说，研究中国古代哲学，不是还有诸子百家吗？不错，诸子百家确实是中国哲学最出彩的部分。但殊不知诸子百家，也是受经典的影响。汉代人就认为，诸子百家"亦《六经》之支与流裔"。为什么？因为在孔子以前，没有全民教育，只有官方教育，是产生不了诸子之学的。只有孔子以后，用六经来教学，有教无类，思想自由，才能产生诸子。诸子的思想，自然要受六经的影响。当然这种影响有正面的也有负面的，有顺从的也有反其道而行之的，因此才形成了“百家争鸣”的局面。不管它怎么争怎么鸣，它里面有儒家经典的东西则无疑。因此我们研究中国哲学史是离不开经典的。例子还有很多，我们就不举了。

（四）六经皆治（政治）

六经皆治，治就是政治。六经可以用于政治。尤其在汉代，经学繁盛，经学之用也非常明显，六经观念是当时执政者的重要理念。当时出了许多循吏，他们不用酷吏手段，而是用礼乐教化来治理天下，所以叫循吏，即循顺礼法来润饰吏事，用六经来辅助治理天下。

《史记·滑稽列传》引孔子之语说：“六艺于治一也：《礼》以节人，《乐》以发和，《书》以道事，《诗》以达意，《易》以神化，《春秋》以道义。”六经可以从不同角度来治理世道人心。

《礼记·经解》更述六经治理之效曰：“入其国，其教可知也。其为人也，温柔敦厚，《诗》教也。疏通知远，《书》教也。广博易良，《乐》教也。洁静精微，《易》教也。恭俭庄敬，《礼》教也。属辞比事，《春秋》教也。”《经解》就讲，你进到一个地方，就会知道那个地方推行的什么教化：不急不徐，温和善良，是《诗》教的结果；博古通今，喜谈历史，是《书》教的结果；心胸宽广，性情豁达，这是《乐》教的结果；见事敏锐，分析透彻，这是《易》教的结果；待人有礼，衣着得体，是《礼》教的效果；善于措辞，用语准确，这是《春秋》教的结果。各种经的教化，都可能反映到民风民俗、士大夫性情当中来。所以孔子才说“六艺于治一也”：《礼》是用来节制人的行为的；《乐》是让大家快乐的；《书》是让大家知道历史的；《诗》是讲自己思想感情的；《易》是讲变化原理的；《春秋》是讲道义的。六经都可以辅治。

关于经典的作用，《隋书·志第二十七·经籍（一）》有一段非常优美的语言描述：“夫经籍也者，机神之妙旨，圣哲之能事，所以经天地，纬阴阳，正纪纲，弘道德，显仁足以利物，藏用足以独善。学之者将殖焉，不学者将落焉；大业崇之，则成钦明之德，匹夫克念，则有王公之重，其王者之所以树风声，流显号，美教化，移风俗，何莫由乎斯道！”就是说：经籍蕴含了神秘莫测的原理，是圣人哲士的拿手好戏、看家本领，可以用来认识天道、地道，观测阴阳变化，端正人伦纲纪，弘扬道德伦理，把仁心推广出来时可以有利于万事万物，没有机会治理天下也足以修炼使自己独善其身。学习经典就有发达的希望，不学经典则会沦落。创业垂统的君王推崇经典能成就钦明之德，没有地位的匹夫只要时时以经典为事，也会有王公一样的威望（布衣傲王侯）。一个王者要想树立良好的风俗名声，留下显著的名号，美化教育，改善风俗，没有不用经典所载的王道、仁义、礼乐的。这是六经的治理效应。

归纳起来，经典具有历史之库、大道之源、知识之府、化民成俗、流传万世的重大价值。从历史的眼光出发，我们会发现，不仅孔子以前 2 500 年的历史主要通过经典得到传承和明晰，而且后世的历史也是在经典的影响下得以运行和发展。秦汉大统一得益于《春秋》所宣扬的“大一统”思想为之导夫先路；秦始皇所推行的“车同轨，书同文，行同伦”，也来源于《中庸》的启示；两汉经学、历代史学，得益于对儒家经典的研习和模仿；历代的礼乐制度建设，也是受启示于儒家《礼经》的典范；中华举世无双的诗国风雅，得益于《诗经》的教化；宋明理学的创新创造，得益于四书的讲明；中华孝悌忠信等传统美德，也是得益于《孝经》的垂范；中国哲学中的阴阳、五行、三才、时中、常变、经权等系列观念，以及天道观念，都是得益于《周易》《尚书》这些经典的启迪。真是举不胜举。

从思想学术讲，中国是一个经学的国度；从社会治理来讲，中国又是一个崇尚文治的国度。所以，我们无论是研究历史、文化、文字、语言、思想、学术，还是要讲明道德、伦理、政治、经济，等等，都离不开经典。这样看来，六经不仅仅是一家一派的经典，不仅仅是儒家经典，而且是诸子百家的最早的教科书，是整个中华民族的经典。所以我们对儒家经典，只有觉悟和不觉悟、明白和不明白的问题，没有过时和不过时、需要和不需要的问题。

四、经典的当代价值

以上讲的是经典在古代的价值，下面我们讲它的当代价值。

我们现在讲全球化，发展科技，这些两千多年前形成的经典，还有什么用？我们前面说了，经典的价值已经融入我们骨髓里面。我们讲文化自信，就一定要讲经典。

2017 年中共中央办公厅、国务院办公厅印发《关于实施中华优秀传统文化传承发展工程的意见》（下文简称《意见》）指出："文化是民族的血脉，是人民的精神家园。文化自信是更基本、更深层、更持久的力量。"那么怎样增强文化自信呢？《意见》列了需要继承弘扬的优秀传统文化的主要内容，我们来看看有哪些。

《意见》的主要内容分三个方面。第一是核心思想理念。"中华民族和中国人民在修齐治平、尊时守位、知常达变、开物成务、建功立业过程中培育和形成的基本思想理念，如革故鼎新、与时俱进的思想，脚踏实地、实事求是的思想，惠民利民、安民富民的思想，道法自然、天人合一的思想等，可以为人们认识和改造世界提供有益启迪，可以为治国理政提供有益借鉴。传承发展中华优秀传统文化，就要大力弘扬讲仁爱、重民本、守诚信、崇正义、尚和合、求大同等核心思想理念。"

第二是中华传统美德。"中华优秀传统文化蕴含着丰富的道德理念和规范，如天下兴亡、匹夫有责的担当意识，精忠报国、振兴中华的爱国情怀，崇德向善、见贤思齐的社会风尚，孝悌忠信、礼义廉耻的荣辱观念，体现着评判是非曲直的价值标准，潜移默化地影响着中国人的行为方式。传承发展中华优秀传统文化，就要大力弘扬自强不息、敬业乐群、扶危济困、见义勇为、孝老爱亲等中华传统美德。”

第三是中华人文精神。“中华优秀传统文化积淀着多样、珍贵的精神财富，如求同存异、和而不同的处世方法，文以载道、以文化人的教化思想，形神兼备、情景交融的美学追求，俭约自守、中和泰和的生活理念等，是中国人民思想观念、风俗习惯、生活方式、情感样式的集中表达，滋养了独特丰富的文学艺术、科学技术、人文学术，至今仍然具有深刻影响。传承发展中华优秀传统文化，就要大力弘扬有利于促进社会和谐、鼓励人们向上向善的思想文化内容。”

一个是核心价值理念，一个是中华传统美德，一个是中华人文精神，那么这三个方面的内涵都从哪里去找？《意见》还提出了重点任务，要求深入阐发文化精髓，着力构建有中国底蕴、中国特色的思想体系、学术体系和话语体系。中国特色怎么来建？深入阐发文化精髓又从哪里入手？

我们通过阅读经典，发现以上提到的重要观念、重要词汇均出自经典文献。比如“修齐治平”出自《大学》；“尊时守位”“知常达变”“开物成务”“革故鼎新”“与时俱进”出自《周易》；“脚踏实地”虽然是俗语，但是也是根据《周易·履卦》“履道坦坦”得出来的。“实事求是”出自《汉书》；“惠民利民、安民富民”出自《左传》；“道法自然”出自《老子》；“天人合一”正式见于张载的《正蒙》，当然也是对易道的概括。“讲仁爱”出自《论语》；“重民本”出自《尚书》；“守诚信”出自《论语》《中庸》；“崇正义”出自《论语》；“尚和合”出自《周易》《国语》；“求大同”见于《礼记》。

还有，“天下兴亡、匹夫有责”是梁启超对顾炎武《日知录》的概括。“精忠报国”，或者说“尽忠报国”，也见于史书，是儒家写的。“振兴中华”出自郑观应以及孙中山的作品；“崇德”出于《论语》；“向善”出自《亢仓子》（杂家）；“见贤思齐”出自《论语》；“孝悌忠信”出自《孟子》；“礼义廉耻”出自《管子》；“自强不息”出自《周易》；“敬业乐群”出自《礼记》；“扶危济困”出自《尚书》和《论语》；“见义勇为”出自《论语》；“孝老爱亲”出自《孝经》；“求同存异”出自《左传》和《晏子春秋》；“和而不同”出自《论语》；“文以载道”是韩愈等大儒的创作理念；“以文化人”出自《周易》；“形神兼备、情景交融”是王维、苏轼等人的艺术造诣；“俭约自守”取意于《周易》；“中和泰和”也出自《周易》。

可见《意见》这 30 多条的重要概念、核心价值，主要出自儒家经典，只有少数几条出自道家和史书，而史书也是儒者所写。可见，中华优秀传统文化在哪里？在儒家经典！传承发展中华优秀传统文化从哪里入手？从经典的学习和解读、继承、弘扬开始！

五、结语

儒家经典不仅记载了上古的历史，而且启迪了后世的智慧。其中许多思想揭示了人类社会某些根本性的问题，比方说人性问题、民本问题、和为贵问题。儒家经典无疑具有超时代的意义，对后世影响极深，始终是中华思想智慧的源头活水。许多思想家都要去读儒家经典，文学家也要读。经典所记载的天道与天命的信仰、阴阳与鬼神的关怀、仁义与礼乐的文明，都对后世产生了极大的影响，也形成了我们中华民族的永久信仰。在进入科学时代的当今社会，难道不需要仁义思想？国与国之间难道不需要和平？社会难道不需要和谐？经典的价值，今天也不过时。我们可以寻求古代学术思想的源泉，来大力繁荣当今的文化。

经是经久不易之书，典是规范神圣的大册。经典具有根源性、典范性、权威性和永恒性，曾经对人类产生过深远的、定型的、启迪性的影响。

历史悠久、文化璀璨的中华民族，所拥有的系统全面的古老经典，比如儒家经典，在漫长传承的历史长河当中，培植了中华历史的根、思想的源、信仰的魂，经典著作无疑就是中国文化的根本、源头和魂魄所在。经典是特定民族和国家的历史承载、文化典型，是文明范式、智慧启迪，具有源头活水、精神家园的价值，体现了信仰体系和价值标准。

所以我们提倡文化自信，这些经典记忆是首先应该被唤醒的。比如自民国初年废除经学以来，这些经典就散在各个学科了，史学的、文学的、哲学的，甚至有些什么都不是，被人们忘记了。经学本来是一个整体，现在被打散了，我们现在要把它唤醒，要对它进行整合。我们提倡学术创新，这种回归经典就是一种创新，对经典进行新的阐释更是非常必要的创新。我们提倡文化交流，中华经典的积极意义和普遍价值更应该宣传出去，要对其予以充分展示。比如，我们讲好中华经典的天人合一、道法自然这些观念，就可以很自然地与国际范围内的生态文明建设很好地接轨；我们讲好“和而不同”“己所不欲，勿施于人”，就有利于消除国家之间的对立、文明之间的冲突和民族之间的敌视；我们讲好诗书礼乐，就可以为构建文明社会、和谐世界提供范本；我们讲好小康社会、大同理想，就可以为实现世界大同、人类和平甚至构建命运共同体贡献力量；我们讲好孝悌忠信、爱老敬亲，就会为改善当下的老龄社会的代际矛盾和生命冷漠现象提供参考。

虽然我们现在没有必要像科举制时代那样死读经书，举明经、考进士，博取科名，皓首穷经，撰写八股，代圣人立言，但是，经学里面的精髓，仍然活在我们民族的精神当中，只是百姓日用而不知，我们应唤醒它、系统化它、突出它、宣扬它、推广它。要把经学讲清楚，因为中华优秀传统文化就在历史和经典当中，中华民族的信仰、价值观就在经典当中，中华学科体系、学术体系和知识体系也在经典当中，我们当下浮躁、缥缈的灵魂也应该在经典当中找到安顿的位置。不了解经典，就不足以了解中国的历史文化，不足以实现传统文化的传承和发展。

由于中国文化的方方面面都受经典影响至深，因此要研究好历史文化就要有丰富的经典和经学知识。晚清张之洞做四川学政，开办尊经书院，为学生撰写读书指南《书目答问》，其中揭示了读书之法："由经学入史学者，其史学可信"，因为我们当初经学和史学是不分的，而且史学是经学影响下的史学；"由经学、史学入理学者，其理学可信"，理学就是哲学、道学，就是宋明理学、心学，也是由经学、史学发展来的；"以经学、史学兼词章者，其词章有用"，因为文以载道、六经皆文，若拥有六经知识，则写文章也非常有味道，也有用；"以经学、史学兼经济者，其经济成就远大"，经济是指经邦济国，就是治国平天下，有了经学、史学的功底，深明古今治乱，以史为鉴，以经为教，则会取得好成绩。所以我们说，经学是治理其他各种学术的一个基础、一种本领、一把钥匙、一把快刀！

当初钱学森先生与当时的总理温家宝同志对话时说，我们建国六十多年了，办了六十多年的高校，为什么没有出现民国时期的那些大师？什么是大师？我想，大师应该是有经典著作、系统理论、高尚人格和广泛亲和力的人，他的思想不可能过时，要影响一代又一代，那才配叫大师。为什么乱世的民国却出大师多呀？因为他们小时候就熟读经典，哲学的如冯友兰、张岱年先生，他们对经典熟得很；史学的如金景芳先生，甚至疑古的顾颉刚、钱玄同先生，都对经典熟得不得了。他们既对经学熟，也对近代西学熟悉，因此治学自然就好，自然成为大师。

我这里就得出一个公式——"经典 +"，就是"经典加其他"：经典加西学，成为西学大师；经典加科学，成为现代科学大师；经典加文学，成为文学大师；经典加史学，成为史学大师；经典加哲学，成为哲学大师；等等。因此我希望我们儒学联合研究生院的同学们，对经典应该要有足够的修养，希望你们都成为"经典 +"的大师。

整理者：贾　晰

第六讲

儒家生态哲学

主讲人：乔清举
中共中央党校（国家行政学院）哲学部教授

我们今天晚上所讲的题目是儒家生态哲学，这是我从 2003 年开始直到现在近 20 年一直在研究的题目，这也是国内外学术界研究比较多的一个题目。我今天的讲座大概分这几个部分来讲：一是国内国际的研究动态；二是近年来我的一些研究成果的介绍；三是我研究这个问题的思路；四是我的研究思路更加具体化的一些内容，是关于儒家生态哲学的基本原则——天人合一；五是儒家生态哲学的理论维度；六是儒家生态思想的范畴体系；七是儒家生态哲学的理论框架；八是儒家生态哲学史；九是儒家生态哲学研究对于理解中国哲学的方法与意义。那么我们先看第一部分国内外的学术动态。

一、国内外儒家生态哲学研究现状与特点

儒家生态哲学研究，包括道教、佛教生态哲学研究都不是我们国内学术界开创的题目。而是美国的汉学家、华裔学者等首先开始研究的。时间大致是 20 世纪 90 年代，主要的代表有哈佛大学波士顿儒家文化圈的杜维明、南乐山、白诗朗和夏威夷大学的安乐哲。他们 1998 年出过《儒学与生态》《道教与生态》《佛教与生态》等，这些书我们 2008 年就翻译过来了。还有夏威夷大学的成中英，他对这个话题的研究也非常早。还有一些我们不一定熟悉的人，比如说唐纳德·布莱克利（Donald Blakely）。还有一些杂志、刊物，比如 *Environmenal Ethics*、*Chinese philosophy*、*Philosophy East and West*、*Asian Philosophy*、*Dao* 等都有中国生态哲学研究类的文章。日本、韩国也有些学者在研究儒家生态哲学。国内研究得比较多的是蒙培元、陈来、郭齐勇、张学智等。总体上来讲，这一课题逐渐得到学界的广泛认可。国内外学术界都对这一课题给予了充分的关注，但是总体上专注于这一课题的学者还不太多。大家在涉及生态哲学研究这个问题的

时候会写文章，但是系统对此加以研究的还不太多。那么国内外研究的特点是什么呢？国外研究的第一个特点是前沿性，它们跟生态哲学本身的联系也非常密切，还出现了一些环境史的研究著作。第二个特点是它们涉及具体问题的时候，考虑得比较深入。比如说，研究朱子的生态哲学思想的时候，会涉及物理学意义上的热的问题；研究人对自然的责任的时候，会区分西方文化传统里面 duty 这种责任和 responsibility 这种责任。duty 的责任是跟上帝订立契约以后产生的义务，而 responsibility 是一个人跟自然相互反应产生的责任。而中国人所讲到的责任，是基于一种天人关系产生的。他们这种思考非常富有启发性，这是他们的优点。但是也有些不足之处：他们的研究很多属于单论，只是单篇的文章，系统的研究还有欠缺，比如说系统的儒家生态史是没有的；同时他们使用的史料范围还不太广。而国内历史的视角、思想史的视角研究都很多，但是对生态学、生态哲学本身的了解总体上不及国外深入，史料范围也有待进一步拓展。

二、我在儒家生态哲学与中国生态哲学研究方面的课题与成果

我将自己这几年的研究也给大家做一个介绍。我最早是做“河流的文化生命”这一个题目，已经形成的书在 2007 年出版。这个题目是黄河水利委员会与我们合作的项目，那么这个题目的产生是怎么一个机缘呢？黄河，大家都知道，是母亲河。黄河过去经常泛滥，那么治河就是一个很重要的任务。但是解放后，尤其是 20 世纪 70 年代以后，治河问题和过去相比发生了很大的改变。过去怕发洪水，所以不断地修堤筑坝，但是 70 年代以后，最大的问题是断流和污染。如果断流，黄河就不存在了。那么如何让母亲河健康地存在下来，现实就提出了一个人与自然和谐共生的问题，我们根据这个问题就出了这样一个课题。这个课题

如果按照原来的征服自然、战胜自然的思路去做肯定是不好的，所以黄河水利委员会找到我们几个，我们组织了一个“河流伦理学”的课题，里边“河流的文化生命”这一部分是我做的。这个课题做完以后，产生了很重要的社会影响，我们国家的治河理念发生了根本的改变——从征服自然、战胜自然到崇尚人与自然的和谐共生。我们的研究也提出了一些新的命题，比如“维持河流的健康生命”。这个课题也产生了国际影响，如《河流的文化生命》《维持河流健康生命》这些都属于国际最前沿的研究成果。美国有位生态哲学家叫罗尔斯顿，我跟他写信交流《河流的文化生命》的时候，他觉得这个题目非常新颖。后来我写过《泽及草木　恩至水土：儒家生态文化》，2011 年在山东教育出版社出版。接下来是“儒家生态思想通论”，这是教育部的一个项目，书在 2013 年出版。然后是“儒家生态哲学史”，也是一个重点项目，已经完成了，现在正在修订，快的话今年就会出版。“朱熹的生态哲学研究”还没做完。“中国生态哲学研究”是国家社科基金的一个重大项目，还在做。“北宋易学的生态维度研究”是山东大学易学与中国古代哲学研究中心的一个重大项目，也还在做。“中国传统生态哲学的现代意义”也是在进行中的一个项目。这几年我们做生态哲学方面的研究，也有很多儒学专项的同学参加，大家以后有这方面的考虑的话，也可以做这方面的研究。这几年这个题目在课题申请、论文发表、学科拓展、国际交流这些方面都得到了大家的接受和认可。

三、我研究儒家生态哲学的思路

我的一个研究思路是突破单纯的哲学的方式，进入思想和文化历史的范围。

这是什么意思呢？如果遵循原来的中国哲学的思路，那就比较难做，因为我们大家都读过哲学史，它包含了理、气、心、性等这样一种自然观以及人性论的思维方式。其实我们讲自然观和人性论的时候，原来哲学史的那种编写方式不由自主地会让人有一种自然和人的分离感，其直接把生态的意蕴排除在哲学史教材之外了。所以我们看过去的哲学史叙述一般是不会涉及这些问题的，它背后的逻辑是主客的二分和对立，只有突破这个思路，进入思想和文化的思路才会发现中国哲学本该有的生态内涵。然后是史料范围要突破四书的系统，要进一步发掘五经和二十四史，以及文学家的文集等材料。如“德至禽兽”“泽及草木”“恩及于土”“恩及于水”“仁，爱人以及物”等，这些材料是我们过去的哲学史、思想史、历史教科书都忽视的，但这些恰好又是很重要的思想材料。大家看这个“仁，爱人以及物”，是东汉郑玄在解释《周礼》的时候提出的命题。这个命题跟“仁者爱人”相比，及于物，从定义上、说明上已经超出我们原来的理解。但是郑玄是一个经学家，过去我们的哲学史基本上很少提到他，所以他的这个思想就进入不了我们的视野。所以我们要突破四书的系统，进一步发掘五经、二十四史里边的材料。一些文学家的材料，比如说柳宗元、刘禹锡，我们哲学史教材上有，他们的天人观也都会有记载，但是他们的思想里包含的对自然的美的欣赏和感受，在过去的哲学史是没有的，这一部分东西只有放在生态的框架里面、放在人和自然的关系里面才会被发现。这些东西在历史上不仅有，而且很丰富、很重要。过去我们的哲学史，只看四书，基本上就是先秦的东西，再加上朱熹的集注，把北宋著名的学者的注都合进来了，所以光从四书这个系统来写哲学史是比较顺畅的。若是跳出这个进一步去看五经、二十四史里面的解释，那就太多了。我现在一个学生正在写苏轼。从生态的角度来看，苏轼对此有很敏锐、很深刻的体会。我的基本结论就是，儒家哲学本质上是生态哲学，但它的主题不是围绕生态哲学展开的，因为我们知道，儒家主讲人性论，人性、精神修养是主题。再进一步展开，对道家、佛教都可以做生态的研究。

四、儒家生态哲学的基本原则——天人合一

我们现在讲生态哲学的基本原则——天人合一。这不是一个新颖的东西，这是一个老的命题。在我们讲天人合一的时候，我们从生态哲学的角度会发现一些新的内容，就是说这个“天”不是一个静态的自然物。我们过去讲自然观往往受西方哲学的影响，从本体论的思维出发，去找最后的、最终的东西，这当然是一种思路。我们现在从生态哲学的研究来看，是要讲天和人的关系，那么这个天就不是一个静态的自然，不是静态的万物的组合，而是一个以生生不息为目的的过程。

“天地之大德曰生”“生生之谓易”，包括天地人这种基本的框架在内，“天”是一个生生不息的过程。“生”和“生生”还有所不同，那这个不同体现在哪儿？我们讲到“生”的时候，会说春生夏长，秋收冬藏，这是儒家哲学，也是整个中国文化的一个基本的认识。每一个春夏秋冬都有生、都有死。冬藏就是归藏，万物萧索，是死的一个意象。没有单个的生，也就没有单个的死；没有单个的死，也就没有下一个单个的生：所以从春生夏长、秋收冬藏来看，冬藏和春生的价值是相同的。所以不能只说“天地之大德曰生”，“天地之大德”还要有“藏”，那也是天地之德。所以，只有把无数个春生、夏长、秋收、冬藏合在一起，去看自然的总的过程，这时候我们才会发现，自然是一个生生不息的过程。所以“生”是一个单独的生命过程，而“生生”是无数个“生”合起来的。我把“生生”定义为“自然的合目的性”，这“合目的性”是借鉴了康德哲学里边的观念，是康德在《判断力批判》里面讲的审美的问题。讲到审美的时候，我们往往会觉得它跟本体论是不一样的，所以“自然的合目的性”不一定是一个本体论的概念，但是从生态哲学的角度来看，其实它也可以是一个本体论的概念。“生生”也就

是天地之心，是一个包含着死亡在内的更高一层的含义，是宇宙运行的总体趋势，这是“生生”的概念，这也是“天”的概念。讲到“天”的时候，也是这样，“天”不是静态的自然物的总和，所以天人合一也不是说我们把人像放螺丝钉一样往“天”里面嵌合就行，这里头包含了人的主动性。我1997年写过关于天人合一、天人关系的论文，1999年也有写过，2011年又在《哲学动态》上发表了相关论文。这个问题是可以不断促进我们深入思考、促进我们对传统文化的认识不断加深的一个课题。在2011年那篇文章里面，我讲天人合一有事实与价值、本体与工夫、知识与境界的统一这三个维度。里边还涉及祭祀，祭祀也是有生态的含义的。还有一个特别有意思的是音乐，音乐文化里面有很丰富的生态意义，“乐者，天地之和也”，是讲天地之和的，讲气的运行。这是“天”方面的内涵。那么人的内涵，就是《中庸》里边讲的“唯天下至诚，为能尽其性。能尽其性，则能尽人之性；能尽人之性，则能尽物之性；能尽物之性，则可以赞天地之化育；可以赞天地之化育，则可以与天地参矣”。“尽性”就是实现自己的本性。那么前面提到的天地之心又是什么呢？在宋明时期，讲天地之心就是要维持生物。天地是生生不息的，天地之心是生物，生物不已的人要实现自己的本性，就要让天地万物也能够实现它们的本性，只有在帮助天地万物实现了它们的本性的时候，我们自己的本性才能得到实现。这个思想和现在生态哲学前沿的深生态学里的“小我”和“大我”如出一辙。“小我”就是一个单独的我们自己，“大我”就是我们自己和自然合在一起，那么只有让“大我”实现了自己的本性，“小我”才能在这个过程中实现自己的本性。这一思想跟《中庸》是非常接近的。我第一次看到深生态学“大我”“小我”的时候，直觉上就认为这应该是《中庸》的思想。后来有一次开会，碰见杜维明先生，我跟他聊这个事儿。杜先生说他见过那位提出“小我”“大我”的深生态学学者，这个学者讲他的确是受中国哲学的影响提出的。我想告诉大家的是，近代以来我们在接受西方文化的时候，有一种古已有之的说法，一提什么就说我们已经有了，这是过去我们常批评的，现在涉及生态哲学的时候那个批评就无效了。“尽性”在儒家哲学中具有普遍性，所以它是有生态意义的。放到今天用生态哲学的语言来讲，对生物要尊重其内在价值，为它们的生长提供适宜的条件，让它们实现自己的本性，完成自己的生命周期。这是现代生态哲学的语言，对于无机自然界也是这样，让它们实现自己的本性。所以为生物提供条件实现本性，完成自己的生命周期，也就是把我们自己的生命充分地实现完成。这是生态哲学在谈到人的责任的时候讲的一种思想，这个思想跟我们古代的《中庸》里面的“尽性”是一样的。这个时候我们再理解天人合一，就可知它不是一个静态的万物的总和。自然是一个动态的过程，人不仅是这个过程的一部分，而且参与这个过程，要帮助这个过程实现，所以人在这个过程中，需要顺应自然。用我们今天的话说，去顺应自然、保护自然、帮助自然。当你帮助自然，实现万物的生命的时候，这就是“尽性”，这也就是“ 为天地立心”，这是生态哲学视野下天人合一的意义。

五、儒家生态哲学的三个理论维度

儒家生态哲学的三个理论维度是宗教的维度、道德的维度、政治的维度。还有四个方面：动物、植物、土地山川、无机自然界。

首先是宗教的维度。宗教的维度主张祭祀自然，“万物本乎天”“报本反始”“仁至义尽”。大家注意，今天这个“仁至义尽”是用于说明人和人之间的关系，但是古代这个词最早是讲人和自然的关系，实际上是人对动物的责任。我们再谈谈对动物、植物、土地山川的认识。为啥把土地、山川放在一起呢？是因为我们传统文化里讲到这一部分的时候，就没有刻意地把山川、河流、土地分割开来，所以我们也按照原样，把土地和山川放在一起。对于动物，我们认为有些动物是灵异的、神异的，“龟”“龙”“鳞”“凤”都有特殊的意义，对于这些动物要祭祀。

古人在描述大同社会这种理想社会时说："天降膏露，地出醴泉，山出器车，河出马图，凤凰麒麟皆在郊棷，龟龙在宫沼，其余鸟兽之卵胎，皆可俯而窥也。"这是一个人与动物和谐共处的社会。对植物，则是移情，我们看《论语》里面孔子讲"岁寒，然后知松柏之后凋也"。松柏表现出刚强坚毅的性格特点，我们把它跟人的德性有一个比照，这就叫移情。移情的东西很多，我们还认为有一些东西是神异的瑞应植物，例如灵芝、瑞草、嘉禾、神木、连理枝、社稷木，还有一个说法叫"万物莫善于木"，这些是我们对植物的一种宗教的态度，这些态度确保我们对自然界有一种敬畏的感情。对于土地山川，五行里边中央土，要祭祀土地，就要有社稷坛，"社，所以神地之道也"。这是把地看成一个神。要祭祀山川："山林、川谷、丘陵能出云，为风雨，见怪物皆曰神。有天下者祭百神。"这段话是《礼记》里边的，《礼记》的作者和年代不太好确定，它由汉初的人编订但并非汉代人所写，我们在研究生态哲学使用材料时有一个方便的地方，即历史上发生过影响的东西我们都可以把它们作为材料。致云致风致雨，能够滋润万物生长，这就叫做神，有天下者应祭拜天下的山脉、河流、土地、树木。兴云致雨即是讲自然界有这样的作用，能供给百姓财用，这些东西都叫神，应该祭祀，这是宗教的维度。

再谈道德的维度。有一个概念叫道德共同体，就是人应该用道德的态度去对待的对象所构成的共同体。我们习惯上用西方哲学来讲道德共同体，讲人和人之间是有道德责任和义务的，人对动物、植物、土地山川则是没有道德责任和义务的。但是我们古代不一样。我们的道德共同体包含整个自然界，包含动物、植物，所以人要以恻隐之心去对待自然界，就是刚才我们反复说过的，"仁，爱人以及物"。还按刚才那个类别来讲，对动物我们主张"善于禽兽""尊重生命"。"善于禽兽"是董仲舒提出的，他非常重要的一点是把儒家的道德理想和哲学理念广泛地、系统地推广到动物、植物、土地山川，诸如"善于禽兽"、"恩及草木"、"恩及于土"、"恩及于水"和"恩及于金石"都是董仲舒提出的。过去我们的哲学史、思想史没有这些材料，我们过去是征服自然、战胜自然的思路，所以这种人和动物、人和自然不分的东西便少有引用。对于动物要“善于禽兽”，那么怎么做？尊重生命有一个“实现”的概念，让动物按自己生命的周期去生长，过了生命周期以后才能去猎杀，这是基本的伦理，即反对过度猎杀。《周易》里有“三驱之礼”，“三驱之礼”其实就是不能一网打尽的意思。所谓“畋不掩群”，多大为群呢？“兽三为群”，就是三只兽在一起为群。打猎的时候网开三面留一个口，或者网开一面的话是开一个口，或者是迎着人来的则给它放走，总之不能一网打尽。还有“恩及鳞虫”“恩及羽虫”“恩及毛虫”“恩及介虫”，这个鳞虫就是长鳞的，羽虫就是长翅膀的，毛虫就是老虎这一类的，介就是有甲壳类的乌龟，等等，这些都是董仲舒讲的。对于植物也是要尊重生命，伐木要因“杀气”，就是顺应天地万物，春生夏长，秋收冬藏，秋冬是“杀气”产生的时候，这个时候才能去砍，这是保护山林。“恩及草木”，《汉书》讲“德上及飞鸟，下至水虫草木诸产，皆被其泽。然后阴阳调，四时节，日月光，风雨时”。只有善待自然以后，才会有一个比较和谐的气候，这个我们今天有深切的体会，就不扩展了。对于土地，“恩及于土”“恩及于水”“恩及于金石”。我们的自然观是什么呢？万物是由气构成的，然后以气为媒介，由万物构成一个统一的整体，在这统一的整体之中，不同的部分之间是相互联系的，我们主张有一种健康的自然。土地的本性是什么？我们知道《中庸》讲“生物不测”，即生长万物神妙莫测的意思。我们要“恩及于土”，“恩及于土则五谷成而嘉禾兴”。如果对土地有一个善待的态度，那么就会丰收。如何善待呢？不要污染它，该浇水的时候浇水，要给它施加肥力，这些都叫善待。“咎及于土则五谷不成”，污染就是“咎及于土”。比如说前几年报道有些地方把尾矿弄到田地里边，尾矿里是含有重金属的，这样其实就把土地污染了，污染了以后就“五谷不成”。对于水则有“恩及于水”“德至深泉”，要道德地对待河流。大家看“德至深泉”，这个多有意思啊，汉代就提出了这个问题，我们现在好多地方把污染水注到地下，那正好是祸及深泉，跟“德至深泉”是一个相反的态度啊。《国语》里讲“国主山川”，主是主导，一个国家的命运是由它的名山大川所主导。“川，气之导也”，川是导气的，这个是有意思的，这个说法把河流在自然环境的作用做了一个说明。还有一个“河竭国亡”，一个国家河流枯竭了，这个国家就要灭亡。我在前几年讲课还会觉得这个命题是不是有点过分了，但是从这么多年的生态恶化情况来看，是不过分的。我们现在整个调水工程，都是因为水的问题产生的，都是对水的一个改善，没有这个改善不少地方就没法生存。开始讲到的“河流的文化生命”“河流伦理学”等课题，就是讲如何用道德的态度对待河流，维持河流的健康生命，让河流健康地生存下来，这也是我们整个课题的理念。

最后谈政治的维度，就是设官职、颁布法律保护自然。动物是虞官，《尚书》里边舜帝问“畴若予上下草木鸟兽”，就是谁能够顺应草木鸟兽的特点帮助管理自然。植物有“山虞”“泽虞”“林虞”“草人”，土地山川有“山师”“大司徒”“小司徒”“司险”“土均”“山师”“雍氏”，这些都是《周礼》里边记载的官职。按比较严苛的学术观点，《周礼》的产生年代是比较可疑的，历史上有没有这些官职不好说，但是我们从生态哲学的角度来讲，它产生的影响可以作为我们的材料来使用。《礼记・月令》说，孟春之月“牺牲毋用牝。禁止伐木，毋覆巢，毋杀孩虫、胎、夭飞鸟，毋麛，毋卵”。这种善待自然的思想，不光是《礼记・月令》有，《吕氏春秋》也有，它反映了当时人们的普遍认识，也是我们中国文化里面对自然的一种普遍的态度，对植物也是这样，对土地山川也是这样的。而且，睡虎地秦简《秦律十八种・田律》就涉及水的问题，《田律》关于自然环境保护的内容很具体，这就是政治的态度。政治这一块，基本上体现在设置官职和制定法律两个方面。

六、儒家生态思想的范畴体系

我们接下来讲儒家生态思想的范畴体系，这个范畴体系是什么意思呢？我们讲哲学是一个体系，体系里边有关键的命题，组成命题的是概念，比概念更为根本的是范畴。体系、命题、概念、范畴一层一层往上去追，那么儒家生态哲学最为核心的范畴，我想可以有这几个：“气”“通”“和”“生生”“时”“道”“仁”。这几个是比较重要的范畴。其实还有一些范畴，我现在还不好去概括，比如“感应”的“感”。这个“感应”的“感”和“通”是相接近的，它是我们中国哲学里边特别重要的一个概念，但在生态哲学里面，我们怎么充分地发掘研究它呢？是否把它作为范畴还可以再考虑。

那么我们先说“气”。“气”是构成万物和人最基本的元素或者质料。“质料”这个词的用法还是多少有点西方哲学的特点，说是“质料”的时候，会让人觉得就像一个具体的东西，但是“气”是一个连续不断流动的状态。“通”是什么呢？“通”是“气”在不同的物质实体之间、人和物质实体之间、人和人之间的流通循环，是物质能量和信息的交换。我们哲学里有“山川出云”，就是山和川能够产生云，这就是一个“通”。上面的云、底下的河和稍微高点的山，它们之间不是截然分开的。“气”从河到山到云，是一个不断升起的现象。在南方会经常看到，山顶上浮着很大的气雾，这个就是山川浮云。人和人之间也是“通”的，人自身也是“通”的，这是“通”的一个范畴。“通”在中医里边就很普遍了。“和”是阴阳二气运行能够产生生命的状态，以及万物之间相互关系的应然状态。“万物各得其和以生”，只有“和”气才能产生这种生命，那么万物之间本是处于相互和谐的状态。所以生态哲学这个词就有两个含义：一个做事实的描述，比如某一个地方的生态环境、生态状态怎么样，无论是合适还是不合适，好还是不好，这是它客观的生态状态，这是一个含义；还有一个价值含义，当我们说到生态的时候，我们心里边想的是万物和谐的状态，这个时候的生态哲学、生态性、生态化、合乎生态等，就是一个价值状态。“和”就是价值状态的一种表现。“生生”，刚才我们已经讲了一部分，“生生”是对天地万物生命生长，对宇宙万物的存在状态、机能和发展趋势的说明，是一种包含死亡在内的辩证的统一性。“时”是什么呢？“时”是宇宙运行、万物产生发展变化的节奏、节律和阶段性，它具有天道和人道相结合的特点。“时”作为季节分春、夏、秋、冬，每个季节都有关于人应该做什么的相应规定，24 节气都是“时”，每个节气该干什么都有一个规定。“时”包含了人该做什么的规定，是人与自然和谐统一的一个范畴，对“时”的把握表现了人对自然的认识。“道”是对宇宙起源及其运动规律的总体概括，综合地含有宇宙的整体性、有机性、有序性、联系性、合目的性等。这些是中国哲学、儒家生态哲学里边可以找出来的主要的范畴。

我们再讲一下“通”。“通”的自然的基础是气。自然界是一个整体，不是孤立实体的杂多的堆积，它是由气相通构成一体的。我们刚才讲到的河、山、云，表面上看是孤立的，但实际上它们是有内在联系的。山上的水少，河就没有了，河滋润万物的作用就会消失，山要想生长好的树木也得不到水了。所以这是一个内在联系的整体，不同部分之间是有内在联系的。缺了水，山肯定要死；山缺了木，水的储存作用和蒸发作用也就没有了：所以，每一个环节都是和其他环节密切地、和谐地配合在一起的。人和自然是内在联系的，人的行为会影响自然规律的实现，自然规律会向生态规律转化，而生态规律是一种恒长和趋势，它会出现例外，它不是一种绝对的必然性，会因为人的干扰而发生错乱，甚至走向消亡的状态。我们讲“水曰润下”，这是五行对水的一种描述。还有一种就是“水不润下”，“水不润下”就是我们刚才讲的，天不下雨，山上没有山泉，那这条河就会干涸。

所以，“通”能够引申出人对自然的责任，因为人的活动和自然是有内在联系的，人的所有的活动都会影响自然。积极的、有意义的活动会帮助自然，消极的、破坏性的活动会毁坏自然。从这个角度来讲，生态的价值意义就一定会从人和自然相通中引申出人对自然的责任。这种责任，也就是刚才我们讲的 responsibility。人和自然有一种感通以后就产生了 responsibility，这个 responsibility 就是人对自然的责任。这种责任在我们中国哲学里实际上是通过人心对自然的感受，道德地对待自然、帮助自然，这在儒家哲学里面就是“与天地参”，或者“延天佑人”，或者是张载讲的“为天地立心”。所以人不能阻碍“气”

的流通畅通，还应该帮助、辅助“气”的通畅，这在典籍里边叫助“通气”。《泰卦·象传》讲：“天地交，泰，后以财成天地之道，辅相天地之宜，以左右民。”这都是积极地帮助自然，为天地立心的一种道德。所以这些其实都是生态哲学的内容。当然，这一部分内容，我们过去哲学里边只会单独讲到“气”，人和自然的联系这一部分基本上不讲。

我们刚才已经讲到“仁”这个范畴。孔子讲“爱人”，孟子讲“亲亲，仁民，爱物”，就用“仁”把对待百姓和“爱物”并列起来。董仲舒提出“至于鸟兽昆虫莫不爱”，郑玄又讲仁为“爱人以及物”，这个时候已经扩展到“物”了，但是“仁义礼智”这个“仁”还没有变成最高的概念，需要有一个哲学思维的深刻提升。如果是“仁义礼智”并列，则“仁”只占四分之一。但讲“天地之大德曰生”，“生生”作为自然的合目的性，作为一个最高的东西，怎么会对应“仁”这一种德性呢？所以到宋明的时候，就把“仁”提为全德之名，即义、礼、智、信皆仁也，它们是“仁”的一个环节，“仁”又是天地生生不息的生意，程颢讲得很清楚。那么“仁”既是生意，又是全德之名，从而“仁”把作为德性的人和外部世界的生意统一起来了。这个时候，我们再看人和自然的统一，就是“仁”把我们作为肉体的人和外部的世界统一起来。所以再讲天人合一的时候，它的深刻含义就是一个“仁”：一方面，它是自然生生不息的生机；另一方面，它又是我们人最高的德性。这样，主体和本体就统一起来了。所以这个思维的提升是宋明理学完成的，我们通常讲宋明理学比前代的哲学在思维方式上更深刻，它深刻在什么地方？讲“理”。后来阳明心学讲“心”，都较之前的思想有扩充。我觉得还应加上“仁”的本体化，“仁”的主体性和本体性统一了起来。宋明理学中“仁”作为一种人把握人的存在方式、人和自然的关系的概念，是它最高最深的思想。作为境界来讲，“仁者以天地万物为一体”，阳明讲“夫大人者以天地万物为一体”。宋明理学到这个地步，就是在讲人的责任，人对自然的责任，人自身作为人的存在对自己的境界提升，等等，几者都统一起来。这是我们中国哲学、儒家哲学最深刻、最精微的思想。

七、儒家生态哲学的理论框架

接下来，我们讲儒家生态哲学的理论框架，因为要写一部生态哲学史，需要有史观，如果没有史观，材料都是散的，那就无法比较。这个史观是什么呢？史观实际上严格来说是从史料出来的，不研究史料就得不出史观，没有史观就没法统摄这个材料，写不出一个完整的哲学史。那么在做儒家生态哲学史研究的时候，就要琢磨应该有一个什么样的史观。有这么几点：一是天人关系论，讲“一气贯通”，以“仁”为核心，讲人和自然的统一性。二是生态共同体论，“仁，爱人以及物”。三是生态本体论，人心、仁、生生之德、天地之心。四是生态德性论，仁义礼智信是德性的范畴，但是里边都包含生态的内容。本体这一部分，就是我们讲的“生”“生生”。五是生态工夫论，比如格物致知、“随处体认天理”。“致良知”既是德性工夫，同时就德性工夫本身而言，又是生态工夫，里边就包含着生态性的内容。六是生态哲学境界论，“民胞物与”“仁者浑然与物同体”“仁者以天地万物为一体”“道体流行”“夫大人者与天地万物为一体”。“民胞物与”是张载的，“仁者浑然与物同体”“仁者以天地万物为一体”是大程的，“道体流行”是朱熹的，“夫大人者与天地万物为一体”是王阳明的。“与天地万物一体”是理学的一个共同特点。讲到生态哲学中对生态的态度的时候，狭义的理学程朱和心学陆王基本上是没区别的。讲到如何道德地对待自然、会达到一个什么样的状态等问题的时候，他们基本上没区别，但涉及如何对待道德、对待自然时则会有区别。从生态的视角来看，理学、心学，再大范围的儒学、道教都有很多共通的点。七是生态哲学范畴论，主要讲范畴的内涵的演变。

八、儒家生态哲学史

儒学生态哲学史，我这边也有不少毕业的博士同学帮忙一起做，已经写完了，但还在完善之中。我们可以把先秦作为儒家生态哲学的一个阶段，孔子还是很重要，他的生态思想有“智者乐水，仁者乐山”“天何言哉，四时行焉，百物生焉”。《国语》《易传》的生态思想都很丰富。先秦是生态哲学的奠基时期，两汉是生态哲学宇宙论非常丰富的时期，在这个时期我们刚才讲到的“天地之心”，源于《易传》里边的“复其见天地之心”。《礼记》里边把生长性作为人的特点。两汉的董仲舒讲到“仁”的时候，对于动物，他还提到“仁”“天”“心”这三个概念，“仁”是天地之心，这个命题也很重要，构成了宋明时期“仁”的本体化路程中的一个环节。魏晋时期基本上就是儒家的玄学化，《论语》讲“志于道，据于德，依于仁，游于艺”，这个道具有玄学化的特点。唐代元气论得到深化，韩愈、柳宗元、刘禹锡等人对自然的每种体验都超越了我们过去的那种认识。他们的生态思想，我们过去的哲学史没有反映出来，超越了人的视角，甚至超越了道德，有审美的特点。宋明清，主要是“仁”的本体化，把“仁”上升到本体，这些由于时间关系就不多讲了。

九、生态哲学研究对于中国哲学研究的方法论意义

最后是生态哲学研究对于中国哲学研究的方法论意义。我们今天主要是面对

同学们讲，还不是像社会上那种讲法，所以我在史料分析的视角、前后的对比等方法这一块儿讲得比较多一些。在社会上只讲天人合一那一部分就行。

意义是什么呢？第一，开辟了中国哲学与文化理解的新路径。生态的路径是一个新的路径，过去我们没有这个路径。我们的哲学史、思想史涉及的就是“自然是什么？”“人是什么？”，自然和人之间就自动地被切开了。第二，拓宽了中国哲学理解的基础，如“仁”的生态维度、“仁”的本体化等。这一部分是我们过去讲“仁”的时候很少讲的。过去我们说得特别难听的时候，儒家的仁义礼智就是封建的伦理道德，光看忠孝节义那一部分，有“断一树，杀一兽，不以其时，非孝也”。对于自然本身是合乎道德的态度，那就是孝，不合乎就是不孝。现在我们已经对传统文化很友好，当我们看到生态维度、本体化维度的时候，就会看到普遍性、超越性拓宽了这个基础。第三，加深了对中国哲学内在精神的理解。“究天人之际”，怎么究？所有的生态哲学的内容就是“天人之际”，也都是对人类存在方式的探索，所以生态哲学研究加深了我们对中国文化、对儒家哲学的理解。第四，可以纠正一些错误。我们对主客对立的意识要有一个彻底的反思，我们现在体现不出来这个东西，就是因为我们把人和自然分开来讲，但是在传统里边，自然和人不是分开的。还有一个就是“所以然”“所当然”，这是朱熹哲学里面的，我们通常会说“所以然”是自然之理，“所当然”是人伦之理，从我讲到现在大家一想就明白，这是一个无可对比的主客对立的认识。实际上朱熹讲“所以然”是基层的、底层的理，“所当然”是表现出来的理，二者是统一的，无论是“所以然”还是“所当然”，都同时包含了人和自然，人和自然这里面包含了“所以然”和“所当然”。在过去，我们就觉得“所当然”是人，“所以然”是自然，这个不对，但为什么延续了那么多年？因为对主客对立的意识没有自觉的反思。其实我们对“格物”“明明德”都可以做新的理解。第五，体现中国哲学的特点，把天人合一的原则彻底贯穿到中国哲学的研究中。张岱年先生总结了中国哲学的几个特点：一天人、同真善、合知行。合知行我们先不讲，一天人怎么一？同真善怎么同？其实真善美都是统一的。仁义礼智这个“仁”作为人的主体性本体它是善，作为生意它是真，同时它也是美。所以从这个角度考虑时，哲学思维可以把真（自然的认识）、善（道德事件）、美（判断）统一起来，这是研究儒家生态哲学的方法论启示。这里涉及一些具体问题，我过去写朱熹哲学论、理气动静问题、境界论的问题、心性的张力、内在结构和内在张力等，里头都涉及生态的问题。第六，突破主客对立，这个刚才我们已经讲了。第七，可以作为生态文明建设的理论基础。第八，建构世界哲学。在做生态哲学研究的时候，我们的内心有极大的充实感。在探索这个问题的时候，我是站在当代还没有完全成型的一种哲学形态和最前沿进行研究的。我所研究的这些东西有可能对整个国际范围内生态哲学的确立作出贡献。基于中国哲学的内在价值，从现实出发，不断和世界哲学进行融合互动，扩展现有的知识，不断加深对中国哲学的研究与理解。同时这个理解当然也是建构和发展，也是对世界哲学的回应，把我们自己的这种传统植入正在形成的哲学中去，也就是建立哲学的中国话语。这是我们研究生态哲学的时候，可以有的世界意义，也是我们在做研究过程中迷茫的时候，可以让自己感到充实的地方。当然，这是纯粹从做学问的角度来讲。而如果我们把它作为一个人生的哲学和境界去体会，当然就可能会有更多更加充实的意义。

整理者：贾枝润

第七讲

儒门教化复兴的理与势

主讲人：唐文明
清华大学哲学系教授

今天我与大家交流的是儒门教化复兴的理与势，从标题看来，大家应该知道我的一个基本倾向。首先，我把儒家传统看作教化。我故意拆成儒门教化，而不直接讲儒教，是因为要告诉大家，儒家的传统在过去表现为一种教化。我们不讲关于其是不是宗教的那些无谓的讨论。儒学不仅是一门学问，而且是一套制度，有经典、有传承，是对现实发挥作用的教化。因此我要对教化一词做广义的使用。在我看来，儒门是教化，佛、道是教化，基督教、伊斯兰教也是教化，所以我这里用的是一个更广泛的教化的概念。这是首先需要交代的一点。

其次，关于“理”与“势”，如果大家对儒学传统比较熟悉，就可能会明白，宋代朱熹他们讲历史形势的时候喜欢用这个词。怎么说呢？比如说我们现在看毛泽东的文章《目前形势和我们的任务》，任务背后便有一个“理”，这种思维方式来自传统。王船山的历史哲学一贯也喜欢使用这样的词：“理”是什么，“势”是什么，“理势”是什么，按照“理”来刻画那个“势”应该是什么。所以“理”与“势”的概念是典型的宋代儒学传下来的概念，先讲道理、形势，最后再决定该怎么做。今天的讲座也基本按照这个思路来。

一、教化制度与学问形态的汉宋递嬗

如果我们把儒家看作一个教化传统，那么会发现，教化传统的制度随着时代的变化而变化，学问形态也是如此。或者说，教化制度与学问形态有一定关联，教化制度发生变化，学问形态也会发生变化。我在第一部分，要简要回溯、刻画一下，在汉、宋这两个具有典范性的时代，儒家传统的教化制度的特点和学问形态的特点。为什么选汉、宋而不选别的？因为它们是比较有代表性的。

首先我们来看“教”这个概念。《中庸》一开篇就说：“天命之谓性，率性之谓道，修道之谓教。”朱熹解释这里的“教”时说，“圣人因人物之所当行者而品节之，以为法于天下，则谓之教”，这是对教的一个言说。这些“教”具体指什么呢？“若礼乐刑政之属是也”，礼乐行政都属于“教”。他接着说，“盖人之所以为人，道之所以为道，圣人之所以为教，原其所自，无一不本于天而备于我”。

大家看，这个表述里面有一个特点，就是说，朱熹是讲“圣人之所以为教”，与“人之所以为人”和“道之所以为道”并治，人之所以为人，道之所以为道，这就属于同语反复，对不对？“圣人之所以为教”却不是同语反复，那么这个表述其实说明了圣人和教化的紧密关系。换句话说，圣人之所以为圣人，就在于他是教化的创立者。也就是说，这里面其实是把圣人的最大的功能、最重要的作用，放在了创建教化这样一个事功之下。

具体的内容，是礼乐刑政，至于说圣人怎么创建教化，是“本于天而备于我”。熟悉宋代理学的同学都会知道，所谓“本于天而备于我”指的是人的本性，就是前面的“天命之谓性”，所以它是以性为本，因性立教。

对“修道之谓教”的进一步理解，还涉及接下来的三个比较重要的方面。第一，其中的圣人也是有具体所指的，不是一个抽象的概念，基本上总括来说，是从伏羲到尧、舜，再到禹、汤、文、武、周公、孔子，这意味着圣人指涉的是一个圣王的谱系，那么最后是以孔子为总代表，所以孔子被认为是集大成者，是至圣。也就是说，孔子总结了前圣的所有成果，所以他是最高的。《孟子》中就说，孔子“贤于尧舜”，他比尧舜还要高，因为孔子是集大成者。

第二，圣人建立教化的目的是成就人的德行，而以教化为治民之术。那么成就人的德行，礼乐是否与此相关？其实礼乐本身也是为了成就人的德行。比如说经典里面有很多讲法。对像我们这样的老百姓、一般大众，如果没有圣人的礼乐，则手足无所措。就比方说清明节去祭祖的时候，都不知道该怎么做。得按照一套圣人制作的礼乐、一套制度方法去做事。然后在这样的过程中，人可以感受到祖先的重要，所以对祖先产生了感恩之情。所以，礼乐最终也是为了使人在内心发生一种德行的转变，通过转变，以这样一个教化作为治民之术。所以大家可以看到，其实这样的教化的概念，既包括我们现代人一般讲的道德，也包括伦理、政治，各个方面都包括。礼乐刑政是一个比较总括的概念，如果把刑也算起来，那意味着政治也包括在内。

第三，教不仅包括礼乐之教，还包括仁义之政。礼乐之教跟仁义之政有什么区别？后面还会涉及这一点。其中一个要点是，儒家教化观念认为，一个圣王首先要行仁政，比如说推行井田制、学校制度等制度，仁政推行得差不多了，然后才制礼作乐，即所谓功成制定。因此，礼乐并不是一上来就制定，而是说先行仁政，大家有饭吃了，慢慢经过学校教育知廉耻。井田制和学校制度已经发生了作用之后，致太平以后，才制礼作乐，所以礼乐是后面的。但是我在这里主要是想跟大家强调一下，教化的内容是比较广泛的。比如《礼记·经解》说：

> 孔子曰："入其国，其教可知也。其为人也，温柔敦厚，《诗》教也。疏通知远，《书》教也。广博易良，《乐》教也。洁静精微，《易》教也。恭俭庄敬，《礼》教也。属辞比事，《春秋》教也。故《诗》之失愚，《书》之失诬，《乐》之失奢，《易》之失贼，《礼》之失烦，《春秋》之失乱。其为人也，温柔敦厚而不愚，则深于《诗》者也。疏通知远而不诬，则深于《书》者也。广博易良而不奢，则深于《乐》者也。洁静精微而不贼，则深于《易》者也。恭俭庄敬而不烦，则深于《礼》者也。属辞比事而不乱，则深于《春秋》者也。"

《礼记·经解》的这段话就非常明确地说明，孔子以六经为主导的教化，其教的实质就是国人美德的养成，是成德之教。圣人建立教化，目的是成就人的德行，礼乐是为了使人在内心发生一个转变。

下面，对圣与王的关系，我做一个解释。前面我们开始本来讲的是圣人，但是一下就转到圣王谱系，实际上就是在这样一个教化概念背后，隐含着对圣与王关系的理解，圣是圣德之称，王是急功之名，有圣人之圣德就可以成就王天下之急功。

当然这里面我们知道，按照传统的说法，孔子恰恰是至圣，但是恰恰他没有位，所以没有成为王，所以在历史上都承认孔子是素王。可能很多做经学的人会说，这个是汉代今文经学的讲法。的确如此，但如果仔细看文献就会发现，古文经学、宋学没有一个不承认孔子是素王的，只是对素王的具体理解以及解释有差别。

举个例子，何休说孔子是“黑帝降精”，然后古文经学就说瞎扯，哪有这事，古文经学家反对用这种说法来讲孔子，但是他们从来没有否认过素王说，所以“至圣素王”这基本上是古代对孔子的一个基本的定位。那么关联后来的这样一个认识，后世的人君如果能够修自己之德而行孔子之教，就可以王天下。所以也就是说汉代，甚至早于汉代，所确立起来的这一观念，就是这样一个对孔子在后世功能的看法——素王，是非常有代表性的。

这样看的话，实际上在这个架构中间，儒家其实比较依赖君主制度，或者说我们现在所说的政治制度。在我看来，这其实是儒家确立教化的一种方式，是因人事的自然而施教。也就是说，它不是去建立一个独立的教团，而是把教的内容放到一个实际的社会政治结构中间。

如果和佛教、基督教这种我们一般说的狭义的宗教做对比的话，就可以发现，差异非常明显。这些教都有独立的教团组织，而儒家它从一开始就不是，它是跟政治生活紧密相关的。正是因为这个特点，导致了儒家的教化制度与儒学的学问形态在历史上呈现出明显的差异。

现在我们转到汉代，就汉代教化制度的创建而言，最重要的事件就是董仲舒所做的工作，就是把政治制度和儒教结合起来。

我们都知道，首先是秦朝建立了一个郡县制的帝国，这和孔子讲的以三代封建制为秩序典范的那个观念其实是不一样的，但是董仲舒所做的工作就是把这个结合起来。所以董仲舒罢黜百家、独尊儒术的工作实质就是把秦制儒教化，把秦那样的政治制度和儒教结合起来，是一个政教结合的工作，这个工作当然必须依赖孔子是至圣素王，尤其是素王这样一个《春秋》学论断，而相应的儒学形态就是在西汉兴起的今文经学。

这个结合为何是可能的？可以从两个方面去理解。一方面，对于君主来说，他看上了儒教的有用性。儒教不仅能够为政权提供一种超越的正当性论述，能够将作为集体暴力的政权正当化、神圣化，而且其所倡导的理念与精神有助于政治治理，以及形成一个良序社会。换句话说，君主慢慢意识到，打天下跟治天下是不一样的，马上打天下不能马上治天下，他发现在治天下方面儒教是有作用的，所以他想利用儒教。另一方面，对董仲舒这样的儒者来说，或者说对董仲舒这样把儒教作为真理的信奉者来说，他们所思考的就是直面郡县制帝国的现实，如何解决政教关系以及如何落实教化制度这些问题。也就是说，教化制度要在人们的生活中发挥作用，到底该怎么做。因为儒教来自这样一个圣王传统，所以董仲舒就想到要把儒教的传统和新的政治架构结合起来，双方可以说是一拍即合，或者说是各有考虑，最后促成了汉代的这样一种制度的形成。而且大家知道这个制度在形成以后，虽然说经历了各种各样的变化，但是到中华民国成立之前，它基本上都是古代中国的一个基本的政教架构。到魏晋隋唐，之后到宋元明清都有一定的变化，有时候也有一些很大的变化，甚至是一个脱离，但是总体来说，儒教和古代中国，就是秦汉以后的君主制的结合，基本上是一个历史事实。简言之，董仲舒做了一件事，管了几千年，在现代才发生变化。

而一旦政教关系以这种方式获得解决，至圣素王说就越来越不合时宜。尤其对于君主来说，越来越不想听这个素王说，因为按照素王说，无论谁是君主，都得把孔子看作真正的统治者，孔子要高于现实的君王，这种观念说多了，就会让人觉得对当下皇权的绝对权威有冒犯。

举例来说，辕固生与黄生关于汤武革命的辩论，一个人说汤武革命不就是以下犯上吗？不就是弑君吗？但汤武革命是儒家的核心要义，所以后来汉景帝还真是比较人道，说“食肉不食马肝，不为不知味”，做了调停，以后就不说这事了。还有一个例子就是董仲舒的弟子眭孟，他跟董仲舒学《春秋》，眭孟可能比较直率，他直接上书建议汉昭帝“求索贤人，禅以帝位”，意思是说，现在的皇帝不太有贤德，所以你应该到民间去寻访有贤德的人让位，结果就被杀掉了。这事情在我们一般人看来就是有点傻，但是我们可以看到，这实际上表明董仲舒的教义里面是有这个的，而且是不能够丢的，这一点非常重要，一定要有一个比现实政治高的维度，才能够为政治提供正当性。如果是在政治之下，就变成了不是给政治提供正当性，而是提供服务。所以提供正当性，一定要比现实的政治更高。

这一情形在晚清的时候也出现过，当时康有为鼓吹要以孔子纪元代替我们原来的纪元。这时候张之洞就给他的同僚写信说，康有为这是以孔子之统黜大清之统。所以基本上可以想到，也是因为这样的原因，素王说在西汉渐渐不彰，乃至于最终淹没，而相应的孔子形象也从原来的至圣素王变成了至圣先师。

不要讲王了，就讲师，孔子是教化之师。为什么从圣王变成了圣师？我认为就是这个原因，也就是说孔子形象的变化，其实是为了避免让君主觉得你要冒犯他。也就是说，政教结合是西汉的今文经学家所处理的最重要的问题，而一旦这个问题得到解决，素王说就完成了它的历史使命，这时候就可以藏起来了。

可能大家说这是微言，但其实也很难说是微言，这是大义，但是大义可以微言化。也就是说，前提是董仲舒已经把这个事情做了，之后慢慢地就可以不讲了，所以在董仲舒做之前必须讲述，因为当时还没有建立起来这个关联。一旦政教架构结合起来，形成了新的架构，这个问题就可以不讲了，因为实际上政治已经这样，那么接下来需要讲什么？就需要讲礼乐建设，因为至圣素王最后不就是要确立教化吗？所以大家看《天人三策》里面，董仲舒的话开始看起来好像是不给汉武帝直说，最后则是说把教化跟政治结合起来，实际上这个问题之后主要就是礼乐的建设，所以礼乐建设慢慢被提到日程上来，这是在东汉渐渐兴起的古文经学家要做的。我是由此来理解两汉经学的重大转向，以及政学融合、今古文经学的意义所在。

简单来说，今文经学主要处理的是政教结合的重大问题，而古文经学主要处理的是礼乐建设的重大问题，而后面的问题的提出和解决又必须基于前面的问题的提出和解决。就如何在实际政治生活中发挥儒教的规范性作用而言，今文经学的出场首先完成了政教结合的工作，使得礼乐建设能够被提到日程上来，也就是说今古文经学的重心转移，是出于客观现实中政治实践需求的转移。而在这一转移过程中，担当者必须充分地意识到政教结合问题与礼乐建设问题之间的连续性，必须基于政教结合问题的解决方案去解决礼乐建设问题。学术界经常喜欢讲今古文经学的区别，这个当然是有意义的，但是我认为更重要的是二者的连续性，即其间的接力关系。

关于这一点，我的一个简单的总结是，董仲舒奠定了秦汉以后儒教中国的政教架构，而经学在此基础之上奠定了其后儒教中国的礼制规范，这样一来，一套与现实政治等级体系相适应的礼制，就和儒教化的君主制度、官学化的经学制度一道成为儒教在秦汉以后的中国历史上的教化制度的重要组成部分。

大家可以看到，这里面我没有展开分析的是，礼制和原来孔子讲的礼乐制作、圣王制礼作乐有一定的差别。这个礼制不是说致太平以后再去制礼作乐，现在变成了一开始好像就需要一套礼乐，成了一个基本规范，不是原来在仁义之政的基础上，在功成制定以后制作礼乐，那么这一点恰恰也可以通过经学里面的一些观念做解释。

怎么解释？传统的观念认为圣王仁义之政发挥作用之前，要用前代礼乐，这就是郑玄要把《周礼》拿出来进行融合今古文的工作的原因。他针对礼制的建设，以《周礼》为核心，把经典中的各种礼做了一个分析。原因是汉人认为，或者说在今文经学里面就认为汉代是继承了周，把中间的秦给抹去了，秦不重要，没有正当性，所以说孔子为汉立法，汉接的是周。这就是说在汉代的圣王出现之前，应该用周代的礼乐。先用前代礼乐，等圣王出现了，或者说仁义之政发挥一定的作用了，再考虑制作新的礼乐，这是郑玄的理论。

关于汉代我们就讲到这里，现在我们就转到宋代。关于宋代的研究非常多，我就用比较早的也是影响比较大的日本学者内藤湖南的唐宋变革论来切入。关于这个说法有很多研究者持有不同看法，我认为这一观念的一些基本点还是成立的，所以我就仅仅从内藤湖南的文章里面来看。他刻画了唐宋以来中国社会发生的三个方面的巨大变化：政治上的变化，内藤湖南说贵族政治的衰落和君主独裁政治的兴起，主要表现为君主权力的增强乃至绝对化，以及相伴而来的人民地位的显著提高。对应的是什么？是门阀氏族的没落，君主直接面对全体臣民，而人民从贵族手中解放出来，由国家直接统治。我想内藤湖南大概受到西方的影响，因为西方人在讲他们从古代到现在的变化时，会认为在中世纪有一个所谓绝对主义的时代。有一本书就叫《绝对主义国家的谱系》，绝对主义就是君主集权，对比早期的贵族式的制度，这是更专制的，而这个被认为在历史上有进步的意义，接下来一步走到现代民主社会，也就是说在一个从古代到现代民主社会的发展过程中，绝对主义是一个中间的过渡阶段。而内藤湖南说唐宋是中国的近世，这种历史分析的框架，显然是受了西方的古代到现代的这样一个分析框架的影响。但是我在阅读文献中发现，其实早在 1886 年，在《教学通义 · 春秋第十一》里面康有为就提出了类似的观点。康有为是不是看过西方的这种说法，我们也不能够完全确定，但不管怎么说，他那时候已经注意到了，也发挥了《春秋》的“讥世卿”观念。经济上的变化，就是表现为两税制代替租佣调制。农民由原来的贵族奴隶变成国家的佃户、货币经济代替实物经济，等等。文化上的变化与政治经济相随，显著表现在经学解释领域中义疏体的衰落与疑经思潮的出现以及文学、绘画、音乐领域中形式与风格的变化。一言以蔽之，从原来以反映贵族生活为主朝更为平民化的方向发展了。

那么，与这样一个社会变化相关的现象，是我们不得不说的一个现象，即文化格局的一个变化，形成了我们称为“三教”的文化格局。这里面要考虑到道教、佛教在中国社会的广泛传播。比如说到了宋孝宗有个说法，叫“以佛治心，以道治身，以儒治世”。也就是说中国的社会在唐宋以后慢慢变成了儒道佛三家并立。佛教是治心，佛教是一套非常精微的心性之学。道教治身，讲求导引修炼身体。然后儒家主要是治世，这是由董仲舒所建构起来的架构。但是无论是从哪一家信奉者的角度看，他都会觉得治国、治身与治心分殊，三教意味着生活世界的分裂，只有一个采取实用主义态度的君主才会说，只要管用就可以，故而提出以佛治心、以道治身、以儒治世。

就一个人来说，你的生活由三家来分治，你会觉得这是一个问题。实际上这在政治领域也会变成一个问题。所以在这个背景之下，出现了新儒学的复兴或者说理学的出现。换句话说，首先是儒家的学者越来越感受到佛老二家的挑战，也许是因为那时候学校、政治还在儒家这里，所以大家要做官的话，还是要从小就学习儒家的经典。比如说韩愈，他的《原道》就是一个典型的反应，佛老对儒教的挑战，既有身心层面的，也有社会政治层面的。

就社会政治层面而言，佛道两家通过不断适应社会的现实，已经将儒教所倡导的伦常观念，无论是三纲还是五常，作为次级教义纳入自身（只能作为次级教义，不能作为核心教义，因为佛教是讲缘起性空的，讲沙门不敬王者），慢慢也会讲你还是要孝敬你的父母，还是要尊重王权。大家看道教历史开始也不太讲这些，慢慢就把儒家所强调的一些人伦观念全部纳入自身的教义系统里面，但是它只能是放在下面，因为道教整个理论不能直接说人伦就是天伦，直接通过一个天人关系来论证，只能放在第二梯队。

这也意味着，从根本教义上来说，佛道两家仍然难免于儒者们提出的毁伦常的指责，相比之下身心秩序层面的挑战更为根本、深刻，尤其是佛教以严谨缜密的心性学说、以切实可行的修炼方法，征服了很多中国人的心灵，掀起了一场轰轰烈烈的灵魂深处闹革命的精神运动。所以当时和后来，大家可以看到，无论是一般老百姓还是帝王将相士大夫，很多人都信佛教。就是在这样一个处境之下，聚焦于孔子的心法与教法，通过对相关经典的重新阐释，理学家发展出了相当精微的本体宇宙论和心性工夫论，使得儒学成为名副其实的内圣外王之学，儒教成为名副其实的成德之教。

如果说内圣是外王的基础，那么理学就是以这样的方式勾连了内圣和外王的关系，理学的兴起也带来了儒学的典范转移，除了论述形态上的显著变化，更有对经典系统的重新安排、重新理解，具体表现就是世俗观念的形成与凸显。

我们可以看到，在这样的情况下，理学的出现需要通过对经典重新加以解释。所以二程出入佛老，但仍返诸六经，最后还是通过对儒家自身经典的解释来阐发，只是在自身的经典中做了一些处理，这和汉代不一样。汉代比如说可能是五经最重要或六经最重要，但是到了宋代慢慢发现，这些广义的经典中间有些篇章可能更重要，所以四书就凸显出来了。但是我希望大家不要由此说汉代到宋代的变化就是四书代替了五经，这是非常粗糙的讲法。朱子讲四书是五经的阶梯。大家对这句话有不同解释，有些说这个四书指的是周、张、二程之书，等等。如果说四书就指的是我们讲的四书，那么其实朱子也是认可五经的价值的，朱子自己一生其实对五经也是非常关注的。比如他有《诗集传》，还在程颐《伊川易传》的基础上写了《周易本义》，然后晚年作《仪礼经传通解》，这些都是他注重五经的表现。关于《尚书》，后来其弟子蔡沈作了《书集传》。基本上来说，他对《五经》的注解工作也是非常全面的。与这样一个理学（儒学的新形态）的变化相对应的是政治和教化制度上的变化。

就政治制度而言，理学家基于对儒家经典的诠释，阐发出新的政治理念，这里面有一些内容，我这里只讲一点，比如说士大夫与君主共治天下这样的政治理念，一般在历史学的角度认为在宋代才出现，其实我们可以把它理解为是内在于经典本身之中的。那么，相关的比如说学校制度、科举制，我们知道科举制是在隋代奠立，后来到了唐代振兴，再到宋代，特别是到了王安石有很大的变化，受王安石变法影响，科举制里面所考的内容其实使得儒家经典与政治实际的关系变得更密切了。

就宋代而言，最早应当是胡瑗，他创立了苏湖教法，分为两块，一个是经义，一个是治事，把这两个结合起来就可以知道他的意思：一方面要解经，另一方面要讲实际作用。如果是空解经，比方我们在大学里，不关注实际，把经作为博物馆中的历史，那么是没有用的，必须跟实际结合起来。经典和治世有关系，要让经典在政治生活中发挥作用，所以苏湖教法在学校的推广最终导向了宋学的兴起。

实际上，学校制度或者广义上的学校制度有一个非常重大的变化，就是书院的兴起。大家可能觉得书院跟学校差不多，其实不一样，书院的建设完全是为了修德，为了个人修养，学校则是有一个科举的作用，所以学校是有政治性的，与科举相关，是为科举培养人才。尽管后世有着功能上的交叉，或者说学校本身也会承担一部分书院的功能，书院后来往往也成了学校的准备，或者说低一级的、某一级的学校，但是书院的发明本身是宋儒为建立独立的教化制度所做的努力。

另外一个就是我们讨论很少的乡约与宗族，我在此就提一下，点到为止。

二、现代以来儒门建立独立教化制度的努力

我们现在就转到第二部分，现代以来儒门建立教化制度的努力。我们首先来看一下处境，就是“势”。

现代以来，我们的基本处境大家比较熟悉，说中国遭遇三千年未有之大变局，儒教中国崩解，那么崩解的实质或者说与其相应的是儒教的崩解。儒教的崩解首先表现在教化制度的分解，对这一点，余英时在一篇很短的文章《现代儒学的困境》里面提出了“游魂说”，这是流传最广也最典型的看法。他说：“近百余年来，中国的传统制度在一个个地崩溃，而每一个制度的崩溃即意味着儒学在现实社会中失去一个立足点。等到传统社会全面解体，儒学和现实社会之间的联系便也完全断绝了。”余英时的弟子王汎森对这个说法进行了解释，他以“五个支柱”来概括，即君主制度、礼仪制度、经典教育制度、科举制度与法律制度，也描述了相应的历史事实：1905 年废除科举考试；1911 年君主制崩溃；1912 年，教育总长蔡元培宣布学生不必祭孔，经学不再是必修课程；同年，大清律例也被废除。大家可以看到，1912 年中华民国建立的时候，这些制度全被废了，当然相应的其实还有，比如说土地制度、宗族制度，这是后续的，暂且不论。那么这样一个处境中间，特别留意到儒教建立独立的教化制度的问题的首推两个人——康有为和马一浮。康有为在晚清的处境中已经意识到现代社会应该需要有一些变

化。后来在民国以后，我认为对这个问题思考最清楚的是马一浮，所以我们就对康有为和马一浮所做的努力做一简单的分析。

康有为的《教学通义》主要是讲儒教历史上教化制度的沿革，然后再讨论当下应该怎么做。《教学通义》在前言中概括了该书的主要内容与写作主旨："上推唐虞，中述周孔，下称朱子，明教学之分，别师儒、官学之条，举六艺之意，统而贯之，条而理之，反古复始，创法立制。"

我们来看"上推唐虞"是什么意思。通过对五经里面一些材料的分析，康有为说实际上尧舜时代治教不二，但是从教化制度来说，可以分为三类，就是教、学、官。若以"教"来论的话，就是庶民之教、士夫之教和官守之教；若以"学"来说，则叫做庶民之学、士夫之学和官守之学。他说庶民之教是重德的，就是"德行道艺"中的"德行"，这用的是《周礼》里面的讲法，也就是说这个是普遍的，所有的人，无论是一般老百姓，还是统治者抑或士大夫，无论是哪个阶层都得学，这是一个普遍的教、普遍的学。那么士夫之教叫做道艺，也就是说除了这个德行之外，还有一些贵族性的专属的东西。如果要做统治者，那么地位就不一样，和一般老百姓不一样；如果说一般老百姓能够做到孝悌忠信就差不多了，而你是一个士大夫或者是一个诸侯、是天子，那么对你的要求就更高了，所以对士大夫的要求不一样。

官守之教指的是私学，在上古好多官也是私传的，比如说司马迁跟他爸一样都是史官，官位也是世袭的，这个东西是涉及具体官位的学问，比如你做会计你就要学会计，你要做什么就学什么，所以这是私学，这个基本上我们不考虑。所以康有为说在上古我们根据文献可以发现"教"有三类，这是他讲的第一点。所以有些人说他是模仿基督教，这个说法太过笼统，虽然他也受到基督教的刺激，但是他完全是从经典来讲的，经典中间就有三种教。

再来看"中述周孔"。在圣人制作的意义上，以周公为集大成者："盖黄帝相传之制，至周公而极其美备，制度、典章集大成而范天下，人士循之，道法俱举。"而孔子确立六经，其意义在于在失官、亡学的处境中挺立教统，而这一点正是在与周公的对比中呈现出来的："周公以天位而制礼，故范围百官万民，无不曲备；孔子以布衣之贱，不得位而但行教事，所教皆英才之士。”

从周公到孔子，是治教分途的关键时刻：治统的完备在周公，这意味着，在周公那里，奠定于尧舜时代的庶民之教、士夫之教与官守之教仍都包括在治统之内；教统的挺立在孔子，这意味着，在孔子那里，不仅治道由于失官、亡学而“扫地”，原来范围百官万民的教化也只剩下士夫之教。然后他继续说，不论是汉代还是宋代，基本上都没有改变基本局面，也就是说，他认为从汉代以后，实际上就意味着“教”成了三合一的形势，尤其是庶民之教没了。

再看“下称朱子”。他认为朱子是孔子以后的第一人，我们现代学者经常会说钱穆这样讲，实际上康有为已经这么讲过了。康有为不仅在教化制度改革的思路上借鉴了朱子，而且他所提出的教化制度改革的整个方案也是以朱子的皇皇遗轨为蕲向的。康有为认为朱子“盖孔子之后一人而已。其学原始要终，外之天地鬼神之奥，内之身心性命之微，大之经国长民之略，小之度数名物之精，以及词章、训诂，百凡工技之业，莫不遍探而精求，以一身兼备之。讲求义理，尽其精微而致其广大，撮其精粹而辨其次序”。“下称朱子”的目的，是要考虑教化改革的意义。他还有一个比喻，把朱子比作基督教的马丁·路德和佛教的惠能，认为他们三人是类似的，他们都是要做一个教化的改革。所以他说我们现在要顺着朱子的思路继续推进教化改革，《教学通义》是整个的枢纽，康有为基本上是从朱子的角度提出一整套教化改革的方案，所以我认为《教学通义》对于理解他的思想是至关重要的。

然后在他这一整套的教化改革方案中，最特别之处是他对庶民之教的关切。在《敷教篇》中的孔教论里，康有为从《尚书》“敬敷五教”的记载中推论，舜为天子时以契为司徒，总领敷教之事，“必有章程行其敷教之法，必有官属宣其敷教之言，必有堂室以为敷教之地”，而后世庶民之教沦亡，“民于是无由被王者之泽”。因此，教化改革的重要一环，正是重建敷教之制度，即定教章、设教官、建教堂。在康有为的教会论中，教会与学校被明确地区分开来，这一区分的背后，正是前述以德行为旨归而面向所有人的庶民之教与德行、道艺并重而面向士大夫的士夫之教的区分。显然，康有为已经清晰地意识到了一个庶民时代的到来。他意识到现代社会是个庶民时代，不像古代是个贵族社会，所以他批评那些只看到士夫而不重视庶民问题的人目光短浅。我写了关于康有为孔教论的专著，虽然说康有为孔教论的四个阶段都有些不同，但是最早的在《教学通义》里面提出来的这样一个方案，基本上在后来没有大的变化，只是做一些加法或者一些调整，也就是说康有为终其一生都强调要建一个面向庶民的儒门教化制度。

关于康有为，我们就简单介绍到这里，后来的结果是，康有为的弟子陈焕章在这个状况之下也建立了孔教会，而且发起了两次立孔教的国教运动，但都失败了，后来孔教也没有在中国社会发生特别大的作用。也就是说，康有为的做法到目前看来还是失败了。基本说来，儒教与现代中国的关系不再被思考。我曾写过文章，说明这是新文化运动的一个思想史后果，之前大家还考虑这个问题，儒教不只是跟人性有关系，还应该跟政治有关系，在新文化运动以后这个就不考虑了。所以在五四以后，基本上儒教与政治的关切就很少去谈了，更多的是说儒教的教化如何跟我们的道德人心关联起来。那么在这样一个氛围之下，在我看来能够清楚地意识到应该建立独立的教化制度的学者是马一浮。

复性书院是 1939 年在四川乐山成立，在国民政府的支持之下，马一浮在这里讲学近两年，1941 年改为刻书，这时候书院其实已经名存实亡了；1946 年迁至杭州，继续从事刻书，1949 年改为儒林图书馆，1950 年改为智林图书馆，基本上也就结束了，也就是说复性书院如果从 1939 年算起，则存在了 11 年。如果就讲学来说，则也就是约两年。

我们来看关于复性书院创立的缘起。马一浮曾经把他创立复性书院之前和当时的一些政要（很多是帮助他的），以及他的弟子的书信编成一个集子，叫《寒江雁影录》，里面包括他给蒋介石、陈布雷、陈立夫、孔祥熙、屈文六、刘百闵、寿毅成、张立明等人的信函，以及复性书院的简章。从中可以看到，书院的宗旨是“确立六艺之教，昌明圣学。始于读书穷理，反身修德，终于穷神知化，践形尽性。其教学方法，体验重于思索，涵养重于察识，践履重于知解，悟证重于讲说。务令深造自得，不贵一偏一曲之知”。大家读一下这句话就知道其独特性，跟我们现在的大学院系，比如哲学院中国哲学完全不是一个概念。它首先确定六艺之教是要昌明圣学，那就是有个信仰的成分在里面。要求修德，读书穷理的目的是修德，不只是为了知识。“终于穷神知化，践形尽性”，当然只有在圣人的层次才能说。教学方法是“体验重于思索”，是强调体验；然后“涵养重于察识”，当然是朱子学的一个立场；“践履重于知解”，重视的是践履，也不能只是知解；“悟证重于讲说”，你会讲一套，自己没有悟证不行，悟证和体验其实还是相关的，所以总括起来就是要深造自得。

那么什么是他讲的“六艺之教”？

他说：“六艺之教分通治、别治二门，通治明群经大义，别治可专主一经，先通后别。通治门以《孝经》《论语》为一类，孟、荀、董、郑、周、程、张、朱、陆、王诸子附之。别治门以《诗》《乐》为一类，《尔雅》《说文》附之。《尚书》《三礼》为一类，名、法、墨三家之学附之。《易》《春秋》为一类，道家附之。”大家可以看他的架构其实基本上比较靠近宋学，但是又有变化，叫“六艺之教”。他把宋学、理学重视的修德的内容作为基础，《孝经》《论语》作为一个基础，作为一类，将四书这一系放在一起，因为要修德，所以是基础。然后在修德的基础之上，专治某一经，比如说刘增光老师可能现在是治《孝经》，宫志翀老师可能治《春秋》，各有专精，但都得先学习周、张、二程他们的理学。

关于书院的性质，在他的信中也有说明。因为当时是国民政府支持他，所以他要跟当权者讲明条件，他说：“故以为书院性质在现行学制之外，不当隶于教部，不唯与今之学校不同，亦与旧时之书院迥别。诚得政府加以扶植，社会人士加以赞助，当略如佛氏之有丛林，政府与人民同为檀越、为护法，如某者得自比方外，是亦足示国家宽大之美、深厚之意。……而或者乃比之大学文科哲学系，比之国文专修馆，比之存古学堂，则为拟于不伦。审如是，则今之所有者亦既备矣，安用此骈拇枝指为哉！”也就是说如果政府支持我，比如捐助，那么你不能够干涉我的教学，我是独立的，你给我钱，我要，但是那只是赞助，不是说你给我，我就听你的，我不能听你的。然后他举的例子就是佛教的寺庙或者佛学院。

然后他说“或者乃比之大学文科哲学系，比之国文专修馆，比之存古学堂，则为拟于不伦”，都不是这些，我们不做大学哲学系，不做国文专修馆，不做存古学堂。实际上他之所以强调书院是一种不同于现代大学的独立的教化制度，是因为他意识到儒教缺乏独立的教化制度，在现代社会是没法复兴的，他对此有一个反思，这是一方面。另一方面他反对把书院建成类似于大学的哲学系，表明他充分意识到现代大学人文科学和社会科学的局限。就前一方面而言，马一浮认为儒教过去因为不能超然于政治之外，而使其传播大大受限，即使有精舍书院为之助，也难以与佛教、基督教等制度化的宗教相比。

大家看他这段话，他说：“在中土如佛氏丛林，在西洋如基督教会，率皆堂宇精严，规模宏远，容千百众而不为多，历千余年而不为久。此何因而致然？盖佛氏以檀施为功德，欧俗以公益为美谈，故能争委巨资，成就胜缘，润色鸿业，垂范后世有如斯也。儒门淡泊，守约寡营，昔时精舍、书院，往往规制隘陋，资用不充，虽有其人，难为之继，比之外教，物力不如，是以相形见绌。”而且，马一浮分析了“向来儒者讲学不及佛氏出人众多”的两个原因：“一、儒者不得位不能行其道，故不能离仕宦。其仕也，每为小人所排抑。佛氏不预人家国，与政治绝缘，世之人王但为外护，有崇仰而无畏忌，故得终身自由。二、儒者有室家之累，不能不为生事计。其治生又别无他途，不免徇微禄，故每为生事所困。佛氏无此，丛林接待十方，粥饭不须自办，故得专心求道。大德高僧，安坐受供养，然其法施无穷，饶益众生，不为虚费信施，世俗亦不以为非。”马一浮提出了两点重要的考量：其一，书院必须能够解决主事者的“室家之累”，具体措施就是成立基金会以解决经费问题：“书院经费，暂由倡议人筹集，称家有无，以开筚路蓝缕之功。然须为久远计，宜设基金会。基金来源，由个人志愿捐输，略如佛氏丛林及基督教会之制，不由政府支给……其经济须完全属于社会性。”其二，书院必须“不涉任何政治意味”，因此他明确提出要求，“凡在书院师生，不参加任何政治活动”。因为古代书院有时候参加政治活动，会导致书院陷入风险，比如说著名的东林书院。

然后在写作于 1940 年的《复性书院初纪长编之义旨及略例》中，马一浮说明编辑书院初纪长编的意义：“以是因缘，应有纪载，示诸同学，使知作始缔构之艰，贻之后贤，亦为将来损益之助。”一是让来书院的同学看到书院多么不容易；二是今后如果有人还要做这个事情，还要继续这个事情，则可以根据书院之前所做进行损益，所以他是有非常长远的考虑的。然后他还明确指出，古代的书院不同于学校，他的书院也不同于古代书院。他在《复性书院缘起叙》中说：“古之为教者，不尽出于学官。其在学官所守，学有定制，教有常程，求其器能足备世用而止，昔之贡举、今之仕宦者取径焉，诸不在学校之科者无以待之。其有明道之儒，逸在布衣，穷居讲习，或为之置学田、立精舍，士之不务进取者亦趋之，志在淑其身以善天下，学以至于圣贤。此书院所由起，其事本不摄于有司。后乃有官立之书院，专重课试，浸失初旨，然博洽者犹出于是。自晚清改学制，书院久废。民国肇兴，教育制度数有更定，大抵取法欧美，斠若画一，亦既虑之至详，行之甚力，无所事于书院矣。”也就是说，最早的时候书院是和学校相区别而产生的，书院就是为了修德，不是为了科举。尽管后来书院还是被纳入科举里面，但其开端与政府没有关系，只不过是后来又失去了其原先的旨意。

实际上在另外一个文献中，马一浮还举了佛教的百丈禅师的例子。大家知道他制定了百丈清规，马一浮说禅宗是通过百丈清规才变得越来越广大，而儒门在朱陆之后就缺乏一个类似于百丈这样的人物。他说朱熹和陆九渊虽然办了很多书院，但是其实建制都很简陋，没有像禅宗那样做得更好。为什么？因为那时候政治还和儒家结合在一起。佛教就不一样，它的整个的重心都放在寺庙上。所以实际上到了现在以后，书院基本上就没有了，完全变成了学校，这个基本上来自欧美，我们学的欧美。但欧美有教会，我们也没有学这一点。

然后就是他对人文学科、人文社会科学的一个批评。马一浮批评科学、哲学、历史学：“时人所标真理，只是心外有物，自生计较，是以求真反妄。科学家可以语小，难与入微。哲学家可与析名，难与见性。独有自号历史派者，以诬词为创见，以侮圣为奇功，向壁虚造，而自矜考据。此曹直是不可救药，但当屏诸四夷，不与同中国，而乃犹欲诏以六艺之旨，责其炫乱之私，此何异执夏虫以语冰，而斥跖犬之吠尧也。”又批评哲学：“然书院所讲习者，要在原本经术，发明自性本具之义理，与今之治哲学者未可同日而语。贤者之好尚在治哲学，若以今日治哲学者一般所持客观态度，视此为过去时代之一种哲学思想而研究之，恐未必有深益。”批评社会学：“故不明自己性分而徒以观物为能，万变侈陈于前，众惑交蔽于内，以影响揣度之谈而自谓发天地万物之秘，执吝既锢，封蔀益深，未见其有当也。足下‘唯欲’之说，或远为东原所误，近为西洋社会学家浅见所移。将来学如有进，必翻然悔之，望勿墨守以为独得也。书院暗然之业，重在求己，未敢侈言及物。”

但批评并不是说这些学科没有意义。如果读过马一浮的书，大家就知道他的立场是强调六艺统摄一切学术：“六艺不唯统摄中土一切学术，亦可统摄现在西来一切学术。举其大概言之，如自然科学可统于《易》，社会科学（或人文科学）可统于《春秋》。因《易》明天道，凡研究自然界一切现象者皆属之；《春秋》明人事，凡研究人类社会一切组织形态者皆属之。”六艺包括自然科学、人文科学、社会科学。这个说法在现在引起很多争议，讨论很多，但是我觉得大多数都不着调，没有从马一浮自己意图的角度去分析。

对于书院的具体做法，我们看复性书院后来也没有成为类似于寺庙或者教会那种面向一般信众的弘法组织，而更像是为已经有一定层次的修行者提供的一个通过研习经典、阐明义理而助力修行的禅堂或者修道院。所以他有时候也跟人写信说我们不去救国，我们自修，你要想救国别来我这。他把功利放弃掉，不是以改造社会为标榜、以救国为口号，而是自修。但不是说他就完全放弃救国这些社会关切，他的意思是说我们要先修养了以后，才能投身到社会中间，这是个次序问题。

另外一点，就是从复性书院实际的教学实践来看，有时候我们会觉得它的性质有点类似于以培养教化人才为目的的佛学院或者神学院，或者说我们现在讲的儒学院，是为了培养教师、传播儒学的。其实我们儒学专项就有一个希望，即大家以后不单纯是做儒学研究，不光是大学研究，而是还要做儒学的传播者。无论是在政治层面还是在社会民间层面，要做一个能够推动儒学在社会实践中发挥作用的人士，所以儒学专项有一个实践的目的。这一点和复性书院有点像。而马一浮虽然在自己叙述的时候说我们不以此为第一要义，第一要义就是修德，但是他在很多时候的表述中其实也包含这个含义。

至此，我们总结一下康有为的孔教论和马一浮的书院论。康有为对孔教问题的理解，虽然始终不脱离其政治考量，但他提出孔教的最大关切正是庶民之教的缺失，就这一点而言，康、马都一样，都是直面现代社会，为了重建儒教的社会教化功能而探索儒教独立的教化制度。虽然说孔教会后来有所付诸实施，但是也终究式微。式微有一个原因，即孔教会在陈焕章的领导之下，更多地重视祭祀等礼仪，基本上没有重视人心的部分。也就是说，没有把宋学人心的部分给结合起来。就这一点而言，马一浮在复性书院的教化实践就颇有可以取法者。康有为的孔教论，除了重点考虑庶民之教的问题之外，还在政教关系的层面进一步思考了儒教与中国的关系问题。我们只要不再从对现代以来的政教分离原则的合理认可导出国家与民族的建构与教化毫无关系这一肤浅的论断，就能意识到这当然是一个真实的而且重要的问题。

不过，意识到儒教与中国的关系问题是一个真实重要的问题，并不意味着我们一定会毫无现实感地去步康有为的后尘，继续鼓吹立孔教为国教，更不意味着我们一定会简单地提倡回到政教合一的主张。就现代社会与古代社会断裂而带来的政教困境而言，“合则两伤，离不双美”将始终是我们思考儒教与中国的关系问题时应当留意的立论地带。从另一个角度来说，我们对儒教与中国的关系问题的思考不仅不应回避这个张力，还应当有能力承受这个张力。就这一点而言，马一浮强调书院的独立性恰恰是非常必要的，而这绝不意味着他的六艺之教完全放弃了政治考量。马一浮政治思想的旨趣在于：“从前论治，犹知以汉唐为卑，今日论治，乃惟以欧美为极。从前犹以管、商、申、韩为浅陋，今日乃以孟梭里尼、希特勒为豪杰，以马格斯、列宁为圣人，今亦不暇加以评判。诸生但取六经所陈之治道，与今之政论比而观之，则知碔砆不可以为玉，蝘蜓不可以为龙，其相去何啻霄壤也。”据此可以一窥其想法。

三、对现代性的全盘反思与儒门教化复兴的历史契机

第三部分主要是讲我们现代以来的“势”，就是对现代性的全盘反思与儒教复兴的历史契机。这个我就讲快一点，实际上我原来在北大高研院做过演讲，就主要讲这一部分。

现代首先意味着一种时间意识，背后隐含着一种历史目的论，即以个人的独立、解放或者说自由为人类历史的目的。关于自由，大家一定要注意，现代人讲的自由和古代人讲的自由不太一样。古代人讲的自由是说那不是一般人所能达到的，所以要经过不断的学习教化，克服很多困难，你才能达到自由。比如说我不学习，或者说我这个天资就差，我可能根本就无法达到自由，所以自由是你必须经过努力才能达到的一个可能的境界高度。但是现代人讲的自由可不是这个意思，现代人讲的自由是说这是我做人的权利，所以我一生下无论我长什么样，我智力如何，我的气质如何，我就有自由，这是通过权利的观念确定下来的。那么，如果每个人都有自由，都有这个权利，这就意味着自由不是给少数人的，而是给所有的人。

这其实表明自由这个概念背后维护的是平等，只不过是以自由的方式表现出来，也就是说其实平等才是现代性最核心的理念，与此相关的民主也是以自由的形式、权利的方式表示出来的，其实质也是平等。现代意义上的自由意味着对平等的一种独特理解，是作为平等的自由（liberty as equality），平等才是现代性的根本动力所在。

洛维特从历史哲学的角度强调说，以个人自由为归宿的现代性的历史目的论实际上是基督教救赎历史观的世俗化的翻版，这个观念是来自基督教，只是一个世俗化版本。沃格林对他有个批评，说他通过政治思想史的溯源将这一历史目的论看作为现代性的个人主义奠定了基础的“新教原则”的极端化（radicalization），并将其本质厘定为蕴藏于基督教传统内部的灵知主义的一种极端表现形式。

正因为这样，平等才是现代性的根本动力所在，所以我们会发现现代性的筹划里面多多少少都有乌托邦主义的倾向，一切现代性的筹划本质上都具有将超越的理想内在化这样一种倾向，从而具有乌托邦主义的倾向，也就是说都要建立一个人间的天国，这里我就不细致展开了。霍耐特、麦金泰尔都用“民主的生活方式”来概括整个现代性的特点，而这个概括不仅仅指向政治领域，还指向日常领域，这是对现代性筹划一个最简明扼要的概括，只有将政治和日常生活这两端综合起来，我们才能真正知道对现代性所倡导的民主的生活方式的历史性肯定达到何种程度才是恰当的。什么意思呢？大家可以想，在五四的时候强调民主与科学，当时已经是民国了，怎么还要讲民主？大家可以看到五四的时候讲民主的最大的一个方面是要在家庭里实现民主，在父子、夫妇、兄弟之间实现民主。所以这个民主是个微观的政治概念，它不是指政权。所以五四发起的运动其实是说这个民主要推广到我们生活的每个领域，在家庭里面也要如此。

我讲这个意思就是说，我们要怎么来看中国从秦制迈向民主？我认为应该有两个方面：一方面，我们要考虑到从秦制到民主这样一个现代转变的历史进步的意义；另一方面，我们也不能够给它太高的评价。什么意思呢？民主政治试图以自由平等的个人权利为基本理念来建构新的政治秩序，作为一种反抗的形式，所针对的正是以一家一姓之私利私欲为基础建构起来的那个不平等的逐利体系。我专门写过一篇文章来讲，核心观点就是这个，我不详细展开了。也就是说，在儒家经典中强调一个比较好的治理形式，也就是王道。依理学家程子所讲，三代以上“以道治天下”，三代以下是“以法把持天下”。所以我发明了两个概念，三代以上叫做道治时代，三代以下叫法持时代。道治时代就是尧舜和三代，包括了大同与小康。按照儒家这个说法，秦汉以来就是法持天下，不是道治，也就是说，汉代根本的特点还是私天下，这不是儒家讲的公天下。那么我们一般认为现代性就是共和制、民主制，就意味着是从私天下转变到公天下，但是我认为这个是错误的。为什么？因为秦汉之治是私天下的特点，是以一家一姓之私利私欲为标准。比如说最高是皇帝，然后有不同的等级，作为一个个体，你是在维护你的整个家庭的私利，也就说政治的基本架构是基于私利私欲，这和基于仁义之政的三代之治有质的区别。大家知道《孟子》一开篇就讲义利之别，王道一定是仁义之政，而不是以利益为本的，而秦汉以后是以利益为本。

那么现在的民主制实际上仍然是以利益为本，不是以仁义为本。为什么还说它是进步？因为它贯彻了平等的原则。过去是不平等的体系，皇帝得到的最多，低一级得到的次之，这是一个不平等的逐利体系。现代性是说，理论上大家都应该是一样的，没有皇帝了，所以每个人都应该有权利追逐他的私利私欲，所以是个平等的逐利体系。那么这个平等的逐利体系相对于不平等的逐利体系来说，有进步意义——从不平等到平等。但是既然都是以利益为本的逐利体系，那么它的层次就不会太高，就不能够等同于王道。所以我们需要给它一个恰当的定位。

从秦制到民主制的进步，其实就是从一种以家为单元的、不平等的逐利体系转变到一种以个体为单元的、平等的逐利体系的那种进步。也就是说，民主共和制相对于秦制来说呈现出明显的历史性进步，但根本上仍然背离于儒家经典中的政教理想（即对应于尧舜和三代的作为帝、王之道的大同与小康的政教理想）。我们只能将民主时代作为法持时代的一个新阶段来加以看待，而不能将其与道治时代相提并论，更不能认为民主时代超越了道治时代，这是我们基于儒家立场对民主共和加以历史性肯定的最大限度和恰当分寸。

对于现代社会的问题，麦金泰尔说："这种不具有任何必然的社会内容和必然的社会身份的、民主化了的自我，可以是任何东西，可以扮演任何角色、采纳任何观点，因为它本身什么也不是，什么目的也没有。"这与古代那种要通过共同体来获得自我的身份认同完全不一样。在古代说你是谁，你是某某人的儿子女儿，这个很重要，你是某一国的国民都很重要，现代社会把这个全部否了。麦金泰尔已经雄辩地证明了，个人想要在共同体的存续与发展中走向繁荣，需要各种各样的美德，而启蒙运动以来基于个人自由的道德筹划不再将美德作为主要关切，而是用规则代替美德，最终将过去一直维系着人类群体生活的美德传统边缘化乃至抛弃。也就是说古代重视美德是说你要追求卓越，美德的核心含义就是卓越，卓越就是你在一个共同体里面能够发挥更重要的作用。比如说我们一个集体，你做领导是大家认为你比我能力强，你比我更有美德。但是现代社会不是，现代社会说不需要美德，我们需要的是规则，大家都遵守规则就可以了，所以美德要么是被边缘化，要么就是被抛弃。所以在伦理学里面，康德式的义务论就代替了亚里多德式的美德论，这是一个非常强的对现代的批判。

退一步说，我们毕竟生活在现代，自由也是我们想要的，怎么办？那么我们就必须面对现代性不可调和的两歧性——自由与美德。什么意思呢？就是说现代性从一开始就不可避免地处于一种精神分裂之中。自由对应于人类追逐利益、满足欲望的本性，其现实的后盾是从目前看仍不可代替的市场经济。美德对应于人类过群居生活的本性，并不会因为古今之变而丧失意义。由此来思考，会对传统类型的共同体在现代的命运有新的认识。

一方面，现代性基于其核心理念，依然确立其整套规则与制度，以合法的权力规范改造各种传统类型的共同体；另一方面，传统类型的共同体要维系与发展，就需要不断发扬传统的伦理资源，以抵御现代性的侵害。既要接受现代性的规训，又不能斩断其植根于传统的伦理基础，这使得现代共同体必然呈现为一种冲突的结构。也就是说，如果我们既想要自由又想要美德，那么人必然处在冲突的结构中间。

如果从更积极的意义来看待现代共同体的这种冲突结构，那么我们其实可以得出结论说，现代共同体必然是或最好是一种耗散结构（dissipative structure），必须通过不断地发扬——从而也是消耗——传统的伦理资源才能扭转现代社会的熵增加过程。这里所谓现代社会的熵增加过程，正是以传统共同体的消亡作为终点来衡量的。如果现代社会能够成为一个开放的系统，那么传统的伦理资源所能产生的能量，就是导致现代社会不断突变、远离无序而走向有序的根本动力。反过来说，一旦传统的伦理资源消失殆尽，现代社会就可能因此而沦为一个封闭的系统，从而面临解体的威胁。实际上从以往的历史我们也可以看到，在现代化取得很大成果的地方，往往也是传统伦理资源最深厚的地方，除了欧美，然后就是东亚。从中我们似乎也可得出结论说，与现代社会的建构原则存在着不可化解的冲突的传统伦理资源对于现代社会的繁荣和发展恰恰是不可或缺的。也就是说，至少得把传统的这些伦理资源作为推动维系现代共同体的一个资源，这个有点像一个空调外机，你这个体系里容不下它，但是你必须在外面挂一个空调外机，否则里面的空气会越来越污浊、越来越差，最后以至于死寂。你必须要换气，靠传统给现代换气，换好的空气。

这样分析之下，在古今转变过程中最重要的问题是什么呢？我将此概括为古今转变过程中的双重弃绝：对自然的弃绝与对超越的弃绝。

对自然的弃绝，是从目的论转变到机械论。麦金泰尔说："17—18 世纪，当亚里士多德主义对自然的理解遭到抛弃，亚里士多德的影响被新教和詹森派神学所清除的时候，亚里士多德对人类行为的论述也被拒斥了。'人'不再是我早先所谓的功能性概念，除了在神学内部——并且在那里也并不总是如此。对行为的说明逐渐被视为无非是揭示作为行为之基础的各种生理的和物理的机械作用；因此，当康德意识到，在任何承认道德律令对行为的主宰作用的论述与任何诸如此类的机械论式的解释之间有一种深刻的不相容性时，他不得不得出结论说，服从并体现道德律令的行为从科学的立场看必然是不可解释的和不可理解的。康德之后，诸如行为的意向、目标和理由等等观念与各种厘清机械论解释之观念的概念之间的关系问题，成了哲学的恒久课题的一部分。"也就是说，我们过去是把人看作一个目的论的人，然后理解他的行为。那么经过这样一个古今的转变，对自然的看法变了，牛顿力学之后，我们对人的行为的看法也是考虑人的机械的作用，就是什么东西影响了我的大脑，然后导致我什么行为。最典型的，大家可能都知道有行为主义，通过动物然后研究人的行为。

那么对超越的弃绝，其实是和对自然的弃绝连在一起的，也与近代科学革命有关，就是否认一个创造的最高神，它的实质目的是要把大写的人确立为新的神。古代无论是中国还是西方，都是强调有神论的，都认为有一个最高的神、超越的神，现代是要把它斩去的。换句话说，现代性非常典型地表现在弑神、弑君、弑父，这三个是同步的，你要把君主杀掉，把父亲杀掉，把这两个都杀掉，就是把神杀掉，这是同步的。所以查尔斯·泰勒认为现代被标识为或自我标识为“一个世俗时代”，哈贝马斯将现代性问题直接概括为“在宗教衰落之后寻求替代物的问题”。一个比较全盘的批评来自沃格林，他将弃绝超越的内在主义诊断为灵性封闭，认为现代性、现代人就是处于这样一个境地，或者说是染上了一种严重的灵性疾病，把自己看作神，实际上也失去了敬畏，所有的价值都因此失去了。这是对现代性的一个批判性分析。

虽然说我们在这一部分实际上主要是批判现代性的，但是大家也听到我前面其实对现代性还是有一定的肯定的，还是肯定了它的历史进步意义。从根本上说，不论是肯定还是不肯定，我们都不能摆脱，因为我们就身处其中；如果我们有一点现实感，我们就得面对现实。

四、独立教化制度的创建与儒学研究的范式转移

在这样的情况之下，我们进入第四部分，也是最后一部分，涉及独立教化制度的创建与儒学研究的范式转移。我认为，在考虑了儒门教化过去的教化制度和学问形态的沿革，考虑了现代性的这些问题，以及我们在什么程度上、什么分寸上可以肯定它、批判它之后，我们可以从以下几个方面去理解新的教化制度的确

立和儒学的新形态的一个构想。

首先是儒家教化，我们需要建立独立的教化制度。儒教传统设置教化制度的方式是因自然而敷教，不是去创造独立的制度，是放在家庭里，放在祭祀礼仪中间，放在社会中，放在政治中，而不是自己去搞一个独立的制度。是放在君主制里面，放在清明节或者说过年祭祖的时候，这是一个自然的层面。

现代性的最大特点就是弃绝自然，也弃绝超越，但是我们从西方视角来看，那种以超越为导向的教化传统，因为有独立的教化制度，所以并没有因为现代性而完全被剔除。尽管我们知道它被边缘化，但是它仍然在社会中保留下来了，而且在有些历史学家看来非常重要。比如说，汤因比有个重要的观念，他说在基督教的世界，教会就是文明之蛹，就是说将教会的文明的含义看得比帝国、比政治还高。所以我认为在直面现代的处境时，我们要考虑建构独立的儒家的教化制度。其实也不是完全没有依托，在我看来，重新把书院和孔庙建构起来，书院应当建立成儒门信仰者的精神团体，书院的全部活动就是传习孔子的经典，发扬儒家教化信仰。换言之，书院纯粹因孔子而立，为孔子而立。

那么对于信仰者来说，他们带着超越性的关切内在于这个世界。既超越又内在的双重身份，落实于责任意识，就表现为天命的责任，涵摄和深化公民的责任。也就是说，个人对儒教的信仰是双重的，从身份上说他既是一个信仰者，同时也是公民，然后以书院来塑造社会，以社会来影响政治，走这样的一个迂回的道路。那么孔庙作为祭祀孔子的场所，礼仪的重建也可以放在孔庙之中，这就相当于康有为所说的孔教会。

其次是与这样一个独立的教化制度相对应的儒学。在我看来，现代以来我们知道儒学的研究和传习基本上放在大学里边，尤其是放在哲学系。余英时在评价胡适的《中国哲学史大纲》时说，这意味着儒学也是中国哲学的一次范式转移。如果我们用到儒学上，那么我们可以说那是儒学研究的一场范式转移。而现在，我们要提倡儒学研究的另一个范式转移，这一范式转移在我看来有四个方面：第一，儒门教化必然尊经，即认为经典根本上超越于时代——经典一方面能向每个时代学习，另一方面也能够对每一个时代提出挑战。这样一种经典意识的建立以及对经典何以为经典等关涉儒门教化成立的基础性问题的回答，都需要经典儒学的研究作为支撑。第二，儒门教化也重视经典在历史中的落实过程，即传统，因此需要展开历史儒学的研究。第三，儒家如果作为一种活的信仰落实于大大小小的群体，就必须对当下的生活即时代所提出的问题做出回应，因此需要展开系统儒学的研究。第四，儒学作为一种社会教化，需要考虑实践层面的具体问题，因此需要展开实践儒学的研究。将上述要求落实于制度，即要建立一个包括经典儒学、历史儒学、系统儒学和实践儒学四大研究门类的儒学院。

仔细想想，这其实和古代的学问仍然是有关系的。比如说，经典儒学其实跟古代的经学承担的功能是类似的，但是因为有时代的变化，所以有一些调整，在很多方面要发生变化。历史儒学相当于我们过去就讲的史，说经学、史学，但是有一个巨大的变化，过去的历史是以中国为一个主体，当然其实中国也是现代史学的一个角度。如果是以儒门教化为核心来讲，历史儒学写作的主体就应该变成儒教，而不再是中国。系统儒学相当于过去的子学，或者比如说宋明理学所呈现的形态，比较靠近哲学的形态。实践儒学就相当于具体的一些实践层面的东西。也就是说，前三个其实也就是传统的经史子学在现代处境之下的一个变化。最后因为你还要服务于社会，所以还需要实践儒行的团体。在儒门教化的实践领域，社会功德是一个重要的方面，因此出于儒门教化精神的感召而建立起相应的社会功德组织就顺理成章了。也就是我们一般讲的社会的公益组织或者志愿者团体，最终你要服务于社会。也就是说，如果在儒学、儒教和儒行这三个方面建立起三套制度，也就是书院、孔庙（包括礼仪制度），再加上儒学院和儒行团体，儒门教化独立的教化制度就形成了，与此相应的儒学的新的学问形态，就应该以刚才我讲的四个门类作为基础来展开。

整理者：钱玉玺

第八讲

生生论：传统思想的新名称

主讲人：安乐哲
北京大学人文讲席教授

大家好！今天讲座的主题是“生生论：传统思想的新名称”，我的发言将分为三部分：第一部分是关于比较文化解释学（comparative cultural hermeneutics）的方法。这对我来说是很重要的切入点。第二部分我要用这个方法来分析“ontology”（本体论、定位论、存在论）和“zoetology”（生生论）的区别。“ontology”是关于存在的科学（the science of being），being 是一个实在（reality），是已经存在，是存在本身，没有什么创造性。而“zoetology”是开放的，是创造性的思维方法。第三部分，我要以唐君毅——一位非常有思想的学者——为例，谈他的“人性”概念和我们当代对人性理解的不同之处。

一、比较文化解释学的方法

首先，我们要对“human being”和“human becoming”做出区分，“human becoming”是一个动词而非名词。我们有两种思考方式：实体本体论的思考方式和生生论的思考方式（ontological thinking and zoetological thinking）。对此我想做出两点说明，第一点是“ontology”其实也是一个新名称，柏拉图、亚里士多德他们并没有使用过这个概念，这个概念直到 17 世纪才开始被使用。第二点，这不完全是中西哲学比较，因为到尼采证明“上帝已死”的时候，便标志着后达尔文主义西方哲学叙事远离了实体本体论的深刻“生生论转向”。但是西方存在的最大问题是我们的语言决定了我们要讲实体本体论，印欧语系都有本体论思维的基础。所以，当尼采要讲生生论的时候，他要用文学的方式把他的思想表达出来。海德格尔、怀特海也是如此，他们要创造一种新的语言（叙事），所以西方讲生生论不是一件容易的事，我们西方人的常识（common sense）依然是实体本体论思维。

普遍的人性观念背后隐藏的即是所罗门所谓的“超越性的幌子”，这种思考方式在普遍主义、观念主义、理性主义、本质主义、基础主义、客观主义、形式主义等话语中都存在，是一种“所予神话”。以所罗门所说的“超越性的幌子”为共同目标，这一幌子从普遍人性的概念开始，并以多种方式被重复：普遍主义、理念论、理性主义、基础主义、客观主义、形式主义、逻辑中心主义、本质主义、神学思维、存在的形而上学等。

所以我们平时谈到的方法论，是理论性的抽象，例如哲学方法、逻辑方法、类比思维等，这些都是用理论来解释我们的经验。我则是要从杜威的直接经验主义假设（postulate of immediate empiricism）开始，以此作为我自己的比较哲学方法的起点。杜威排斥二元论思想，二元论对杜威来说是谬误，所以直接经验主义假设是要避免理论和实践的二分，赋予实践以首要地位。

杜威的直接经验主义认为，我们做哲学研究，如果要了解我们的词汇，如主观（subjectivity）、精神（mental）、正义（justice）、邪恶（evil）等是什么，我们就要从这是什么经验（what is that experienced as）开始，比如对于正义，我们不要从遥远的抽象原则开始，我们要从日常生活来看正义的经验是什么。所以在杜威看来，作为抽象的哲学概念和理论的替代方案，所有这些哲学术语都必须被理解为经验意义的“那”（the “thats” of experience），这个是什么、那个是什么，要从当下经验（the hadness of experience）开始，杜威的直接经验主义和经验本身有密切关系，经验是协同式的（collaborative）、无边界的（unbounded），始终是主客不分的。

普特南也是一名实用主义者，他也有相同的想法，他认为：“在我看来，实用主义的核心——即使不是皮尔士的实用主义，也是詹姆斯和杜威的实用主义——是主体视角的至高无上。”也即是说，实用主义的要义是强调主体视角的优先性。从他的立场来看，主体非常重要，所以我们不能在承认我们的经验的同时，却又说这个并不是真正的事物本身；我们不能说我有这样的经验，而这并不是真正的经验。经验就是实在（experience is reality）。古希腊最大的问题是把知识论和实在联系在一起。而事实上，实在就是我们的经验，即使是错误的经验也仍然是实在，是一个萌生；如果没有错误的经验，没有错误的实在，就没有真实的实在。一切都是实在的。知就是一种经验。英文的知（knowing）其实很奇怪，英文的知是我知道或不知道，是非此即彼的，可是这并不是我们真实的经验，因为认识一个人是一个缓慢的过程。所以知是一个过程，而不是知或者不知。

所以我们用杜威的直接经验主义来理解第二个哲学传统的时候，要避免文化化约主义（cultural reductionism），我们需要采用的是比较文化解释学方法。解释学的出发点是承认在经验中获得理解的意义结构之间的解释的相互依存性。意义总是既有主体性的方面，也有客观性的方面，二者相互蕴含。所以伽达默尔强调视域融合（the fusing of horizons），经验就是视域融合，经验包含了我们的主观活动和客观经验，所以每一秒钟都是一个视域融合。而不同文化比较的解释学提供给我们一个更为丰富的诠释机会，因此，努力去理解我们自己，也就可以理解其他文化，与此同时，我们要努力在这个过程中变得越来越自觉地意识到我们自己带来的假设和目标，我们还必须尝试去理解我们所不知道的东西。我们要多了解我们自己带来的伽达默尔所谓的偏见（prejudices）。这个偏见不是坏的东西，不是成见，偏见帮助我们了解对象，可以进行对比和联想，所以伽达默尔使用偏见一词的时候，他并非意指盲目的偏见，而是相反，是在明确揭示出理解我们对自己的偏见的认识有助于而不是阻碍我们对我们不知道的事物的洞察力的提升的意义上来说的。所以在伽达默尔那里，理解总是发生在诠释学的视域中，而且比较文化解释学方法能够扩大意义的范围。所以最后，我们可以说，思维总是类比的，我们始终要把两个东西联合在一起思考，进行类比思维；类比可以产生联想，也可以产生对比，我们可以从两者中学到很多东西。比如亚里士多德讲目的论，他以逻辑作为通往真理的重要方法，与此相比，我们会看到源于《周易》的过程宇宙论并不认为有固定的开始与终结，因此也就不主张有严格的形式同一性，所以就这方面而言，亚里士多德的思想与中国这些没有什么太大关系。但我们还可以从其他方面入手，亚里士多德的实践智慧和培养自己养成优良习惯的思想，和中国哲学中“知行合一”的思想有着相应性。这是一个联想，所以我们既有对比也有联想，有对比性类比，也有联想性类比，两者都有用处。

除了联想和对比，我们也需要对“批发”和“零售”的比较（wholesale and retail comparisons）加以区分。如果我们用基督教、海德格尔的思想来研究《道德经》就是批发型的，因为海德格尔和《道德经》是两回事，所以这是对读者的背叛。强硬和强加的理解会破坏研究对象。“零售”的对比是说，如果我们用海德格尔的“Dasein”“there being”谈自然、德这些不同的概念，是有帮助的，我们可以在“零售”的对比中找到一些有意义的东西。因此，类比非常重要，而如何使用这一方法，是我们面对的挑战。我的导师刘殿爵先生享誉国际，他翻译的《道德经》已经售出几百万册。在外国谈《道德经》《论语》《孟子》等，都绕不开刘殿爵。他很早就把诸多中国经典翻译成英文，他的英文比我好，有英国口音，非常可爱。他对希腊文、拉丁文、德文、日文都有所学习。在我跟随他读博时，我们还一起去佛教寺院学习巴利语。那么，他为什么对语言有这么大兴趣呢？不是因为他要做一个多语言学者，而是因为他认为语言反映了不同的世界观、思维方法，这些都沉淀在语言中。如果对某一种语言有了解，那么这就是了解某种文化世界观的“门”，由此可以进入这种文化，了解其思维方法。

葛瑞汉同样认为不同的文化有不同的范畴和概念结构，而且我们要认真探究其中的区别。如果把古代希腊的本体论和中国《易经》中的过程宇宙论搞混，就会出现严重的模棱两可。他认为中国哲学的宇宙论，是主张相互性的、阴阳性的，没有什么超越永远存在的原则，没有超越性的来源。但是有很多西方学者想把中国的天、道提到超越性的地位，他们不知道道和人是分不开的：“道不远人”“人能弘道”“道行之而成”“本立而道生”。道不是一个已经存在的完整的东西，每个时代都要参与弘道的过程。“天人合一”是互生性的关系，不是天生人而人不生天，天人之间的关系是第一秩序的关联（first order relationship），不是两个东西联合在一起，而是一种关系，以丰富和繁荣为旨归。

二、本体论与生生论

席文警告我们，不要用“either-or”这种非此即彼的简单的比较方法。同时，他也认为，“人类惊人的创造力似乎是基于一小部分想法的排列和重塑”。所以一方面，我们不能非此即彼，但是另一方面，存在一些非常重要的“偏见”（伽达默尔的 prejudices）。所以我们要问，不同文化各自的“偏见”是什么？在我们基于古希腊和中国世界观的思维方式中，潜在的相同点和不同点是什么？它们各自的“偏见”是什么？这些不寻常的假设的最深文化层面是什么？在西方哲学叙事中，实体本体论是居于第一位的“偏见”，其影响非常大，实体本体论和逻辑学、认识论、伦理学都相互关联。“Human being”这个概念，现在我们有个人主义的意识形态，个人就是本体论的一种想法，本体论是绝对的思维方式（categorical thinking），是概念化的一种思维方法。

最近我们和山东大学举办一个会议，主题是“Who is Chinese?”。对这一问题有两种不同回答，英文中对于一个问题我们常常说“耶稣会怎么说”，而我的回答是“孔子会怎么说”。所以我的报告题目是“孔子会怎么说?——每个人或多或少都是中国人”，大家觉得这个有道理吗?

如果用本体论思维，是绝对的，是非此即彼（A and not A）的，那么中国传统思想中的“人”则不是个体的东西，而有一个生成的维度，是由关系构成的。所以，中国的概念是焦点（focus），是生成性概念。我们说韩国、日本、越南等，也都是如此，是焦点。而国家、政治的身份是抽象的。事实上，我们人类是一个生态系统（ecology），是没有什么边界的。我 18 岁来到香港，和中国开始产生联系。一方面，我原来是加拿大人，然后移民到美国，但另一方面，我住在日本几年、住在中国几年、住在欧洲几年，我个人感觉，我是一个美国人，可是我和中国、日本等也有密切的关系。所以不要有绝对性思维，每个人或多或少都是中国人、美国人、乌克兰人等，这个是非常重要的。本体论思维和柏拉图追求正式的定义、亚里士多德的关于什么（what）的知识逻辑，都有密切的关系。

黑格尔在他的百科全书前言中提出问题：哲学从哪里开始？黑格尔认为，哲学没有其他科学意义上的开端，所以哲学的开端只与决定搞哲学的主体有关。我们最大的责任不在于哲学史，不是搞哲学史，而是要哲学化（philosophize），要用文化创造新的意义。在黑格尔之前，《亚里士多德全集》第一篇《范畴》的第一个问题是"人是什么"（what is a man），所以亚里士多德的第一个问题即是"人是什么"。他的目标是什么？是说如果我们要完全了解我们的对象，我们怎么通过问所有需要问的问题来全面了解它。我们怎样才能对任何事物有全面的了解？我们要用问题来认识对象。可是"what"这个问题，就什么是人而言，和别的问题不一样，"what"即"what is"，"is"的拉丁文是"*esse*"，"*esse*"是"essence"。是说如果理解了它的本质的话，我们就理解了它。所以，"what"这个概念能够让我们了解一个对象的"essence"，然后我们可以问人在做什么、人从哪里来等一系列问题，但是"what"是最基本的问题。

那么，中文语境下最基本的问题是什么？如果我们要全面了解温老师，问"what is Wen"好像不可以。我们要了解他，他从哪里来，他在哪里获得博士学位，他的导师是谁、学生是谁，要知道他的故事、叙事。所以"what"是本体论问题（ontological question），而中文的问题是生生论的，是关于他从哪里来和到哪里去。这是一个区别。

在亚里士多德那里，有质料和形式的第一实体（primary substances）是独立的，每个都是自给自足的，人的思想是自给自足的，所以他的身份和他的关系没有关联。他基本的身份是自己的，他有自身的完整性。柏拉图讲身份是形式决定的，但是亚里士多德讲形式和质料两者结合在一起才是身份。所以他们之间存在不同。这是古希腊的本体论思维。

现在我们要转到中国的生生论，《易传》中谈到“生生之谓易”。生生不已、生生不息就是说生生没有什么时空边界，把“生”提升到最高的高度，“天地之大德曰生”。所以生生论以生活和成长为出发点，并优先考虑生命关系的构成性质。其中，关系性（relationality）不是说我们先有一个东西，又有一个事件，事件和关系都是第一序的，事件不是次要秩序，两个同样都是首要秩序。把一个人作为一个个别的东西是抽象性的，事实上，一个人是一个叙事，是关系构成的一个事件，所以儒学的宇宙论和杜威的实用主义两者都是直接经验主义的。而唐君毅讲得很清楚，他说：“中国哲人言世界，只想着我们所处的世界。我们所处的世界以外无其他的世界……中国的哲人说世界不说我们的世界是‘一世界’，亦不说是‘这个世界’，而只是说世界。”所以唐君毅说的世界是一个动名词，是 worlding，不是一个东西，不是这个世界或一个世界，而是自然而然的 world。

唐君毅也认为“中国人心目中之宇宙恒只为一种流行，一种动态；一切宇宙中之事物均只为一种过程，此过程以外别无固定之体以为其支持者（substratum）”，不存在一个本体。所以用本体论谈中国哲学，有点像用上帝来谈中国哲学，显然，超越的上帝和中国传统没什么关系。所以，唐君毅也说：“然就一具体存在之有生，而即言其有性，则重要者不在说此存在之性质性相之为何，而是其生命存在之所向之为何。”

所以如果谈人，如果谈事件，则“一多不分观”是非常有趣的洞见。每一个人有其全息的焦点主体。李约瑟也提出：“这种中国过程和有机的宇宙论有它自己的因果关系和它自己的逻辑。”这种区别十分重要。亚里士多德的因果关系非常简单：动力因、质料因、形式因、目的因。这是亚里士多德的四因说。因果思维（causing thinking）非常重要。

可是，中国传统宇宙论有其自然的因果关系，自然是什么意思？我们现在对自然这个词的使用受到西方文化影响，“nature”和中国原本的自然概念是两回事。自然的“然”是当下的事物（present thing），而“自”有三个不同的意义。首先，这种自然因果关系意味着“自我”过程中的“自我”肯定是独一无二的，它是一个持续的、特定的身份。其次，这个“自”身份有内在和外在的维度，既在外部被感知，又从内部自觉。正是因为我们具有外部的被感知，所以这种存在的自我意识从内部前瞻性地协商其“自”身份，在其环境条件下设置和维持其视野具有投射性（projective）影响。海明的《道德经明意》谈“自然之意”，这个“意”的概念似乎是说道家哲学有着与西方目的论不同的另外一种目的论。我们知道本体论的目的论（ontological teleology）是什么，我们也知道经验一直是完成性的（consummatory），经验一直要找到一个“门”（closer）然后再开，所以我们需要另外一种目的论，这个就是投射性的。所以“自”这个概念受到外在的影响，可是我们也有我们的一个方向，也有我们的一个贡献。所以这个内在自觉的“自”是非常重要的。最后，由于这个“自”身份是由一个无界的关系领域构成的，所以这个“自”是由它在各种关系中实现的结合的质量构成的，这些关系共同使之坚持如此，即事物自己的“然”。意思是说每一个具体事物都由其他有关系的事物的支持才成为如此这般的，每一事物都在任何事物之中。就是那么简单。我们是关系构成的，这个关系也没有什么边界，整个宇宙都在每个事物中。同时，你与其他事物的关系的质量，就是你的“然”，就是你是谁（who you are）。亚里士多德的逻辑有严格的同一性，每一样东西都是复制（duplicated）每一个范畴。如我们都是人，是因为在分类的意义上，每个人都有一样的东西。

中国的逻辑跟亚里士多德的不一样，没有那个一定的本质（essence），所以生生论逻辑（zoetological logic）是生成性逻辑（generative logic）。李约瑟说这是中国自己的逻辑，我个人认为这有些太绝对化了。皮尔士认为演绎和归纳不能超越其前提条件，皮尔士想要将推理变成一个创造性的事情。所以他创造了一个新词“abduction”，“abduction”是创造新意义的一种推理。皮尔士想要的是一种可以产生新想法的推理。

三、对生生论的进一步阐明

接下来，我想与同学们有所互动。我想请同学们帮我念我课件中的中文和英文翻译，这是我想进一步讨论的，赵汀阳的想法和我所谈的生生论、本体论的区别的方向是差不多的。

当代哲学家赵汀阳在他所作《惠此中国》一书的导论中提供了一种关于本体论和生生论区别的观点：一种存在是如何被创作的？这意味着，对于具有自觉意识的存在（人类社会和文明）而言，存在不再是如其所示（as it is）的自然存在，而是具有历史性的历史存在，于是，存在（to be）的问题转换为等价于“因作而在”（to be made to be）的问题。“作”就是去创造一种存在的历史，也就是使一种存在成为不可还原（irreducible）为一般存在概念的历史性存在。

非常重要的是“因作而在”。赵汀阳有的时候用“作”，有的时候则用“事”，来将此表达出来。

中西两种形而上学的问题各异，但皆为深刻的思想。在思想主旨上，西方哲学是关于必然性的思想，而中国哲学是关于可能性的思想。在思想结构上，西方哲学是对世界的“字典式”解释，试图建立界定万物的决定理解，简单地说，就是断定“什么是什么”，一切观念皆为在／是（being/is）的注脚。

所以赵汀阳一方面要做一个比较，另一方面也说，虽然尼采认为本体论思维是一个思维的谬误，但是这个谬误性的思维方法也有它的成就，如有民主、现代科学、人权等不同的成就，即尽管这种思维方式是错误的，但它仍有其重要的结果。

中国思想则是对世界的“语法式”解释，力求形成对万事万物所生成的关系（天与人、人与物、人与人）的协调理解，尤其重视关系的互相性或万事的合宜性，即古人所谓“变通”、“和”或“中庸”，李泽厚精练地将其概括为对“度”的把握，在这个意义上，所有成问题的事情都是“可能性”的展开：变化、生长、未来、不确定性、互动性、合宜性、互补性……

这种“语法式”的解释，和类比有密切的关系，就是类比思维。一方面，语法（grammar）是科学的了解，是语言科学；另一方面，语法也具有艺术的作用，我们可以用语法创作诗歌。所以其也是一种关联性的工作。

进一步说，变化乃天道自然而然。人道问题首先正是生生，而生生的第一步便是生长，这正是中国思想演化线索的始发点。生长之事，必求生长之物深根固柢而使存在获得生长的依据，因此生长首先要扎根。生长和扎根这两个隐喻表示了中国思想的行径。

孝是一种生生的文化传统的代际传承，我们可以了解孝的概念是扎根和生长的一种表现。

生长的艺术是一种存在论，而不是物象的艺术（fine arts），但生存的存在论也同时显示为美学证据，所以孔子说“成于乐”。这似乎暗示着，生长的形而上之道总能够显形于形而下之器，于是，生长是一种欢乐，与生长相关之万物也成为欢乐之源。由此可以理解为什么六经中便有《诗》《乐》两经与美学经验直接相关。乐并不限于音乐，而泛指一切美学经验，但贯穿着音乐性，与天道变化节奏同步便是生长之乐。

生命本身的意义，就是优化成长的条件。教育、道德、美丽都是关系发展的美学。因此，生生是乐的一种形式。在万物相互关联的生生中，这种繁荣（thriving）成为生生之乐的来源，也就是说，对万物相互关联的生生感到乐。这就解释了为什么在六经中，《诗》和《乐》与美学直接相关。“音乐”并不局限于音乐本身，而是在所有审美体验的一般意义上使用。有一种贯穿其中（permeating）的音乐性，与天道的节奏变化同步进行，这是生生的音乐。

所以这是关于审美艺术性的生长。如果问道德究竟是什么意思，则那个道德只是关系生长的一个概念。所以我们现在要转到第三部分。

桑德尔是哈佛大学著名的政治哲学家，他要表达希腊理想主义目的论对我们常识的影响多么大。他认为："谈论人性（human nature）往往是暗示一种经典的目的论概念，与普遍的人类本质概念相关，在所有时间和地点都是不变的。"所以这是关于人性的联想。孟子说人性善，荀子说人性恶，都说人都能成圣。我们应该如何理解这一问题？葛瑞汉要求我们区分希腊物质本体论和中国过程宇宙论，他坚持认为，将希腊的目的论假设投射到孟子的"人"概念上的"性"一词的为人所熟悉的翻译"human nature"，导致了西方学界对孟子深刻而持续的误读。不仅西方人而且很多中国人将人性翻译为"human nature"，中国学人也受到这种误读的误导。

唐君毅解释"天命之谓性，率性之谓道，修道之谓教"说："所谓天命之谓性，非天以一指定命运规定人物之行动运化，而正是赋人物以多多少少不受自己过去之习惯所机械支配，亦不受外界之来感之力之机械支配，而随境有一创造的生起而表现自由之性。"

唐君毅认为，我们不能把人性作为一个本体性的本质，性的"生"是非常重要的。我们人类可以改变我们的习惯，可以抵抗外界的影响，所以，性是自发自由行动的能力（capacity to act spontaneously freely）。

唐君毅又谓："依吾人之意，以观中国先哲之人性论之原始，其基本观点，首非将人或人性，视为一所对之客观事物，来论述其普遍性、特殊性或可能性等，而主要是就人之面对天地万物，并面对其内部所体验之人生理想，而自反省此人性之何所是，以及天地万物之性之何所是。缘是而依中国思想之诸大流，以观人之性，则人虽为万物中之一类，而不只为万物之一类。"唐君毅排斥绝对的、分类的思维，即认为人是一样东西。他要讲的是，人和万物是分不开的，是一多不分的。

唐君毅又谓："中国自然宇宙观中，共相非第一义之理。物之存在的根本之理为生理，此生理即物之性。物之性表现于与他物感通之德量。性或生理，乃自由原则、生化原则，而非必然原则。盖任一事象之生起，必由以前之物与其他之交感，以为其外缘。而一物与他物之如何交感或交感之形式，则非由任一物之本身所决定。因而一物之性之本身，即包含一随所感而变化之性。”

所以唐君毅的重要想法是：第一，性是“生理”；第二，性离不开与万物的感通（interactions），“性”不是本体论的、本质性的，而是生生的、功能性的。

唐君毅言：“且物必愈与他物感通，而后愈有更大之创造的生起……个体之德量，由其与他物感通，新有所创造的生起而显；亦由时时能自觉的求多所感通，求善于感通，并脱离其过去之习惯之机械支配，及外界之物之力之机械支配，而日趋宏大。但此非一般物之所能，唯人乃能之耳。”

所以，“性”和自由、创造、发展有密切关系。

唐君毅言：“然就一具体存在之有生，而即言其有性，则重要者不在说此存在之性质性相之为何，而是其生命存在之所向之为何。”“人之现实性不必能穷尽人之可能性，而欲知人之可能性，亦不能如人之求知其他事物之可能性，而本推论与假设以客观知之；而当由人之内在的理想之如何实践，与如何实现以知之。即对人性有知，自亦必有名言概念，加以表达。然此名言概念，乃顺此所知，而随机以相继的形成。”

依此，人性不是一个已经被决定的东西，我们要慢慢寻找到一种新的语言把我们自己的感觉表达出来。

唐君毅说：“如西方人之 property、characteristics、propensity 及 essence 诸名之所指，皆是一定之性相性质或性向。然吾人若由人之面对天地万物与其所体验之内在理想，而自反省其性之何所是时，是否可言人有定性，则大成问题。因人之所面对之天地万物与理想，皆为变化无方者……中国思想之论人性，几于大体上共许之一义，即为直就此人性之能变化无方处，而指为人之特性之所在，此即人之灵性，而异于万物之为一定而不灵者。”

最后，我们可以看到，唐君毅、赵汀阳对人性概念的理解，和西方本体论意义上的“human nature”是两回事儿。西方本体论和中国生生论的区别，有着至关重要的意义，值得进一步深入研讨。谢谢大家。

整理者：袁传志、关　欣

第九讲

经史传统与中国文明

主讲人：张志强
中国社会科学院哲学研究所研究员

今天的讲座题目“经史传统与中国文明”，是我一段时间以来持续关心的主题。我们哲学所还做了一个长期的系列会议，也办了系列丛刊，就叫“经史传统与中国哲学”，所以对经史传统提得比较多。我自己也比较偏爱这个概念，当然不完全因为我本科是学历史的，还跟我对中国文化与中国哲学传统的认识有关系。

一、如何重新认识中国，重建文化自信？

我希望能够避免单纯从经学或者史学的角度，或者从中国哲学的主流宋明理学的角度来理解中国的哲学传统，乃至中国的文明传统。我想还是能够用经史传统这个概念，基本上把中国文明、中国哲学的核心原理说出来。特别是，这也不是一个局限在中国哲学内部的原理。我这些年经常提出，有没有可能从中国哲学出发来探讨中国的原理？而从中国哲学出发来探讨中国的原理，一个非常重要的中介就是经史传统。义理学的问题可能还是跟个人和世界的关系有关，但是义理学自身也是经史传统演化而来的，是时代变化产生出来的形态。而义理学是中国哲学的根本价值、核心价值的集中表达，这个价值也是内蕴在经史传统当中的。

所以经史传统这个概念可能比较完整地勾勒或刻画出了中国的原理——中国文明的内在的道理。如果单纯从经学出发来理解中国的原理，那么不可避免的态度是，会用一种所谓不变的价值、恒定的价值来观照甚至批判现实，也就是会找到一个镜子、一个标准，来衡量当下中国或者现实中国距离这个理想的中国的距离。当我们把史学的视野引进来之后，会看到中国其实是始终内在于原理之中的，而且内在于原理之中的中国是不断变化日新的。这即是说：它处在变化当中，但它能不断把自身收摄为中国，不会让它变。这个不变的部分，是作为原理的经学的部分。同时它又能够因应时代变化，日新月异，有新的形态产生，不断地创发出自己的当代形态。从这个意义上讲，就是中国史学的精神。这两者合在一起，才可能构成中国原理的完整部分。我们既不会站在一个别处来观照它，觉得它不是它了；也不会始终觉得在变化中，一味地求新。这两个态度都可以避免。经学使史学的历史变化有自己的主体性，而史学会让历史的变化不断收摄到自己的内在原理当中，不至于瓦解整体性。这是我对经史传统的一个基本的看法。我认为经史传统内蕴着义理性价值，一定意义上讲，也构成了作为一种独特文明类型的中国文明的内在原理。

那么应该怎么理解中国哲学这个概念？中国哲学这个概念，不能单纯用西方哲学史上的任何一个形态来比拟。中国哲学在什么意义上是哲学呢？实际上不是在希腊形而上学的意义上，而是在中国的义理学的意义上构成了中国自身的哲学传统。义理学传统所表达的义理性，要与希腊关注的真理概念有所区分，它构成了一个独特的文明类型，与哲学的类型、宗教的类型都不同。为什么可以有这样的文明的类型？这其实和经史传统所打造的中国文明完全具有内在共属的关系。

从经史传统的角度也能很好地理解中国的原理。从这个意义上来看，当代中国也就是题中应有之意。当代中国不是另一类型的中国文明，它仍然在中国文明自身的原理当中，是这个原理的一个当代形态，甚至可以说是现代化的形态。习近平总书记在“七一”重要讲话里的一个最新提法，就是中国特色社会主义创造了中国式现代化新道路和人类文明新形态。后来在《中共中央关于党的百年奋斗重大成就和历史经验的决议》里把“中国式现代化新道路”的“新”字去掉了。就是说，创造出的现代化道路实际上还是中国文明的现代化形态，所以我们现在也特别关注人类文明形态和中国文明新形态的关系问题，通过中国文明新形态的创生，带来人类文明新形态的结果。中国文明新形态一定是中国文明自身的形态，我有一个比较极端的说法，它是一个“化现代”的结果，而不是“现代化中国”的结果。在这个意义上讲，中国在自己内部纳入了很多现代因素，但仍然是处在自己文明的肌理里，因应自己时代的、文明内部的瓶颈问题，包括时代的、世界的问题而创生出的现代的形态。它由于扎根于古老文明的根基中，因而具有更广泛的适应性、示范性。西方现代文明的特点，是通过某种“先知革命”的方式实现现代和古代传统之间的断裂，这和西方文明的自身特点也有关系。我们的现代化应该是更深地扎根在自己古老文明基础上的自我更换。理解中国的现代化，就是要在自身的原理中实现现代更生。不断更化、不断更生是中国文明最根本的特点。它是中国文明生命体自身的更生和更化，而不是在这个文明体之外又有新的，这样就形成了自己连续发展的文明体。钱穆先生有一篇文章《建国信望》提到中西文明的对比，他认为西方文明是播种者，中国文明是栽根者。栽根者会不断地向下扎根，不断向上生长，可以根深叶茂；播种者可能散在四处，到处开花。这就形成了不同的文明的原理。

我先做一个解题，从经史传统角度来理解中国文明，以及梳理我对中国文化的一些不同看法，希望大家能理解我做这个研究的现实来源。前面大概提了一些经学或者史学的看法，还要谈一些认识中国的不同的态度和方法，从这个角度来讲当代中国的问题，也跟今天时代的需要有关。

我们讲“四个自信”，即中国特色社会主义道路自信、理论自信、制度自信、文化自信，2021 年又加上了一个“历史自信”。现在中央的一些文件里面又谈“文明的自觉”。我觉得这几个新概念的提出，形成了对中国文明道路的整体性意义的更高自觉，对中国历史漫长道路的自身整体性也有了更深刻的把握，对中国文明连续发展、创新发展、创造性转化的文明道路的内在原理有了更高的自觉。当代中国发展到今天，在文化上取得的非常重要的成就，关乎中国未来的发展，关乎中国的国运。如果文化自信建立不起来，文明发展或国家发展的主体性就会欠缺。经济独立、政治独立和文化独立，对于我们这个文明有重要意义，一个很重要的目的就是重建历史自信。“文明的自觉”很重要，这是高度具有文化政治意味的知识行为。

习近平总书记在《在纪念毛泽东同志诞辰 120 周年座谈会上的讲话》中提出“接续奋斗”的历史观，就是让我们不断突破当下处境，与久远的历史建立起深刻的联系，让我们能够突破改革开放的历史、革命的历史、百余年的近代史与几千年文明史之间的隔绝的状态，能够找到贯通的原理来看待这些历史。“接续奋斗”的历史观是“历史自信”的重要前提。《春秋》学特别是《公羊》学里有一种叫“拨乱反正”的历史观。在历史时代变化的时候，为了论证自己时代的正当性，总是会用“拨乱反正”的乱和正的辩证法来看待上一个时代。为了能够开辟新局面，这也是非常必要的历史发展环节。钱穆先生在《孔子与〈春秋〉》一文中，特别提到《春秋》和《周礼》两部经典在中国历史上的政治文化功能。在经过了《春秋》学的“拨乱反正”之后，很快就会进入《周礼》时代，一个继往开来的时代，完成从破到立的转折。“拨乱反正”后要“守正创新”，要全面“继往开来”建立起新时代的规模。班固的《汉书》就是对汉代在中国历史上的地位有所把握和认识，与《史记》相比，它有适应自己时代的更高的历史自觉，它有自己的历史、文化、政治的功能。这种历史观可以让我们获得一种通史性认识。今天的时代，很多人也会说，过去你们都是批评孔子的，为什么现在又把孔子抬得这么高？变化为什么这么大？这个大又说明什么？是不是在否定自己？为什么说它不是否定自我？就是因为对历史的认识是不断深化的，时代的任务也是不断变化的。每一个时代的任务都是借助前一个时代奠定的历史前提，朝着下一个历史目标发展。我们有了历史目标，所以看待历史的时候才可以把它贯通为一个整体。

这种贯通历史整体的方式能够突破小我。对历史的矛盾认识，与主体的自我封闭状态有关系。历史的打开状态，是突破小我，对不断发展的历史观和不断成长的主体性的认识。这种历史观的结果是，能够时刻打开小我，确立一个比较大规模的主体性。要能够突破某个特定时代看待历史的方式，用“源流互质”的方式打开小我，与历史形成更大规模的内在融合，融进历史洪流。突破小我的限制，历史观就会通达起来，才能获得对历史的通史性认识，摆脱时代和时代之间的价值否定性的关系，开启“接续奋斗”的历史关系。我想经史传统的历史原理说的就是这样一个道理吧！

二、重新认识中国的态度和方式

有几点需要特别强调，与以往的历史研究所内具的态度不同。大家基本认为，历史研究是科学的实证研究。丁文江先生经常说的一句话就是“拿证据来”，这是实证主义的典型态度。他们都是贡献非常大的学者，我们不是去否定他们的历史功绩，而是试图站在另一个角度，来调适他们这种历史认识的态度。傅斯年先生在《历史语言研究所工作之旨趣》里提到“上穷碧落下黄泉，动手动脚找材料”，也是实证主义的态度，这种科学的态度对历史学的发展非常重要。当时张东荪先生特别提到科学和历史的区别。历史的研究对象和科学的研究对象，有一个根本的不同。我们知道科学把自然、研究对象从时间状态中抽离出来，把它们平均化，这是认识的必要的前提。但是历史认识的特点是，这些东西都是时间性的，都是一次性、不可重复的。找到了再多证据，也都无法还原已经发生的事情，不是一句简单的“拿证据来”就能解决历史认识的终极问题。历史学不是单纯地去发明事实、发明真相，而是去寻找意义。历史的对象是一个充满意义的世界。这是历史认识和科学认识不同的地方。

面对社会科学的对象，一定要知道那是一个意义的对象。当然也要有找材料的能力，但有一个前提性的东西要确立起来，我特别强调要有“论古必恕”的态度。章学诚有两个词特别好，一个是“论古必恕”，一个叫“临文必敬”。“论古必恕”是说，在进行历史认识的时候要有“恕道”，就是“忠恕之道”的“恕道”，也就是“己所不欲，勿施于人”。要有设身处地的能力，到古人的境界里面去。后来陈寅恪先生表述为“与立说之古人，处于同一境界”，能够神游冥想，获得同情的了解和感通，才可能达到意义的真实环节。某种意义上，道德感和意义感是获得对真实意义的认识的重要前提。认识论和道德并不是矛盾的，道德可以开辟出认识的新境界。张学智老师讲“大良知”，良知其实是有更高的认识功能，与“论古必恕”都是匹配在一起的。章学诚也是内在于阳明心学的系统里面讲史学，所以“论古必恕”和良知学也是有联系的。

或者我们换个角度，用钱穆先生这句特别有名的话：“对其本国已往历史有一种温情与敬意”。“论古必恕”的态度和“温情敬意”的态度，就是要避免历史虚无主义的偏激态度。实证主义态度似乎把主体给掏空了，道德感或者“温情敬意”其实是一个主体的状态。面对历史的时候，有一个价值的前提和位置感，而不是尽量掏空自己去认识事物。我在最近写的那篇小文章里面，提到韦伯对社会科学的认识，其实韦伯要复杂得多。后来很多人在批评实证主义的时候都说到韦伯。韦伯是深刻的，他其实是受了尼采的影响。用施特劳斯批评韦伯的话讲，韦伯对事实的认定背后有一个特别强大的意志，这就是尼采的权力意志，这恰恰成为了科学认识的理性的前提。海德格尔也有一些揭示，所谓的客观性背后，还是有种不可回避的求意志的意志作为它的前提。这个问题是要正视的，如何回避作为求意志的意志的权力意志的独断性和主观性？中国文化在历史认识中发展出一套客观性的认识，就是“论古必恕”的“恕道”。它既是主观性的、价值性的东西，又可获致对历史的尽量客观的把握。这就是“恕道”在历史认识态度上和实证主义方法的不同。

就具体的方法论来讲，是“对象决定方法”，这是侯外庐先生在论述章太炎思想的时候提到的。张东荪也特别提到了“对象决定方法”的说法。这与意义认识的特点有关系，与实证主义的“学无中西”的方法论有一个对比。“学无中西”的方法，是王国维提出来的。当然，我们讨论的是他们的某些提法本身包含的问题，并不是说在运用方法的时候不具有复杂性，其实王国维有复杂的历史认识在背后支持着他。

还有一种是“恕道”支配下的“源流互质”的方法论，这也是从章太炎那里化用过来的一个概念，它与马克思讲的“从后思索”是非常接近的方法论态度。“源流互质”是一个主体生成的机制、意义生成的机制。主体的生成，是在当下、现在和未来的循环中形成的自觉。设想什么样的未来，就会去考虑什么样的开端。而开端总是一条道路，甚至曲折都构成一种必要的曲折。其实在“从后思索”“源流互质”的方法论里，打破自我封闭的主体，建立起不断成长的主体，与现象学里面的东西都有关。汪晖老师有一个概念叫“内在视野”，和这些方法论之间都可以沟通。

引申出来的结果就是，尽管中国人对中国的认识所在的立场不一样，但这种主观性并不必然带来客观性的缺失。只要持有“源流互质”和主体自我成长的态度，以“论古必恕”的“恕道”作为支撑，就可以获得对自己历史“致广大而尽精微”的认识。靠“实事求是”的态度，只有虚心，只有“恕道”，才有更加全面的“致广大而尽精微”的历史认识的能力。它并不必然带来客观性的缺失，而可能会带来更高的客观性，对历史认识有更加全面的把握，产生出更符合历史实际的认识。经史传统的原理的获得，要靠哲学性方法论的突破才可以做到。做哲学的人喜欢反省一些前提，不会在一些既定的方法论预设之下进行工作，总是想在思想方法上有所突破。赵汀阳老师写的一篇文章讲，哲学上其实可以用十几个方法来概括不同的哲学体系和流派。哲学，不管有什么样的体系创作，最终都要表现为一种认识、思想方法的创新。思想方法的变化，会带来历史认识的改变。

三、如何认识中国及其历史道路的文明史意义?

我想从中国的开端的角度理解中国的原理。海德格尔对开端的论述对我们特别有意义，一个开端其实是道路的开端。它不只是个开始，不是一次性的过去，开端是始终贯通在后续发展的时时刻刻，否则就不是开端而仅仅是开始。最近我们也特别关注韦伯的“发展史”概念，它跟“演化”概念的不同就在于它不是在追求历史的法则性，而是试图给历史一个解释性的把握，这与我们对开端的把握有联系。开端后续的贯通就是“发展史”，它是由一个哲学基础构成的。

讲中国的开端也要和几种误区来论辩。我自己的研究怎么获得主体性和位置感？不是单纯的实证态度，而是意义充满的状态，要与内在时代有关系，要处在对话关系里面深入时代，看到时代的一些问题。与一些错误的认识进行论辩，可能是加深我们对自身的认识的一个重要前提。我概略地总结了几种关于中国历史的认识误区。可能很多学者并不完全同意我的这些讲法，也可能跟他们的价值观不一样，但我还是坚持这些看法，因为“论古必恕”之后可能对历史的认识也更加丰富一些。我们不是站在历史之外，而是有历史的内在视野，这是历史认识的基本前提，所以会对那些不能够设身处地理解中国，对中国的历史认识不够全面的看法持不同的意见。

比如有代表性的“专制国家论”。其实莱布尼茨、伏尔泰这些人对中国的评价都是非常高的，可是到孟德斯鸠之后突然就改变了对中国的认识，这和欧洲自身发生的变化有关系，与他们自己从“拨乱反正”到他们所谓的“继往开来”的变化有关系。他们“拨乱反正”是要反宗教的权威，这个时候中国是一个帮手。之后他们要确立起自己文明的正面价值时，就把中国作为敌人。所以这和时代变化有关系，跟他们自身内部的变化有关系，故而对中国有一个翻转性的认识。翻转性的认识当然还有黑格尔的“停滞国家论”的说法，当然也有他自己的背景。我们的基本认识是，中国肯定不是停滞的。中国是强调变化的国家，怎么会是停滞的呢？停滞是从黑格尔自己的角度来看的，我们是连续发展的，这个连续性让他感觉到好像是不动的，可是自身连续发展就不能说是停滞。黑格尔对我们的文明的原理、历史发展的原理认识不够，才会形成这种观感。如果今天来看整个欧洲和中国的关系，则可以用一种更广大的世界历史观组织到一个共同的历史世界运动里面去。下一步我们要做的工作就是怎么通过一个更广大的世界历史观，把整个世界历史真正融为一个内在的发展的历史状态。这可能是在确立起中国的原理之后，进一步理解世界时的一个追求。

还有日本的东洋学的中国观。我们不否认日本的东洋学所取得的历史成就，不过其也是需要检讨的。历史学有一个特点，经常会因为发现新的真相就否定以往的认识，一个点的认识会否定一个面的叙述。也可以说，一个真相的发现要支撑一个新的意义的叙述。这些地方要检讨，所谓的客观实证的真相的发现背后，都支撑着一种历史叙述，而历史叙述本身是要检讨的。在日本的东洋学里面，对中国影响深远却至今没有检讨清楚的，就是大陆与海洋对立模式、内亚与中原对立模式。这两个模式对中国的影响很大，比方说京都学派的“唐宋变革观”。它是一种把中国理解为仅仅由汉族构成的小中国从而把内亚和中原对立起来的叙事，它与“内亚史观”提出的骑马民族建立的国家之间成为对立的关系，这不符合中国的历史实际。关于“唐宋变革”，中国历史上的史学家谈得也很多，但老一辈的多数史学家并没有把宋代看成现代民族国家或者汉族中国的产生时期。当时的内亚民族对中国历史和中国原理的文明扩张做出了巨大贡献，中华的原理也依然可以成为内亚民族用来建立整个中华世界的政治文化原理，所以不能够用一个民族国家意义上的小中国来看待中华世界的大中国的原理。大陆、海洋的区分更是如此，这其实和停滞论等说法都结合在一起。中国肯定并非只有海洋，中国还有大陆，广阔的不同的区域之间构成了多元的整体，要从一个更具内在视野的角度来理解它们之间的关系。

另外，还有“家族国家论”的问题。“家族国家论”的来源与谭嗣同的说法有关系。谭嗣同说“二千年来之政，秦政也”，这和梁启超讲的二十四史是二十四姓之家谱如出一辙。从家天下的角度来理解中国所有的封建历史，这一说法并不恰当，我们要有一个更加符合历史实践的把握。日本学者尾形勇对中国王朝体制的分析，对这个问题有所破除。我讲到天下原理的时候会讲这个问题。

针对这几种错误的认识，希望大家在阅读历史的时候也要有这样的意识，比方说现在出的一套日本“讲谈社”的中国史，在中国的影响非常大，也有剑桥、哈佛的中国史。当然有很多实证研究特别值得我们肯定，但背后的历史叙述我们确实要心里有数，要跟认识的误区进行论辩。

探究中国所以为中国的原理，大概是从两个角度：一个是历史的角度（“通史观”）；一个是空间的角度（“大一统观”）。

很多学者讲史学就是相对主义、瓦解价值，这是因为不知道中国的历史观不是实证主义的历史观，而是“通史观”。史之所以可以通，就在于有不变，把变化的东西纳入一个不变的系统里面来，所以它不是瓦解，不是相对主义。中国文明的一个核心焦虑可能就是面对变化时候的焦虑。怎么把握变化，既是焦虑又是最通达的地方。我们始终面对变化，所以会对变化有通达的把握，这其实是一个历史的胸怀、历史的事业，也是一个更强大、更广阔的历史主体的出现。此外，中国文化的特别之处，为什么跟宗教类型、哲学类型完全不一样？就在于我们用“通古今”的方式来“究天人”，而不是用宗教或者哲学的方式来“究天人”。以“通古今”的方式“究天人”，就使得通史具有天人相关性，有超越性、整体性的事业在里面，恰恰是通过通史实现这种超越性。这种超越性不是向上超越，而可能是一种向前超越，通过向后的视野来实现向前的超越，通过向下的超越来实现向上的超越。向下超越是鲁迅先生讲的，也是王国维先生整理出来的意义，可能比内在超越的提法更丰富、更复杂。还有就是从空间的角度讲的多元一体的“大一统观”。空间的一统是我们可以直观感受到的，中国不是一个普通的国家，它是把天下作为自己内部原理的国家。把多元容纳到一体里面，与把变化融入时间的一体性里面一样，这两个原理是相互配合的，既要纳多元为一统，又要纳变化于通史，这是我们理解中国原理的基本方向。

现在讲中国的开端。我们是做哲学的，对历史一直有哲学性的探求。我们当然不是做考古学的研究，但会从考古学知识里面找到一些具有理论启发性的点，来构造中国的开端的原理、创生的原理。开端，就是创生、诞生的意思。法国的很多理论对这些问题都有很好的讲法，还有马克思的“从后思索”。开端的特别性在于破除了一个自我封闭的主体，把主体当成一个结果而不是前提，主体是一次次主体性进化的结果，而不是所有历史展开的前提。从主体性进化的结果来寻找开端，这就是自我的起源，也是一个意义生成的机制。历史最有哲学性意义的地方就在于自我的生成、主体的形成。意义的生成要通过“通古今”的方式来获得，这是方法论的前提。

对中国的开端的认识也有两点需要澄清：一是文明的起源与文明的形成是两个不同的概念。我在读考古学研究著作的时候，遇到一些困惑，就是在中国土地上发生的文明起源的因素和中国文明的形成有什么关系。大家很少讲中国文明的形成，基本上在用文明的一般理论来探讨中国文明的形成。最近我看到考古所的老所长王巍先生在《历史研究》上发表一篇重要文章，提倡从中国的考古学实践里面探索中国新的文明理论。这篇文章我觉得很有价值，他特别提到，不能够再用那些来自欧洲、西亚、地中海世界的考古学证据或形成的理论，来衡量美洲和中国考古学的发展形态。这个提法特别有必要，因为还是用所谓国家的形成，特别是用文字的形成来衡量中国文明的形成，有没有文字成为文明形成很重要的因素。而中国在很多地方是没有发现文字的，但是其文明程度很高，确实取得了很大的成就，比如城市的遗址、宗教礼仪性的建筑，还包括农业生产的发达程度，这些都不能仅仅通过所谓有无文字来确定。对于研究中国哲学的人来讲，是不是能够通过对考古学的实证性研究做一个理论探讨，去寻找一个从中国出发的文明理论呢?

区分文明的起源和文明的形成，特别是要把在中国土地上的文明因素的起源和中国文明的形成分开。对于文明因素的起源，当然各地都有新石器时代考古的遗存，有太多的文明因素。但是中国文明的产生，并不单纯能够用这些文明因素的起源来说明。苏秉琦先生被考古学界认为是特别有理论能力的学者，他对中国的早期有一些非常有创造性的设想和理论洞见。苏秉琦先生特别讲到“原生型”和“次生型”的关系问题，可以把在中国土地上出现的文明因素看成原生型的因素，而作为形成中国的文明的力量，应该是“次生型”的结果，不是“原生型”的东西。用他的话讲，中国其实是“满天星斗”。关于中国新石器时代，过去比较主流的是“中原中心说”“满天星斗说”“多重花瓣说”。最重要的一点是要解释在中国大地上的文明因素如何最后导致了中国的统一的大规模形态的出现。大中国文明的形成，是以中国的国家形态的出现作为它的标志。解决这个问题的前提是，理解多元因素如何凝聚为大规模政治体的问题，而这个大规模政治体的形成就是中国文明的形成。我们这样来规定问题意识，所以不是单纯去讨论考古学遗存，而是从考古学的文明因素起源里面来看，真正的中国的开端就指那个大规模政治体的开端。而这个大规模政治体的开端是一个更高的文明，这是中国文明的出现，比新石器的文明提升了一个阶段。当然考古学界有六大文化区系说，现在也有很多新的说法，就不多介绍了。但是还是要使用“原生型”到“次生型”的提法，苏秉琦先生认为中国最早出现的国家应该在红山，我觉得也有一定的道理。苏秉琦先生其实用了柄谷行人的一个说法，柄谷行人《世界史的构造》一书很有理论想象力，他提出的一个新说法是“国家的产生是来自另一个国家的产生”。怎么理解“原生型”和“次生型”国家的关系呢？我就是用这句话来理解的：文明演进的历程到了国家形态的出现时，其实国家形态是个无比强大的人类组织，这个社会组织形态一旦出现，由于它高度的政治组织力，就使得任何其他的形态，比如部落、酋邦没有办法对抗它。其他的形态只有两个选择，要么学习它的国家组织模式，要么成为它国家组织的内容。韦伯对西方的分析比较有启发性的地方在于，不是把现代化看作任何社会都会经历的法则性的东西，而是将其看成只有在西方才出现的特殊的事例。但韦伯会说，这个特殊的事例具有世界历史的效果，原因在于它具有像国家这样的强大的力量，它给别的国家、别的社会设置了一个吊诡性的情境，就是要么通过理性化成为现代的——这个过程是通过隔断自己跟自己母体的关系来实现的，要么就是被彻底地征服。韦伯讲的世界历史意义和我们理解的国家形态的出现也有类似之处。一个东西具有普遍性，有其传播力，可能没有什么道理可讲。在面对它的时候，怎样能够抵御自己与母体隔断？很多国家都不成功。而中国其实做到了在内部的主体中实现了自身的现代，这一点可能更具有示范性。

我们套用苏秉琦先生“原生型”和“次生型”概念来讲国家的产生，一个国家的产生是另一个国家产生的结果。问题是一个国家产生出来之后，其实有一种扩张欲望。中国为什么不是这种局面？中国为什么不是欧洲？欧洲在罗马之后形成了很多小的民族国家，与查理曼帝国的分裂有关系，后来再没有出现过更大规模的统一形态。两次世界大战都出自欧洲，用张文木先生的话讲，欧洲的板块是破碎的。今天俄乌战争又是在欧洲发生，它内部的紧张关系和碎片化的构造是有关系的。后果就是，用福柯的话讲，形成国家之后，领土国家的形成是实力的边界。如果形成了实力上的平衡，那也就会形成多国并立的战国形态。那么另一种形态就是不断地通过扩张的方式吞并成为帝国，但帝国往往很难把自己的内部多元性彻底地消化。

既然中国的国家形成是次生型的，那么有没有可能有另外的因素，就是如此大规模的国家不是通过征服出现的，而是在面对具有中国规模的问题的过程中出现的？一个国家首先要面对一个他者，形成中国这么大的规模的国家也是需要有和中国差不多体量的国家作为他者才可以。可历史上没有出现这样的状况，那么中国这么大规模国家的出现，是面对什么样的他者的挑战呢？可能是一个具有中国规模的问题。这是我的理论设想，关于这个规模的问题，苏秉琦先生也讲治理大洪水跟中国的出现的关系。在中国大地上洪水是新石器时代多元文明体共同遭遇的问题。共同遭遇的问题出现之后，使得必须团结起来共同面对、共同解决。从这样的一次性的危机的克服中，创生出了更大规模的国家形态，那么对这个危机的政治解决就产生了中国规模的政治体。而为什么这个规模的政治体出现之后，虽然问题消失了但它并没有解散？因为如果问题消失了会有彼此之间的新的问题出现，就有可能出现分裂的状况。可是为什么古代中国会把这个大规模的统一状态当成一个本然的状态？注意，我们不说它是理想状态，而说成本然的状态，认为就应该在一起，彼此间再有矛盾，也还应该在一起。这是理解中国原理的第二个维度，就是我们的道理到底在哪？这就与经史传统有关系。我的一个大胆假设，就是受到了像洪水这样的天的挑战。

汉代有灾异的说法，但是灾异并不意味着天就是恶的，它是一个变态而不是本然状态，本来应该是天人和谐的，给我们提供生养的条件。条件的丧失是天的变态，或者它生气了、愤怒了，觉得你们都不好，违背了天的要求，这是经学里面的理解。实际上考古学里面也有些说法。七八年前，青海发现过一个大规模的堰塞湖，它的形成很可能与五帝时代的洪水有关。那个堰塞湖形成的时间很可能正是五帝时代，可以推想那个堰塞湖的形成造成了黄河的改道，也形成了黄河的灾难，引起了黄河流域所有新石器时代的多元文明体共同面对的难题，才形成了一个团结的、统一的共同体来面对天的挑战。大家有共同的意识，所有人都和这种共同的连带感的形成有关系，彼此就不是对立的关系，而是连带的关系，是彼此依靠的关系。把所有能够认识到的人都连带在一起，这就是天下。而中国就与天下的形成是同时性关系，意味着天下有了一个秩序。天下的产生与中国的产生是一样的，都指这样的连带秩序的出现。这是理解中国开端时候的一些理论说法。这是一个无所不包、无所不在、至大无外的共同体世界，即一个天地的共同体、自然的共同体，把人组织在一起应对天的挑战。应对挑战不是人定胜天，而是要让天地恢复常态与内在和谐。这个自然共同体通过人的努力与天合作，实现天地的政治共同体。天下人的团结和天地之间的和谐，其实是一体两面的事情，这就是“天下共同体”概念的出现。我们现在讲的“人类命运共同体”是“天下共同体”概念的现代版，这是中国文明一开始就内具的基本价值追求。由于有这样的天下的、自然的共同体和政治共同体，由于它需要有故乡的连带和团结，也要有人和自然、天地之间的和谐共存，来形成天地的本然状态，因此就有了一种团结的价值观的出现。团结，就是不断地用价值连带的方式，或者伦理的方式来结合，人与天地也会变成伦理的关系。到宋明理学后期表述成天地就是父母。“天下一家”的共同体就是用“家”的形态来描述刻画它，其实就是把它伦理化了。

由此带来的一个认识的态度是，我们看待价值的方式是从团结出发，从和谐出发，从内在一体性、伦理一体性出发来看待人和世界的关系、看待自己和他人的关系，立足于天地来看待人，立足于人的整体来看待个人。这种基本的方法论，自从中国产生就变成了基本的价值观和世界观。它不是抹杀个体，而是认为个体有机地内在于整体当中；也不抹杀多元，因为多元是有机的前提，不能是单一的同质化，必须是多元性才能是有机性的状态。就像天地间鸟啼花落，鸢飞鱼跃，山峙川流，都有各自的特点，但构成了天地的整体，表达了共同的价值追求，蕴含价值原理的可能性。在这个意义上，张载特别强调天为主、人为客的态度，人要通过一种修养的方法来克服人的小我的主体性，获得天地的主体性，其原理都是一脉相承的。这些大道理，我觉得还是有一些历史的、理论的意义在里面。

我们也为这种理论想象找到了一点根据。司马迁的《五帝本纪》里面说："非好学深思，心知其意，固难为浅见寡闻道也。"对历史还是需要有"好学深思，心知其意"的部分，不是说"拿证据来"就能解决的，需要靠理论构建形成一种历史叙述。这是我们的一个目标，也是我的学问追求，特别期待对中国文明有自己的一套历史的、理论的叙述。一方面，我们要在哲学上对自己的价值的表达形式和表达形态有更自觉、更主动的表述，把它和哲学与宗教的方式既相关又不同的那部分给揭示出来；另一方面，我们又要把这个揭示放回历史的理解中，转化为一套对中国原理的历史叙述。

天下和中国的内在联系，有一个很好的例证，就是"求中"观念的出现。"求中"就是陶寺里发现的圭尺。我几年前参加了孙庆伟先生主持的许宏先生与何驽先生的一个讲座，我当时拍了他们讲座的一些图片。其中讲到圭尺的问题，就是圭表测影，在中国陶寺时代就发现了"求中"的观念，中的概念就是寻找地中，找到天人沟通的最近的点。夏至影长为 1.5 尺，即今天登封告成，这就是周人所求之地中。地中要建成都城来跟天地沟通，王作为特权者，有权力、有资格在那个地方同天沟通。

最近我想，"中"这个概念已经是中国王权形成的象征。王权的形成和"求中"的观念之间有一个表征，一定有意识形态的突破，有一个前提性的东西。为什么中国会是这样的形态？为什么经史传统是这样一个形态？很重要的一点是政治体的出现，而政治体的象征就是有大规模王权的出现。王权有着将大家团结在一起的作用。为什么王权可以持续地存在，最后没有消散？为什么没有因为问题的消失而失去了、瓦解了又变成多元的状态？我有自己的解释，也需要一些理论构建在里面。《国语》里讲“绝地天通”这个概念，也讲到了之前“民神杂糅”的状态。“绝地天通”改变了“民神杂糅”的状态之后，把巫设官分职加以管理。为什么可以有政治权力管理这些有神通的萨满巫师？这些人是很有权力的。韦伯在研究里特别提到先知革命的意义，先知都是政治评论家，通过对历史的超越性的建设形成一套对现实的评价。而这个评价由于有神圣的东西来支撑，就可以形成一次革命。从犹太教到天主教，到基督教、伊斯兰教，亚伯拉罕的宗教理念就是一次次先知革命的结果。先知革命的后果就是不断地产生革命，带来政治稳定性的丧失，同时会形成新的政治状况。其实，先知革命使得教权始终主导政治权力。我们中国一开始就设官分职，把巫师做行政化的管理。行政的权力到底从哪里来？这个权力的出现是理解中国的关键，这种政治力量怎么获得？中国文明的奥秘可能跟这有关系，我觉得跟“功业”的概念有关系，就是取得功劳。比方说洪水来了，把大家团结在一起，应对了这个危机，这就是一个造福于全体人民的伟大功业。功业的出现是王权的理性来源，它实际上造福了人民。光有政治的能力让大家团结起来应对危机取得成功还不够，它还塑造出一套新的象征体系。这套象征体系是说，我们之所以能够成功，是因为最终代表了天的意志，代表了天的想法。那么这个功业就反过来证明了，我们具有通天的能力，具有更高的象征能力、神权或者宗教的能力。实际功业的出现使得我们具有了通天权，通天权的出现使我们的政治能力和通天权结合，可以用政治权力去转化、管理各地的先知，把他们职官化，就控制了他们的革命的动能。这种通天形态的出现不是宗教权力，因为它的前提是政治的功业，是从政治出发的宗教的设计、宗教的创造，而不是来自个体的超越性经验转化而来的政治的权力。

当然，转化肯定和集体的、民族的苦难都有关系，也不是纯粹的个人事件，它的表现形态是不一样的。这种政治宗教的创设是我们这个文明基础性形态的发生，这是理解中国的一个角度。那么“求中”就和通天权有关系。谁有这样的资格？只有王才有，这就使他获得了天的权威的加持，使得他可以去管理“民神杂糅”。所谓“杂糅”都是和小神而不是和天通的，只是地方性的小神，比如树神、河神之类的“民神杂糅”。整个中国大地上有很多神婆、神汉，但没有成为宗教的权力，这和我们古代有非常理性化的政治宗教的创造、象征系统的创造有关系，跟象征系统下的政治权力有关系。这是我们讲开端的意义，有这样几个层次。

四、三代的历史与理想

我下面讲三代理想，就是历史和理想的问题。将历史和理想结合在一起，与我对经史传统的把握是有关系的。三代当然是一个历史，考古学界很多学者也不承认有夏朝，但不是说商之前没有一个大规模的“广域王权国家”——借用许宏教授的说法，只是说规模和文明程度已经很大很高了，但不能叫夏，因为没有证据。这是从“拿证据来”的意义上讲的，也并不是否定之前文明的发达程度。我特别能理解这种说法，但是我要从经史传统角度来讲为什么不能没有夏。

这也是我的历史观的产物，我对经史传统有一个基本的看法，除了《春秋》之外，三代的历史大多都是六经的素材，六经来自三代的多种政教文献。我不主张把六经打上书名号，六经是对三代政教功能进行分类认识的结果。章学诚《文史通义》中，除了《春秋》教之外，写了《易》教、《书》教、《诗》教、《礼》教四教。他从教的角度来讲，不是把政治和教化分开，而是把三代政治形成的传统作为后世政治传统的来源。政治传统需要通过教育传下去。在教育过程中，原理性工具会被提升为与人的状态相关的原理性的东西，所以也会变成教育的内容。我觉得政教传统不是把政治和教化混合在一起，而是说政治本身就构成了一个传统，只要构成了传统就有了教的意义。所以章学诚问，周公和孔子的关系怎么来理解？不能把孔子理解成与周公不一样，二人只是由于时代不同承担了不同的使命。可是，孔子所传的是周公之教。周公之教来自周代的政治，周代政治文化的结果就是政教。阎步克先生有一个政治文化的概念，政治文化就是政教功能。从这个角度来说，六经是对政教功能分类的认识，是对三代政治有比较全面的把握之后形成的原理。六经是一些文献，孔子对这些文献进行了整理之后，才出现了所谓六经。前提是存在这些政教文献，但整理的过程就有了原理化的可能性和原理化的追求。所以我说，六经是早于儒家的，但六经又是通过孔子变成儒家经典的。六经一定程度上大于儒家，也就是说，必须通过六经和孔子的关系来理解六经和儒家的联系。它既大于儒家又是儒家，这个关系是理解儒家的一个前提，儒家是在孔子之后才出现的，但要从三代本身，要从六经的政教文献中包含的政治文化出发来理解儒家。

儒家的特殊地位是怎么形成的呢？是因为它在诸子百家当中最完整地继承了三代的历史，并做了最完整的原理化。其他各家都是以“言之成理，持之有故”得其一端，只有儒家对王官之学的整体做了全面的原理化。本来孔子是守先待后，但孔子还要再一次集大成创造新的历史局面。这是儒家的目标，再次开辟三代事业成为所有儒者的理想，而不只是守先待后。能够看到这些之间的联系，就是对三代经史传统的把握。它来自历史，原理化就成为经。经学是后来对它的文字说证，更重要的是对里面包含的三代政教原理的掌握，而后再进行自己时代的历史开辟。所以司马迁写《史记》，他不认为自己是在写史书，他是仿孔子作《春秋》。孔子作《春秋》是在作经，是要开辟新的历史时代，形成自己的认识。也就是说，有了经之后还必须有历史才行，就像经来自历史一样；如果有了经之后不去承担开辟历史的责任，经就变成了教条。所以，经史关系实际上是经史融合，这是通过孔子的总结、融化、升华出来的三代义理。以上是我对经史关系的概括性认识。

孔子所开辟的儒家，是对三代理想的总结。近代以来对三代历史有不同的认识，基本上现在的认识是，它们是横的关系，但确实又是有“中国”的纵的联系，这就是所谓政统、法统、道统传递的意义。我特别反对说没有夏。冯友兰先生有句话说，就像老吏断狱一样，“虽多为查无实据，要亦多事出有因”。这句话说得真是通达！为什么这么说？我们可以说那是传说，没有证据，司马迁时代就已经是传说了，但他还是要写《五帝本纪》。他的意思是说，“心知其意”，你不能说跟我要证据，而是要意义、要记忆。它在记忆当中存在了几千年，你说找不到它三千年的证据，就要否定这三千年的历史记忆，实在是太荒唐！希望大家能理解我的出发点。它被我们的先祖先贤记忆了几千年，孔子将其原理化之后就是一个不断被记忆的历史过程。而且这个记忆发挥了强大的历史作用，因为它是作为原理存在的，不能够轻易否定掉。不能说找不到三千年的证据就来否定三千年的历史。

我们基本的出发点是把历史看成一个整体。夏代对中国历史的贡献，结合它的历史特点来讲，一个是“大人世及”的家天下的制度，一个是青铜器的使用、王权的广大。商朝最重要的突破性贡献，就是甲骨文这样的文字的出现。我特别喜欢汉学家汪德迈先生的一个说法：甲骨文其实是一种神的语言，王的语言就是神的语言，它是一个政治的语言，也是一个宗教的语言。开始先有王的语言，神的语言是通过王说出来的，所以就把王的语言变成了雅言。通过政治权力，通过文书行政的方式，学习王的语言就变成了非常具有政治性意义的事件。这个语言就进入了不同的地方性语言，最后演化为方言。当然也有很多历史的细节，不用特别多讲。这就是商代对中国文化特别重要的贡献，可以通过中国语言特点看出文化的特点。我们的语言，用张东荪先生的分析说，言语结构跟西方不一样。我的理论设想是，语言的政治功能决定了它的言语构造特点，也决定了它的形而上学特点和范畴形成的方式。

另外商朝还有一个贡献，虽然天命的观念在甲骨文里没有发现，但是《尚书》里面都有，我们还是要从历史记忆层面来理解。因为商是通过那些书而被记忆、作为原理发挥历史作用的。天命的观念就是天命眷宠，是把至上神和祖先神最终完全合一。这个方式当然有一个历史过程，伊藤道治先生做过解释。但也带来一个后果，我概括为，异姓封建和共同祭祀创建出了一种“虚构的血族关系”。这种“虚构的血族关系”带来了“被动的天下一家”的效果。商王把异姓诸侯作为异姓兄弟一样来看待，对于异姓诸侯而言有强迫性和被动性，因为要把你的祖先当成我的祖先来祭祀，当然还是有屈辱在里面。可是从后果上来讲，则带来了“被动的天下一家”的效果。商纣王把至上神和祖先神最终合一，带来的后果是“我生不有命在天”的诘问。我是有命在天的，我是天的唯一的代表者，这就是“万世一系”的观念。

商人有“万世一系”的观念。听说日本学者白川静先生对商代的制度与日本的天皇制度有一些比较和分析，确实日本的“万世一系”有点像商人的宗教观念。我跟日本学者聊天时说，中国跟日本最大的区别在于，你们是一代的传统，我们是三代的传统，夏商周三代的原理。所以你们看起来是“万世一系”，其实内部缺少我们的变通性、有机性。

殷周之际的鼎革，变化之大主要还是首先发生在精神世界里。天命眷宠的观念对于地方诸侯来讲，变成其意识形态。首先在精神领域里没有怀疑的可能，这个东西是很强大的。但是由于商周之际的变革给众人带来了深刻的精神刺激、思想刺激，精神世界闹了一次革命。天本来要眷顾他，最后却没有眷顾。这对商人的打击更大，但对周人的打击也是一样。对我们来讲，天命到底能不能信，是不是可信？这一点构成怀疑。天命不可信，首先得出的结论就是天命是无常的。但说天命无常不就意味着失去了政治的稳定性吗？谁都可以成为先知来进行一次天命的革命。要弄清自己能够取代商的道理到底在哪里，整个周代的历史都在探究他们能够打败大邦商的原因到底何在，这是周人核心的关切和焦虑。周人给出的答案就是“唯德是辅”，因为文王、武王自己做得对，所以得到了天的支持。但是我们又不知道天到底说了什么。我常讲，中国的义理性根据其实来自“天何言哉”的不言之教。天命不可信，你真的不知道它说了什么，可是有一点可以相信，就是我们做对了，获得了这样的功业。可以通过功业来推断，我们具有了解天命的条件和资格。功业怎么获得？是靠我们的德行。其中的逻辑很清楚，把具有“万世一系”的宗教神秘性的王权改造成由历史理性和道德理性来把握的权力。王权的基础就有了一些变化，虽然天命还在，却需要通过理性的方式、德性的方式来把握，通过历史认识的方式来把握，就是以“通古今”的方式来“究天人”。

《尚书》里讲到，周公在洛邑建成的时候给商人的子孙开了一个大会，说你们之所以输了，是因为你们不知道学习你们的历史，你们也有历史档案，为何不好好向过去的历史学习呢？看看历史是怎么发生的，你们的汤王是怎么取代夏桀的，是因为夏桀不对，那么你们要一直向你们的祖先去学习，让自己做正确的事情，或者通过德行做正确的事情来维持天命。所以周人也形成了第二个看法，按李峰先生的研究，其实他们认为天命只在文王、武王，后面的王都没有。要想让天命维持就必须“帅型祚考之德”，必须向祖先学习，向历史学习，才能够让德行继续存在，才能够维持住天命的眷顾，否则也会失去天命。这种“如履薄冰”的历史观，是中国历史上最重要的一个原理，背后包含的就是天命转移的观念——汤武革命。我有一个基本的看法，用干宝的话讲，即商本来也是一次革命的产物，却没有深刻地掌握体会革命的经验和夏桀的教训，将其变成自己的指导思想和行为准则，很重要的原因是商没有把这一次革命原理化，因为从夏到商只有一次革命变化。对于中国人来讲，武王的革命是第二次革命变化，涉及三个历史阶段。在向历史学习的时候，肯定不会只去学习自己的，要再往前看。所以历史的原理化是通过向历史学习形成的，只有在武王革命之后，原理化才有可能。原理化一旦形成，就变成了一套政治指导思想，变成了每一代帝王都必须遵守的行为原则，王权的基本伦理原则就出现了。三代作为一个原理，必须要成三，才有原理性，不成三就没有原理性。而通史的“通”的意思就是让历史能够不断通达下去，面对变化的时候要能够“承敝通变”。学习历史的变化，就会意识到历史不是一劳永逸地奠定后来的历史，而要随时随地面对变化的形势，变化就是危机，可能会带来挑战。面对这些变化就要检讨自己是不是有问题，检讨自己的问题之后通达变化，让历史继续往下走。“承敝通变”就能让历史不断往前走。

这是中国的一个核心教育，通过向三代历史学习，我们意识到每一个时代都应把握住自己的机会和条件，创造新的历史局面。历史不断往前走，这是每一代人都时刻怵惕在心的要求。所以从三代的原理化里面可以产生出这样的结果，就是看到革命其实是自我革命，是天道生生的自我革命。回头来看朝代之间的更替，其实每一次更替都是天道的一次恢复而已。商和周取代前朝的时候并不是对前朝的整体否定，而是对前朝的纠偏和调适，最终形成了中国历史。三代构成了中国历史的整体基础，它是不断地回到历史的根据上去，不断地疏通现在的历史。以这样“源流互质”的过程，回到开端，疏通当下，开辟未来，这是自然生生的道理，也是天道的道理。所以这是天命转移观念中包含的三代的历史原理。

而三代的历史原理当然还是周人的理解，为什么说中国是三代而不是一代？就是因为通过周的原理发明了天下一家的道理，就是天子制度。皇帝制度也是天子制度的历史形态，内在地也具有天子制度的精神，但不是天子制度的完美的形态和完全实现的形态。天子制度的形态其实就是天下一家的理念，天子就是一个领头人。革命的目的是，本来大家都是一群人，只是换一个领头人带着大家。他做好了，能够代表全体人民的利益，就可以成为领头人，所以他既是天的代表者，又是人民的代表者。只有真正做造福于全体人民的功业，才有资格做领头人。如果不能做造福于全体人民的功业，就会“皇天上帝，改厥元子”，人民要把他换掉，因为他既是天的代理者，又是人民的代表者。但是为什么还要用天的方式来表达？其实有时候人民可能会被一些局部的、个别的利益所代表，就要找到最广大、最完整的人民的概念，不仅包括空间上的人民，还包括历史上的人民。作为天的代理者意味着承担人民永续发展的历史责任，这就是天下一家的原理，在周代就形成了，和汤武革命是一个原理的不同形态。

天下一家的原理就是“大一统”的政治。汤武革命的原理就是通史的原理，就是以“通古今”的方式来“究天人”。费孝通先生借鉴了其师史禄国“心智丛结”的概念表达“大一统”观念，我把它跟经学中的“统纪别丝”结合起来理解，把大家拧成一股绳，就是团结的意思。可是拧成一股绳，形成一股劲，并不破坏里面每一根丝的独立性，不是说打散了然后重新熔铸成为一个东西。只有每一根丝自己是坚韧的，这一根粗绳才成为更坚韧的统一体。这是“大一统”的含义，团结的目的是有力量去面对挑战。“大一统”的原理有一个形而上的根据，就是天地，天地不能够有缺，所以天下必然一统。这就是说统一是常态、分裂是变态的原因。天地怎么可能有缺，有缺就得补天，天下必然是统一的。天下不能有缺，通史必须是连绵发展的，是不能断裂的。如果断裂，那历史就成为另一个历史了。这就是两个原理之间的联系。

其实我们回过头看，关于中国的“大一统”原理的出现，也不能够单纯从历史角度来说中国的一统就是从秦汉开始出现的。中国的一统应该是从三代开始的，因为一统的原理也是三代形成的原理。我们只能说对一统的形态有不同的把握，三代的一统形态和秦汉的一统形态不一样，前者可以叫做“松散的封建的一统”，后者叫做“郡县的紧致的一统”。我们未来还要面临新的一统形态的创造，整个现代中国都在寻找一个新的天下一统的形态，还在不断探寻当中，形成了自己的历史的经验，也形成了自己的历史体制。具有一统的原理这一点没有变，而且时间的一统性也没有改变。从三代开始一统性始终存在着，中国作为主体，就是始终存在着的。不管怎么变，中国都还是向下扎根、向上发展、根深叶茂的状态。这是一个历史的不断延展、连续发展的过程，中国自身的主体性一直内在于历史变化当中，所以分裂状态其实是一个变态。

“一体之仁”的仁者境界，是仿照着天地的视野产生的价值观。曲成万物而不遗，万物并行而不悖，最后能够让大家平等地相处在一起，形成不齐而齐的平等的有机统一体，靠的就是“一体之仁”。如果用一种此疆彼界的妄分别的心态，那么形成的就是自我中心的分裂。所以我说，中国的政治原理和现代形成的与资本主义配合的民族国家原理完全不一样，民族主义的原理还是一个自我中心的原理，它不能够从天地出发来理解自己和世界的关系，理解自己和他者的关系。如果立足于天地来看，则“一体之仁”是不能无分别的，不同是非常正常的。这是我们对民族主义的极端形态的克服，当代中国也内在于这样的原理之中。所以说，这就是“承百代之流，而会乎当今之变”的中国历史智慧的反应。“承百代之流”就是要通达中国历史的变化，在经史的大传统里面寻找内在的原理，看到不变的部分，而后更具有历史主动性。对历史的掌握“致广大而尽精微”，面对任何历史的变化都会有定力，也同时具有历史创造的主动性。“会乎当今之变”表达的是我们的历史主动性，通过这样的历史观的树立，通过对历史的全面的原理性把握，能够更有信心面对我们这个时代的变化。而后“承敝通变”，带来一个中国历史往来无穷的通史境界，让中国的文明能够连绵发展下去。“究天人之际，通古今之变”，达到“穷变通久”的境界，这个境界也要通过不断地新陈代谢、自我革命的方式来实现。这就是我们讲的三代原理的意义。

整理者：路　杨

第十讲

宋明理学及其哲学旨趣

主讲人：杨国荣
华东师范大学哲学系教授

何为哲学是哲学领域常常反思的问题，在相近的意义上，何为理学也是理学研究中一个需要不断追问的问题。理学作为中国哲学衍化过程中的重要流派，有其内在的哲学取向，这种取向通过理学自身的概念系统以及其中蕴含的哲学问题而得到多方面的展现。以理气、心性、心物、知行等概念为核心，理学既在天道观的层面对何物存在、如何存在等形而上问题加以探索，也在人道观的层面展开了何为人、如何成就理想之人的追问。对理与气、理与心性之辨背后所蕴含的当然、实然、必然、自然关系的辨析，则进一步凸显了理学的价值关切和哲学进路。在此基础上，宋明理学及其旨趣可以从三个方面进行解读。

一、理学之名的辨析

关于理学，大致存在三种表述方式，即“新儒学”（Neo-Confucianism）、道学和理学。“新儒学”这一概念主要通行于英语世界，不过，用“新儒学”指称理学，同时也折射了理学和儒学之间的内在联系。历史地看，理学一方面承继了传统儒学，另一方面又使儒学取得了新的形态。晚近以来，关于儒学的发展有所谓三期或四期等不同的区分。尽管在对儒学的历史划分方面看法不完全一致，但无论是三期说还是四期说，宋明理学都被视为儒学的一种发展形态。从先秦到汉魏、隋唐，直到宋明，儒学在不同的历史阶段都获得了新的历史内涵，同时也取得了不同的形态。从儒学内在的演进过程看，以往儒学的这种演化过程构成了宋明时期新的儒学形态出现的前提。以上理学与传统儒学之间的历史传承关系，同时也展示了理学的总体学派归属。

以道学指称理学，在《宋史》的《道学传》中得到了比较具体的体现。《宋史·道学传》把周敦颐、二程、张载、邵雍、朱熹等理学主要人物都列入其中。

尽管《道学传》认为“道学之名，古无是也”，也就是说，在宋以前没有道学之名，但从实质的层面看，用道学来概括理学无疑有其内在缘由。道学以性与天道为对象，其内容可以理解为性与天道之学。正是通过对性与天道问题的讨论，理学在哲学的内在脉络上承继了先秦以来的儒学。无独有偶，后来冯友兰先生也把理学称为道学，并对道学做了理论上的概括，认为道学讨论的问题主要有两个：第一是什么是人；第二是怎样做人。在这一意义上，他认为，“道学是讲人的学问，可以简称为‘人学’”。当然，理学显然并不仅仅涉及人道意义上何为人、如何做人这两方面，它同时关乎天道层面的讨论。冯友兰先生对道学的概括，主要侧重于性与天道中的性。在性与天道之中，性属本质层面的范畴，并首先与人的存在相关联。就总体而言，可以说理学是先秦以来儒学关于性与天道问题的讨论的延伸、继续与深化。如果说“新儒学”这一表述从外在的学派归属上体现了理学的历史定位，那么道学或性道之学则在内涵上体现了理学与传统儒学之间的理论联系。

关于理学的第三种表述，即现在比较通行的理学一词本身。理与道有相通之处，在这一意义上，道学与理学的表述有其理论上的相关性。然而，两者亦有不同侧重。比较而言，道言其同，主要表现为普遍的原理：在中国哲学中，宇宙万物、宇宙人生中最普遍的原理，常常被称为道。历史地看，老子将道视为宇宙的本原，庄子肯定道通为一，强调的都是道的普遍涵盖性。韩非子更明确地肯定了道的以上含义：“道者，万物之所然也，万理之所稽也”，“万物各异理，而道尽稽万物之理”。相对于道，理除了普遍性的层面之外，还较多地涉及分殊。韩非子已比较具体地指出了这一点：“凡理者，方圆、短长、粗靡、坚脆之分也，故理定而后可得道也。”理在此主要和事物的特殊规定相关。宽泛而言，道既关乎存在方式，也涉及存在原理，从形而上原理的层面看，道无殊道，但理有殊理。与理的以上内涵相联系，理学表现出从普遍之理和特殊之理的统一中来把握世界和人自身的趋向。这样，一方面，理学与性道之学具有历史关联，并由此展示了其形而上的进路；但另一方面，理学又试图从普遍之理和特殊之理的交融中去讨论性与天道的问题，其中包含理论上的独特之点。理学后来成为指称这一学派的通行概念，无疑折射了理学在讨论性与天道问题上的以上进路，理学中的很多论说也体现了这一特点。朱熹在谈到理与万物的关系时曾指出："自其末以缘本，则五行之异，本二气之实，二气之实，又本一理之极。是合万物而言之，为一太极而已也。自其本而之末，则一理之实，而万物分之以为体。故万物之中，各有一太极，而小大之物，莫不各有一定之分也。"这里便从形而上的层面肯定了普遍之理与特殊之物（理的特定体现）之间的关联。理学的"理一分殊"说则从更广的视域体现了以上进路，其中既包含普遍之理与特殊之理的交融，也涉及一般原则和特殊情境之间的关联。理学中的心学流派关注理与心、一般原则与特定存在之间的互动，则从另一个方面具体地体现了对普遍之理与特定对象之间关联的注重。

二、理学的范畴及其内涵

理学作为儒学的一种新形态，包含自身的独特概念和范畴，而在这些概念和范畴的背后，又隐含着普遍的哲学问题。首先是理和气及其相互关系。一般而言，理首先与普遍的法则、本质以及内在的形式等相联系，气在广义上则关乎构成万物的质料、要素、材料等。与之相联系，在天道的层面讨论理气关系，涉及一般的法则、本质、形式与构成事物的质料之间的关联，包括哪一个更根本，何者具有优先性或处于本原性的地位，等等。与儒学的其他流派相近，理学也是派中有派，其中包括以理为第一原理的狭义理学、以气为第一原理的气学、以心为第一原理的心学。对于以上问题，理学中的不同学派存在不同的理解：狭义的理学（理本论）与气学（气本论）对理和气的关系便形成了相异的看法。

对理气关系的讨论同时又与关于道器关系的论辩相联系。如上所述，理气关系中的气主要被理解为构成世界的质料，道器关系中的器则首先呈现为经验领域的特定事物，与之相应，道器之辨关乎形而上之域与形而下之域、普遍原理与经验对象之间的关系。从更宽泛的层面看，理气关系与道器关系的辨析同时涉及一般与个别、普遍与特殊等关系。

如果更进一步地考察理气关系背后隐含的哲学问题，则可以注意到，理气之辨同时又涉及何物存在、如何存在这样一些天道观或形而上层面的一般哲学追问。就何物存在而言，无论是以气为本的气学，还是以理为本的狭义理学，在肯定现实存在的事物最终都由理和气构成这一点上具有相通之处。这一看法意味着：离理无物，离气也同样无物。进而言之，从如何存在的维度看，问题涉及理与气两者如何定位。理和气对物的构成固然都不可或缺，但两者之中何者具有更为本原的意义？在这一方面，不同的学派往往立场各异：狭义的理学赋予理以更终极的性质，气论则以气为本。从中国哲学来说，以上讨论属于天道之学中天道之维，可以视为性道之学的历史延续。在更一般的哲学层面上，这种讨论又涉及形而上的追问。

除了理气关系之外，广义的理学还涉及理和心性的关系问题。理气之辨主要指向理和对象世界的关系，理和心性问题的讨论则关乎理和人自身存在的关系。具体而言，这里包含理和心、理和性两个不同的方面。首先是心和理的关系问题。心与个体的精神活动、心理现象、意识观念等相关。意识活动及其结果总是离不开一个个具体的人，并且最后落实于个体之上：精神、意识以特定的个体为承担者，而这样的个体又是一种有血有肉的具体存在。与之相对，理主要指一般的本质、原理、规范等。这种原理、规范具有普遍性而并不限定在某一特定个体之上。由此便发生了如下问题：超越于个体之上的普遍原理即理，与内在于个体的意识精神即心，究竟有着什么样的关联？一般的原则以什么样的方式来制约个体？这是心和理的关系所涉及的具体问题。与这一问题相关，存在着两个不同学派，即狭义上的理学和理学之中的心学。心学以心立说，对个体的存在也更为注重。在某种意义上，心学强调普遍原则、规范只有落实并内化于每一个人，才能实际地起作用。狭义上的理学则更关注原则的普遍性，强调每一个个体都需要遵循这种普遍原则。

与心和理之辨相关的，是理和性的关系。前面提到，理气之辨涉及理和对象世界的关系，理和心性的关系问题则关乎理与人自身存在之间的关系。从后一方面看，问题既与心相关，也与性相涉。理学视域中的性属本质序列的范畴并以理为其实质性内容，在此意义上，也可以把它看作理的一种内化形式或理在人之中的具体体现。对于理学来说，人之为人的根本规定或本质表现为性，性本身则基于理。一般而言，在心性和理的关系中，持心学立场的理学家比较注重个体之心，由此引出的结论是心与理合一，或心即理；以理为第一原理的哲学家则更为注重性，其基本倾向是强调性与理为一，或性即理。心即理和性即理体现了不同的哲学趋向，前者蕴含着对个体存在的承诺，后者则侧重于肯定普遍本质的优先性。

进一步而言，在心性层面上，同时涉及气质之性和天地之性、道心和人心的区分。气质之性主要体现的是人在生物学意义上的感性规定，天地之性则更多地呈现为人在道德意义上或人作为道德主体所具有的本质。性的层面上气质之性和天地之性的如上区分又与心的层面上道心和人心的区分具有相关性。在道心和人心之辨中，人心主要与人的感性欲望、感性需求相关联，道心则更多地体现为精神性或理性层面的追求。可以看到，道心和人心之别与天地之性和气质之性的区分，有其实质上的一致性。道心和人心、崇高道德追求和人的自然欲望之间的关系，应该如何理解？这是道心和人心之辨所涉及的问题之一。与之相应的还有所谓理和欲的关系。欲更多地与人心相关联并相应地体现了人的感性要求，理则首先内化于道心并相应地呈现为理性的规定和理性的追求。从总体上看，在理欲关系上，狭义上的理学对道心和理给予了更多的关注，理学中的心学流派则为承诺人心和人欲提供了某种理论上的空间。

以上两个方面，即广义上理与气的关系和理与心性的关系，本身具有理论上的相关性。逻辑地看，天道层面的理气关系在理学的论域中呈现出更原初和本原的意义，人道层面的理和心性的关系在某种意义上以理与气的关系为形而上的依据。具体而言，在天地之性和气质之性的区分中，天地之性以理为内容，气质之性则秉气而生并更多地与气相关。在这一意义上，性的两重形态和理气关系彼此相关联。同样，在道心和人心的区分中，道心表现为理的内化，人心则和人的气质等相关联。在此意义上，心的两重区分也与理气关系相联系。不难注意到，无论是性的两重形态，还是心的不同分野，追本溯源，都与理气之辨相涉。由此也可以看到，作为一种哲学形态，理学讨论的不同问题之间并非彼此隔绝，而是有着逻辑的关联。

正如之前所谈到的，理气之辨所蕴含的更根本的哲学问题，是何物存在、如何存在，后者同时也是形而上学包括中国哲学的天道观所无法回避的问题：从形而上的层面追问世界，总是面临以上基本的哲学关切，理气关系的讨论以一种独特的方式对此做了自身的回应。与之相关，理和心性之间的关系同样也涉及一个根本性的哲学问题，后者具体表现为何为人、何为当然之人，何为人关乎现实的人，何为当然之人则以人的理想形态为指向，这种理想形态是指当然或应该达到的形态。有关理和心性关系的讨论，归根到底是对何为人、何为当然或者理想之人的追问。对于理学而言，气质之性、人心都是现实的人所不可或缺的。就人心而言，即使圣人也不能免。同样，气质之性也内含于现实之人，按照朱熹的说法，天地之性本身要以气质之性作为承担者。在此意义上，气质之性、人心和人的现实存在无疑相互关联。然而，这主要是就实然的层面说的。在理学看来，人不应当停留在实然之维，而是应走向当然，成为人之为人的应然形态，道心和天地之性便体现了人之为人的根本规定，并构成了人区别于其他存在的内在本质。

除了前面提到的理和气、理和心性之间的关系外，理学还涉及心与物的关系。理气相融而为物，由此，物便被逻辑地引入理学之中。同时，性固然构成了人的普遍本质，但它本身又以心为具体的承担者。这样，理气、心性关系又自然地引向心物关系。心物关系既涉及本体论或形而上的层面，也包含认识论的意义。在理学中，心物关系的本体论意义更多地与心学的流派相联系。作为理学的分支，心学的代表性人物，如王阳明等，对理气关系的辨析并不特别关注，其理论上的关切之点更多地体现于本体论层面的心物关系之上。心学对心物关系的考察，主要不是指向外部对象或物理形态的世界，其关心的问题也非物理世界如何构成，而是更多地着眼于意义世界的生成。王阳明提出“意之所在便是物”，这并不是说外部物理世界包括山川草木都是由人之心所构造，而是指外部世界的意义因人而生成、因心而呈现。这样，心学对世界的关注便由对本然存在的关切引向了对意义世界的关注。从何物存在、如何存在这一角度看，意义世界不同于本然存在，本然存在外在于人的知行过程，对这种存在的论说往往很难避免思辨的构造，理气关系的讨论，特别是在以理为存在的本原和根据的狭义理学中，多少会呈现出思辨的趋向。比较而言，意义世界基于人的知行过程，可以视为进入人的知行领域的存在，对意义世界的关注也相应地不同于对存在的思辨构造，而是更多地着眼于世界与人自身存在的关联。可以说，通过心物关系的讨论，心学对存在的思辨关照引向了对意义世界的关切，从而实现了某种本体论上的转向。

此外，心物关系也有广义上的认识论意义。张载曾提到“大其心则能体天下之物，物有未体，则心为有外”，这一看法既有境界意义，也包含认识论的内涵。在境界的层面，“大其心”之说肯定人应该扩展自己的精神世界、面向天下万物；在认识论意义上，“大其心”则意味着人应当不断探索，以把握世界的多重存在形态。在这里，对世界的把握与心体本身的丰富，存在着内在的关联。

在辨析理和气、理和心性以及心物关系的同时，理学又开始以知与行的关系为论题展开讨论。如前所述，理与心性的关系关注的中心问题是何为人、何为当然即理想之人。知行关系的讨论则进一步涉及如何成为当然或理想之人。仅仅辨析何为人或何为理想之人还主要停留于理论的层面，如果不由此走向知和行的过程，那么如何实现人之为人的本质、怎样达到理想的人格形态等问题便无法落实。在这一意义上，知行关系的讨论对理学而言是必不可少的。一方面，理学要求明道、明理、明心、明性，包括在天道观意义上追问何物存在、如何存在，在人道观意义上辨析何为人、何为理想之人，等等，这些都属于广义上知的问题；另一方面，理学又一再地把关注点指向如何成己成物，如何成就自我、达到完美的人格形态，这些都与广义之行无法分离。广而言之，知行的关系问题包括如何穷理和致知、道德认识（知）是否需要基于道德践履（行）、如何从知善走向行善，等等。同样，理学论域中的格物致知也不同于单纯地以思辨的方式把握世界，而是同时要求通过人的身体力行实现成己成物。从对象世界来说，传统儒学已提出“赞天地之化育”，理学进一步将其肯定为为天地立心、与天地为一体，其中包含着对人与世界之间互动的确认；就人自身而言，则变化气质、成就完美的人格构成了理学的内在要求。以上两个方面以成就世界与成就人自身为指向，知与行的相互作用则是其题中之义。后来理学中的工夫与本体之辨可以看作知行之辨的延续，它所关注的根本问题也是如何成己成物、达到理想的存在形态，包括如何实现个体意义上的内圣和社会意义上的外王。

三、理学内在的哲学论题

我们可以从理学的内在哲学论题上把握宋明理学的旨趣。以上所说的主要涉及理学的基本概念、范畴以及这些概念、范畴之间的逻辑关联和蕴含的哲学问题。如果由此从哲学层面做更深层的考察，则可以注意到，理学的以上讨论进一步涉及当然、实然、必然和自然之间的关系。理学的核心范畴是理，而理的内涵则与当然和必然相联系。朱熹曾概要地对理的内涵做了如下界说：“至于天下之物，则必各有所以然之故，与其所当然之则，所谓理也。”这里的所以然与必然有相通之处，而所当然则最终引向人道之域的当然。必然与普遍的法则及原理相联系，当然则与应当如何相关，后者具有规范性的意义。具体而言，作为理的构成或理之当然，表现在两个方面。从目标上看，当然关乎应该成就什么：就人而言，它指向的是理想即应然的人格形态；就外在之物而言，它意味着对象的存在形态应合乎人的多样需要或价值目的。理学所肯定的成己与成物，包括在个体层面上走向醇儒，在更广的存在之域达到民胞物与、天下一体等，都涉及目标意义上的当然即应当成就什么。从方式上看，当然又与人的行为方式相联系，亦即关乎如何做，这一意义上的当然涉及应该如何成就的问题。应该成就什么与应该如何成就彼此关联，两者可以视为当然的不同面向：前者确定价值方向，并引导人们去选择行为的价值目标；后者则规定行为的途径和方式，即告诉人们应当如何去做。知与行的互动问题、本体与工夫的关系问题，都与成就什么、如何成就这两重意义上的当然相关联。以上问题并非外在于理学，而是其思想系统本身的题中应有之义。前面提到，按照朱熹的界定，理包含着当然和必然两个方面，与理相对的气则主要表现为实然和自然。在这一意义上，理气关系内在地涉及当然与实然、自然之间的关系问题。同样，心性问题也与此相关。首先，从心性中的心来看，心有道心与人心的分野。按照理学的理解，道心体现了人的理性本质，属人之当然，人应当以道心为一身之主；人心更多地与人的个体存在、有血有肉的身体等相关联，属人之自然。与之类似，心性中的性，具体区分为天地之性和气质之性，其中天地之性体现的是人之必然或当然。从必然来说，天地之性乃是天之所命；就当然而言，人若要使自身走向理想即当然的形态，就应当变化气质，回归天地之性。与之相对，气质之性秉气而生，更多地体现了人的存在中实然和自然的一面。在理学看来，人总是面临如何从实然提升为当然的问题，所谓变化气质，说到底也就是从性之实然即气质之性提升到性之当然即天地之性，这里同样涉及实然与自然之间的关联。

在哲学层面上，理之当然所指向的应当成就什么、应当如何成就等问题，具体涉及人的责任、人的义务等，这种责任、义务又是通过多样的原则、规范来体现。就人的存在而言，理学不满足于仅仅停留在实然的气质之性或人心，而是追求超越实然、走向理想之境。从总体上看，理学继承儒家成己成物的价值目标，强调成就完美的人格，要求为天地立心、为生民立命。作为人的使命和责任，这些方面都构成了理之当然的具体内容。在此意义上，理之当然不是空洞的东西，而是有实质性的价值内涵。正是这种实质性的具体价值内涵，构成了理学在价值取向上不同于佛老的根本之点。对于理学而言，佛老的主要偏向在于疏离甚至放弃人的伦理义务（事亲事兄）和政治责任（君臣之义），从而从根本上架空了价值领域中的当然。理学突出理之当然，在相当程度上表现为对佛老如上价值取向的回应，它同时也体现了理学对儒家价值立场的认同。众所周知，从人道的层面看，儒学以仁与礼为核心，两者从不同的方面规定了人应当如何：仁既肯定了人之为人的内在规定，也蕴含应当尊重人的内在价值的要求；礼则作为广义的规范系统，对人在社会领域应当如何做了更具体的规定。从以上方面看，作为儒学核心的仁和礼都蕴含当然之义。理学突出理之当然，无疑在人道层面体现了与传统儒学的历史承继关系。

关于广义上的理之当然和必然、实然以及自然之间的关系，理学中的不同人物和学派也有彼此相异的理解。首先，当然作为一种理想的、应然的形态，是否有其现实的根据？这一问题涉及当然和实然之间的关系。对于理学而言，人道与天道无法相分，人道意义上的当然之则、人伦秩序与天道意义上的存在之序，也非完全彼此悬隔。在这方面，以气为第一原理的气学给予了比较多的关注。注重气的张载便认为，气的聚散并非杂而无序，其间包含内在的条理。天道之域的这种有序性，同样体现于人道之域。天道意义上的自然之序与人道意义上的人伦之序之间，也存在着内在关联。尽管对当然与实然的以上沟通侧重于形而上之维，但就其肯定当然具有现实的根据而言，这一思维趋向仍有积极的理论意义。天道层面的自然之序属实然之域，人道层面的人伦之序则可归入应然之域，人伦之序与自然之序固然难以等同，但从存在的秩序这一方面看，应然之域与实然之域并非截然相分。

当然既与实然相关，又涉及必然。在理学之中，如果说天道观层面的实然依托于气，那么必然便更多地体现于理本身。如前所述，理既被理解为当然，也被视为必然：从天道的层面来看，理是内在于世界的普遍法则，这种普遍法则具有必然的性质。理所具有的当然与必然二重性，使化当然为必然成为可能，同时意味着当然意义上的理可还原为必然意义上的理。事实上，理学中注重理的哲学家，如二程与朱熹，确实往往趋向于把作为当然的责任、义务以及人应当遵循的行为准则、规范同时理解为必然。

当然意义上的理向必然意义上的理之还原，与天道观上以理为第一原理、心性关系上强调性体的主导性具有理论上的一致性：突出理的至上性，内在地包含着强化必然的理论趋向。从人道观看，以当然为必然的逻辑结果，则是赋予当然以绝对或无条件的性质，而当然本身则容易因此而被视为某种外在律令。与当然意义上的理向必然意义上的理还原这一趋向相异，理学中注重心体的哲学家更多地将当然与自然联系起来。在以心立论的心学那里，心或心体具有二重性：它既包含作为当然的理，又内在于个体，后者不仅仅表现为特定的存在，而且与现实之身以及情与意等相联系。身作为生命存在（血肉之躯），包含自然的规定；情与意既有人化的内容，又同时涉及天性。心体的以上二重品格，使当然与自然的沟通成为可能。而如何避免将呈现为责任、义务、规范的当然强化为外在律令，是心学所关注的问题之一。以外在律令为形式，作为当然的规范与个体意愿之间便容易呈现紧张关系。与之相联系，化当然为自然的内在旨趣，便是把当然所体现的自觉与自然所蕴含的自愿沟通起来，使普遍的规范由外在的他律转换为个体的自律，由此达到不思不勉，自然中道。

最后，要强调的是，理学突出理之当然，体现了其拒斥佛老、返归儒家道统的价值立场。理之当然与实然、必然、自然的联系，既展现了当然的不同维度，也蕴含了天道与人道的交融以及本体论、价值论、伦理学之间的理论关联。理学本身由此展现了自身的哲学取向，这便是宋明理学及其旨趣的内涵。

整理者：王　蕾

第十一讲

20世纪解释中国传统哲学的五种范式

主讲人：李承贵
南京大学哲学系教授

非常感谢人民大学和尼山世界儒学中心给我这样一个机会，和诸位博士、硕士做一个分享。今天我分享的题目是“20 世纪解释中国传统哲学的五种范式”。在座的各位朋友都知道 20 世纪对我们中华民族、中国思想、中国文化、中国哲学都是一个非常特殊的时期。之所以特殊，是因为西方的哲学、西方的文化进入我们中国。中国传统哲学在 20 世纪最引人注目的学术现象就是“以西释中”（这个“西”包括马克思主义哲学、西方哲学）。在西方哲学、西方文化进入我们中国的同时，中国学者在这样一个背景下认识了西方的文化、西方的哲学。在认识的同时他们也在思考，为什么在中国之外突然间来了一个和我们不太一样的文化、思想和哲学。所以从晚清开始一直到现在，研究中国哲学的学者们在这样一个背景之下思考着中国哲学的问题。依照我的理解，我将这种思考首先看作一个学习的过程，就是怎么样介绍，怎么样翻译，从严复开始。在这个翻译学习的过程中，我们中国的学者也在理解，像冯友兰，包括王国维，当然包括后面的贺麟、牟宗三、唐君毅、张岱年等先生，他们也在理解；在理解的基础上，也在判断中西哲学的异同。也就是说，在过去 100 多年的时间里，我们中国或者说从事中国哲学研究的学者们，绝大多数的时间、绝大多数的精力都在这样的工作上。那么，我们应该怎样对这样一个具有历史的持续性、主体的群体性的学术实践进行描述与概括？我就是在这样一个背景下来做一个思考。

我个人觉得可以概括为五大认知范式，我从四个方面去考量：

（1）如何归纳、描述、界定这种解释实践？——五大认知范式的形成。

（2）这种解释实践具体展开的情形怎样？——五大认知范式的应用。

（3）如何分析、评价这种解释实践？——五大认知范式应用的效应。

（4）从中可吸取哪些经验教训？——五大认知范式应用的学术经验。

一、五大认知范式的形成

“认知范式”是指解释主体（学术共同体）以某种学说或思想体系为坐标，通过形成概念、比较分析、逻辑推理、综合判断等思维形式，较长时间地对中国传统哲学文本（概念、命题和观念等）所进行的认知、解释和评价实践。按照这个定义，我将 20 世纪中国学者以马克思主义哲学、西方哲学解释中国传统哲学以及由此引发的回到中国自身文化系统解释中国传统哲学的学术实践概括为五大认知范式，它包括唯物认知范式、科学认知范式、人文认知范式、逻辑认知范式、自我认知范式。以下简要介绍五大认知范式的形成。认知与范式构成一种解释实践，这一点我在《生生的传统》一书的导言里说得很清楚，我这里只是简单地说一下。

第一，唯物认知范式。我们刚才对认知范式的定义进行了介绍，把唯物认知范式套进去，所谓唯物认知范式就是中国学者用马克思主义哲学来认知、解释、评价中国传统哲学。需要注意的是，这一解释实践有时间性，即 100 多年来，还有群体性，也就是说不是一个人，那么我们把这种时间上具有持续性、在主体上具有群体性的这样一个用马克思主义哲学解释中国传统哲学的学术实践，叫做唯物认知范式。那这里有几个人物，比如李大钊、郭沫若、侯外庐、冯友兰、蔡尚思、张岱年、任继愈、张岂之、萧萐父、方克立、李泽厚、陈鼓应等先生，我觉得这些先生大概都可以归于唯物认知范式。当然有的先生既在唯物认知范式，又在人文认知范式，还在科学认知范式。关于唯物认知范式的形成，这里给一些例子，请大家看一下。侯外庐先生比较早，他主编的《中国思想通史》，是比较早的用唯物认知范式解释我们中国传统哲学的代表。这里举的例子是他对《老子》

中“道”的解释。他认为老子的“道”是唯心主义的，为什么？因为按照马克思主义哲学，这个“道”是超越经验的、超越感知的，那就是唯心主义。“道可道，非常道；名可名，非常名。”所以侯先生这个解释，我们把它归为唯物认知范式。张岱年先生的例子就更多了，他编写有《中国唯物论史》。张岱年解释朱熹“格物致知”，说朱熹肯定“天下之物莫不有理”，这是符合唯物主义观点的，朱熹以“众物之表里精粗无不到”为理想，虽然有独断论倾向，却也避免了不可知论的偏谬。萧萐父、李锦全、方克立等都属于唯物认知论范式，所以从整个的时间线来看，也是一个持续性的过程，且并非一个人的过程，这是唯物认知范式的形成。

第二，科学认知范式。所谓科学认知范式，就是指研究主体把自然科学精神、原理、定律、成果及方法等作为认知、理解和评价中国传统哲学的根据和坐标，通过形成概念、比较分析、逻辑推理、综合判断等思维形式，对中国传统哲学文本（概念、命题和观念等）所进行的认知、解释和评价实践，并且这种认知、解释和评价实践在时间上具有持续性，在主体上具有群体性，从而成为认知、理解和评价中国传统哲学的一种普遍模式。这一范式的代表人物有严复、胡适、方孝博、何祚庥、董光璧等。方孝博，可能同学们不太清楚，科技史家何祚庥，他还健在，另外就是中国科学院的董光璧先生。科学认知范式的形成也是一样，请大家看一些例子。严复解释《周易》“自强不息”和“阴阳消息”说：“全力不增减之说，则有自强不息为之先；凡动必复之说，则有消息之义居其始。”他用能量守恒定律 、作用力与反作用力定律来做解释。这是用自然科学的原理、自然科学的精神、自然科学的方法解释中国传统哲学。张岂之先生在他主编的《中国思想史》里面解释杨泉所言“天地有形无体”，张先生认为这是一个物理学的概念，用物理学的气体和固体来解释。他认为地有形而天无体，可以说是十分精确的科学概念。用“烟在上，灰在下”的比喻来说明天无体、地有形，表明杨泉已用气体和固体两种不同的物质形态对天和地进行解释，即通过物质形态的转化来说明宇宙的形成和发展，因而是物理学概念。

董光璧写了一本书叫做《当代新道家》，书中释“有生于无”：“量子场基态是一切激发态的自然背景。‘有’与‘无’的关系在量子场论中，就是粒子和真空的关系、激发态和基态的关系。一方面，粒子是由基态（真空）激发产生的；另一方面，被产生的粒子同基态中的虚粒子云和凝集态发生相互作用。”也就是说，在董先生看来，老庄哲学里面有非常多的物理学的原理，这里举的例子是粒子和真空的思想，所以我们说他是科学认知范式也是没问题的。

第三，人文认知范式。所谓人文认知范式，就是指研究主体以人文主义精神、思想、方法和成果作为认知、解释和评价中国传统哲学的根据和坐标，通过形成概念、比较分析、逻辑推理、综合判断等思维形式，对中国传统哲学文本（概念、命题和观念等）所进行的认知、解释和评价实践，并且这种认知、解释和评价实践在时间上具有持续性，在主体上具有群体性，从而成为认知、解释和评价中国传统哲学的一种普遍模式。这一范式的代表人物有王国维、熊十力、冯友兰、方东美、唐君毅、牟宗三、贺麟、刘述先、韦政通、李泽厚、张立文、陈鼓应等。张立文老师和陈鼓应老师都健在。这是应用人文认知范式的一些代表人物，我们一样来看一下他们的解释实践。大家都知道胡适的思想是实用主义，是崇尚科学的。但是实际上他也有人文的精神，他解释孔子的“君子不忧不惧”，认为是“人文的、合理的及自由的精神，是古典时代对于理智生活留传下来的最大的遗产”。贺麟这样解释孟子的“尽心知性”：“尽性就是《中庸》所谓尽人之性，尽物之性，也就是现在所谓‘自我实现’。认识自我，发展自我，实现自己的本性，就是自由。”它是具有意志自由含义的概念。他认为《孟子》《中庸》里面讲“尽性”，是要实现个人的自由，所以我们将此看成一个人文主义的解释。韦政通解释《荀子》的“化性起伪”时，认为这个命题里面包含着丰富的人文精神、人文思想：“化性起伪”需要靠两种力量，一种是习俗，应该是以礼义为中心的习俗；一种是靠个人的积学，经由积学的工夫，使礼义内化，成为生活习惯的一部分。在这两种方式互相作用下，然后能见化性之功。显然，“化性”问题即是人文的关切，而主张通过才能与积学工夫所成之礼义进行教化，无疑是人文精神的体现。那么从胡适先生到贺麟先生再到韦政通先生，也是有多个代表性人物，这是第三个认知范式。

第四，逻辑认知范式。所谓逻辑认知范式，就是指研究主体以逻辑学原则、定律、思想和方法作为认知、解释和评价中国传统哲学的根据和坐标，通过形成概念、比较分析、逻辑推理、综合判断等思维形式，对中国哲学文本（概念、命题和观念等）所进行的认知、解释和评价实践，并且这种认知、解释和评价实践在时间上具有持续性，在主体上具有群体性，从而成为认知、解释和评价中国传统哲学的一种普遍模式。这一范式的代表人物有严复、梁启超、胡适、谢幼伟、虞愚、郭湛波、张纯一、张申府（张岱年先生的兄长）、金岳霖、冯契、汪奠基、周云之等。逻辑学这一块，大家可以看逻辑学学者们编的《中国逻辑思想史》，里边会有比较详细的内容介绍，特别是 20 世纪上半叶西方的逻辑学进来后，中国的学者们是怎么样用西方的逻辑学来解释中国古代思想里面的逻辑思想，把它们发掘出来的。比如金岳霖先生、张申府先生、华东师范大学的冯契先生、汪奠基先生、周云之先生，都是现代著名的逻辑学家。我们看几个例子，梁启超比较早，他说后期墨家所说的名、辞、故这些概念相当于逻辑学的概念、判断、推理，所以他是用逻辑学认知、解释中国传统哲学的。他说："论理学家谓，'思维作用'有三种形式：一曰概念，二曰判断，三曰推论。《小取篇》所说，正与相同。概念 = 以名举实，判断 = 以辞抒意，推论 = 以说出故。"再一个例子，赵纪彬解释"或"（或也者，不尽也）说："这是说遇有事物的性质不尽然的场合，例如马不尽是白马，我们的推理只能是或然的推理，不能是必然的推理。"或所内含的是不必然的意思，因为事物性质会遭遇不全是如此的场合。赵纪彬先生也是侯门弟子，他与张岂之先生是同门师兄弟。还有周云之先生解释"白马非马"说："'白马非马'主要是一个强调个别异于一般、种名异于属名的逻辑命题，它指明不同概念的确定性和不矛盾性，即强调两个不同的名（概念）必须具有不同的内涵和外延，这是完全符合形式逻辑的基本规律要求的。'白马非马'也完全承认一般中包括个别（外延）、个别中又包含一般（内涵）的辩证关系。"我记得我念大学的时候，我们大学老师讲中国哲学时讲到名家，特别是涉及“白马非马”的时候，把它批评得一塌糊涂，认为这是“形而上学”。所以这些问题都是很值得我们思考的。这是第四个认知范式。

第五，自我认知范式。所谓自我认知范式，就是指研究主体将中国传统哲学（概念、命题或观念等）置于器物文明系统、社会历史系统、经济政治系统、礼仪习俗系统、文字语言系统、经籍文献系统、作者素质系统、科学常识系统、思想义理系统、意义价值系统等，通过形成概念、比较分析、逻辑推理、综合判断等思维形式，所进行的认知、解释和评价实践，并且这种认知、解释和评价实践在时间上具有持续性，在主体上具有群体性，从而成为认知、解释和评价中国传统哲学的一种固定模式。其特点如下：第一，逼出来的；第二，回到中国文化系统。其代表人物有熊十力、冯友兰、张东荪、钱穆、贺麟、方东美、唐君毅、牟宗三、张岱年等，几乎所有著名中国哲学研究者都有这种主张。

讲到这儿，我需要再详细地说一下前面四个认知范式。因为同学们可能会问，为什么你要分为四个认知方式呢？不就是马克思主义哲学和西方哲学吗？这个我要解释一下。首先马克思主义哲学是没问题的，那么西方哲学要笼统地讲也没问题，但是为了解释清楚，为了具体地做描述，把西方哲学对中国传统哲学的解释具象化，就需要区分开，这样把握得更好一点。我们哲学系有科学哲学，还有逻辑哲学，然后还有人文主义，所以我就分为这三个方面，或者说从这三个向度来考察对中国传统哲学的解释，但是它们都是姓“西”的，这个“西”可以分为三个向度，然后加上“马”就是四个向度。也就是说，在我这个所谓的五大认知范式里，姓“西”的其实是四个，一个马克思主义哲学，一个人文主义，一个科学主义，一个逻辑主义。

那么有些同学可能会问，这个自我认知范式怎么冒出来的呢？怎么来了一个自我认知范式呢？自我认知、自我认知范式是客观的存在，是历史的必然。在今天，我们中华传统文化要面向世界，自我认知范式就显得非常重要。自我认知范式怎么来的？在阅读用马克思主义哲学、西方哲学解释我们中国传统哲学的著作的时候，比如王国维先生、胡适先生、熊十力先生、张岱年先生、牟宗三先生的著作，我发现这些著名的学者都自觉地发现，简单地用西方哲学解释中国传统哲学会出问题，于是提出要回到自身文化系统中去。我所说的自我认知范式就是回到我们中国文化系统里面，我认为它是“逼出来的”，是这些人自己做这些研究工作的时候逼出来的，自然而然地、不得不然地出来的。

我在确定了这个范式之后，又进一步思考，通过阅读文献，把自我认知范式的内容丰富起来，丰富成现在的十个系统，即器物文明、社会历史、经济政治、礼仪习俗、文字语言、经籍文献、作者素质、科学常识、思想义理，以及意义价值。什么意思呢？如果解释我们中国传统哲学的概念和命题，这十个系统也许不会都涉及，但是你必然会使用这十个系统里面的若干个系统，否则你对我们中国传统哲学的概念和命题就解释不清楚，所以自我认知范式非常重要。下面我再举些例子。

熊十力说：“形式与数理逻辑之于《易》又不必论。今之儒学要究明真际，穷神知化，尽性至命，使人有以实现天德、立人极、富有日新，而完成天地万物一体之发展，彼名数形式可语是乎！”他认为用罗素的数理逻辑解释《周易》是不可以的，那是解释不清楚的。钱穆说：“今人欲崇尚西化，却该从孔孟庄老所言指出其不是处，不该只根据西方人看法来加驳斥。”这就是强调要回到自我文化系统。牟宗三说：“以西方哲学为标准，来在中国哲学里选择合乎西方哲学的题材与问题，那将是很失望的，亦是莫大的愚蠢与最大的不敬。”这一批评非常严厉。方东美说：“《论语》在传记、行谊这一方面是一部很好的书，但是就思想这一方面的价值来看，它是要靠读通各经之后，才能真正了解《论语》中‘言’‘行’后面那个根本道理与力量之所在。”他认为一定要先把老子或者孔子的义理和文献弄清楚，否则是说不清楚的。

再看一些例子，熊十力说：“老子书中之‘道’字最难解说，必须完全了解老子思想之整个的、博大深微的体系，然后才能了解其所谓道。”要准确把握老子“道”的含义，必须以对老子整个思想体系的了解为前提，强调要回到道家思想体系的内在。张东荪说："仁"的思想是从天的观念中衍出来的，即"仁"是"天之德"。为什么？因为孔子认为尧为仁德之帝，而尧效法天地广泛布施，而且这种观念在《礼记》（"天无私覆，地无私载"）、《中庸》（"万物并育"）、《春秋繁露》（天"位尊而施仁"）中都得到了验证。因此，解"仁"乃"天之德"，是儒家经籍文献和思想义理使然。张岱年说，有人将"节用而爱人，使民以时"的"人"解释为统治阶级，将"民"解释为被统治阶级。他基于文献纠正了这种观点，他举例说：《论语·阳货》曰"惠则足以使人"，可见"人"也是"使"的对象，所以不能说"人"就是统治阶级；又《论语·尧曰》云"举逸民，天下之民归心焉"，"逸民"都是贵族，也称为民；另外，《诗经》说"天生烝民，有物有则，民之秉彝，好事懿德"，其中的"民"都不是指被统治者。我们看到，张先生用很多文献来说明他的判断。总之，这个自我认知范式也是有时间性、群体性的。我这里举的例子稍微多一点，就是要强调自我认知范式的形成。

下面我们谈第二个问题，即五大认知范式的应用。其实刚才举例子的时候，也谈到了这五大认知范式的应用。

二、五大认知范式的应用

首先，我们看一下唯物认知范式的应用。唯物认知范式的应用其实是我们学习中国哲学的学生们所熟悉的，从我念大学时的中国哲学史教材到现在马克思主义研究和建设工程的中国哲学史教材，都是唯物认知范式应用的典范。这里举的例子大家先看一下，张岱年先生主编的《中国唯物论史》，任继愈先生主编的《中国哲学史》，萧萐父、李锦全主编的《中国哲学史》，都是我们非常熟悉的。这些著作和教材都是典型的用唯物认知范式解释中国传统哲学的案例。

这一范式具体表现为将中国哲学分为唯物论、辩证法、认识论、唯物史观（如萧萐父、李锦全主编的《中国哲学史》)。这一框架也是影响了我们几十年（包括现在）的解释方向。具体而言，比如《老子》的“道”，早期讲老子的“道”的时候，“惚兮恍兮，其中有象，恍兮惚兮，其中有物”，说是唯物的；后来的解释说，眼睛看不见，人也摸不着，是唯心主义的，这就是唯物认知范式解释。再比如孔子的“仁远乎哉？我欲仁，斯仁至矣”，被说成是主观唯心论。像陆王心学更是如此，讲主观唯心主义，这些都是我们非常熟悉的唯物认知范式的应用。我这里举的例子，呈现的都是客观的历史上的事实，我没有任何一个判断。

然后看科学认知范式的应用。科学认知范式的代表性著作有郭金彬的《中国传统科学思想史论》、席泽宗的《中国科学思想史》、方孝博的《墨经中的数学和物理学》，其应用也是相当普遍的。前面我们也提到了，比如说严复是崇尚归纳法的，是科学主义的代表，他非常熟悉归纳法，所以他用归纳法来理解，说良知良能是不可能有的。他认为任何概念、命题都应该来自经验、来自实践，良知良能不需要“知”，不需要“能”，不需要实践：“公例无往不由内籀，不必形数公例而独不然也。于此见内外籀之相为表里，绝非二途。又以见智慧之生于一本，心体为白甘，而阅历为采和，无所谓良知者矣。”严复用自然科学原理来解释良知良能，那么在他的思想里面良知良能肯定是没办法存在的。这是严复的解释。然后看胡适解释“格物”：“宋儒的格物说，究竟可算得是含有一点归纳的精神。‘即凡天下之物，莫不因其已知之理而益穷之’一句话里，的确含有科学的基础。”他认为这是一种科学方法，具有理性主义精神。再一个例子是张岂之先生对荀子“天人相分”的解释，他认为：“天”是物质自然界，具有客观现实性，由不停地运动变化的物质构成；“人”是能够认识和正确运用自然规律的人，因此“天人相分”是对人和自然关系在理论上的深刻认识，蕴含了丰富的自然科学道理。顺便说一下，关于“天人相分”，不知道在座的同学是否看过冯友兰先生的一篇文章，其中讲中国古代思想史的路线问题。冯先生当时认为反身向内——

以孟子为代表的这个思想是主流，包括李约瑟的《中国科技思想史》也说中国科学不发达就是因为没有一个外向的路向，没有人与自然的张力，就是没有寻找那种“天人相分”的路向。当然，张岂之先生可能也不是为了辨正这个问题，可能他自己本身就是这样理解的。科学认知范式的应用涉及的例子太多，大家可以找我所列的几部代表性著作来看。

人文认知范式的应用，代表性的著作是唐君毅的《中国人文精神之发展》、张立文的《中国和合文化导论》、陈鼓应的《道家的人文精神》。张立文先生，我原来经常见面向他讨教，但是现在开会很少，张先生年纪也大了。关于张先生，因为大家比较熟悉，所以我就不多说了。我这里稍微说一下唐先生。与牟宗三、徐复观相比，他对文化哲学、中国传统人文思想的发掘是比较多、比较深厚的。所以如果对中国古代人文思想感兴趣的话，则可以多阅读唐先生的著作，而且我个人觉得他的很多思考和想法与我的想法比较相应。然后是陈鼓应先生，20世纪80年代他写过一部著作叫《老子今注今译及评介》，大家可以去看一下。这本书就完完全全是用马克思主义哲学解释老子。我刚才讲唯物认知范式时没有举他的例子。但是在《道家的人文精神》中，陈先生就是从人文主义的角度来发掘阐述道家的思想的，所以思想是一直都在变迁的。下面我们举几个例子来说明人文认知范式的应用。胡适解释“理”：“‘君之视臣如手足，则臣视君如腹心。君之视臣如犬马，则臣视君如国人。君之视臣如土芥，则臣视君如寇仇。’从这类的讨论中，我们不禁要觉察到人文主义的精神、合理的精神以及自由政治批判的精神。”胡适认为宋明理学的“理”亦有此义，这是一个人文认知范式的解释。贺麟先生对孟子“求放心”的解释：“意志之所以不自由，其主要原因，即由于心放在外，心为物役。换言之，心为外物的奴隶。求放心就是消极地使意志不为奴隶的工夫。大概心放在外，一方面好像是神不守舍，我们自己的心飞越在外边，而一方面实是外间的东西，或别人的思想意见钻进我们自己的心里，霸占住我们的脑筋，使我们不能自己做主，意志不自由。”因而“求放心”就成为使人重获自由的前提，就是使人成为他自己的前提。这里顺便说一下，贺麟先生的著作不像冯友兰先生那么多、那么丰富，但是在其有限的著述中，很多观点，比如这里讲“求放心”，别具一格、别出心裁。大家有兴趣还可以看一下贺先生对王阳明“知行合一”的解释，我第一次读到这篇文章的时候，非常佩服，他的解释是另外一个视角，而且很有道理。我们看他解释“求放心”，与一般的哲学史教材是很不一样的，他是从人文主义的角度来讲意志自由的问题的。

逻辑认知范式的应用，代表性的著作有虞愚的《中国名学》、汪奠基的《中国逻辑思想史》、周文英的《中国逻辑思想史稿》。讲到这里，我插句话，我写《生生的传统》这本书期间，在 2017 年暑假时写得差不多了。当时我就在写逻辑认知范式中的一部分，我需要找一个文献，是民国时期一位著名的逻辑学家的著作，他在这本书中用西方的逻辑学解释先秦名家的思想。因为我在其他的文献里面看到有这本书，于是我就跑到我所在的南京市的图书馆。大家都知道，南京图书馆是民国时期著作文献保存得比较多的，也是保存得比较好的。我记得非常清楚，那是 2017 年 6 月 1 日，我跑到南京图书馆去找，结果找到了，我当时很兴奋。但是书就摆在我面前，我又非常遗憾，因为当我用手去翻开那本书时，没翻开，手指头一触碰，那本书的纸张就变成粉末了。我也没法拍照，完全没办法用，所以这个文献是找到了，但等于没找到。当年 7 月，正好我要到日本东京大学做访问。因为是在日本东京，所以根本没有抱希望去找这个文献，想着来也来了就去看看吧，参加一下他们的博士、硕士答辩交流之类的活动。可是我心里有这样的一个找书的念头，既然到了这边，那东京大学图书馆里边有没有呢？东京大学图书馆里边没有。几天之后，我发现东京大学图书馆旁边有一个叫做东京大学东洋文化研究所的机构，好像是日本对整个东亚地区的国家和地区的人文社科信息的一个储备，我就抱着侥幸的心理进去找，结果找来找去，竟然找到了。我也很惊讶，就跟服务员说我要这个文献，让我看一下，她很快将那本书拿到我面前。我仔细看了看版权页，原来是一套民国逻辑学丛书的一个系列，再一看是从台湾运过去的。我觉得很惊讶，在日本竟然能找到这样一个我们平时根本不会重视、一个微不足道的文献资料。所以我就这样匪夷所思地把逻辑认知范式需要补充的材料补上去了。我把这个经历在这里跟大家分享，就是说当你做一个东西时，只要你持之以恒地做，你想得到的东西，好像老天就会帮助你得到。现在我们看这个例子，周云之解释“故”：“故：小故，有之不必然，无之必不然。……大故，有之必然，若见之成见也。”小故，原因的部分要素，即必要条件。有之不必然，有前件不一定有后件。无之必不然，无前件一定无后件。大故，与“小故”相对，即充分必要条件。有之必然，有前件一定有后件。周先生认为“故”有三种逻辑学意涵：推理的前提和论据、假言命题或假言推理中的条件或前件、选言命题和选言推理中的选言肢。另外有一位逻辑学者叫王廷洽，他解释“不可两”也是一样，他说：“‘类不可两’是指不能把同类的事物既归入此一类，又归入彼一类；‘择一而壹’显然是指两者之中只能择取其一，使思想上一致而不矛盾。在是与非、可不可之间只能肯定地择取其一。”所以这是矛盾律思想。

然后是自我认知范式的应用。前面我跟同学们说我是比较强调这一范式的，特别是当下，我们要有自主性、主体性，自我认知范式在这方面是有一定作用的。我前面也举了例子，熊十力、钱穆、冯友兰、张东荪、牟宗三、方东美、徐复观、张岱年等都有这方面的主张，就是要回到我们中国文化系统里面，可以用西方哲学、用马克思主义哲学来解释，但是前提是要回到我们本身的系统里，先做一个客观的解释。

我们看个例子，熊十力对“天”的解释：（1）“苍然而不知其所极者”（上帝）——古以穹高在上，苍然而不知其所极者，呼之为天，《诗》云“悠悠苍天”是也；（2）“日月星辰之丽乎太空者”——《易》之“天行健”；（3）“浑然一气流动充满于大寰者”——此天即以六合为一大寰，无内无外，无封无畛，无始无终，无高无下，无古无今，而浑然一气流动充满于此大寰中；（4）“自然而然者”——自然而然，自己如此，荀子之“天”。他是基于具体文献和语境解释文本的意涵的。

前面我们讲到四大认知范式——唯物认知范式、科学认知范式、人文认知范式、逻辑认知范式——都涉及“格物”，那么从自我认知范式如何解释“格物”

呢？大家看一下钱穆先生，他跟其他哲学家的解释就不太一样。钱穆的解释可以分三点：第一，“格物”是主客关系。在《乐记》中，有所谓“人心之动，物使之然也”“感于物而动，性之欲也”“物至知知，然后好恶形焉”等论述，这些论述都明确提出了“心”“物”关系、“物”“知”关系问题，因而“物格知至”，就是“知此外来之物”。由《大学》《乐记》《孟子》相关文献所获得是“心知外来之物”，有心有物，物来心知，故“格物”是主客关系。第二，“格物”即止其所止。由于《小戴礼》是言礼之书，因而可从这个角度去考察“格”与“物”之内涵，《诗》云“邦畿千里，维民所止”，子曰“于止知其所止”，若训“格”为“止”，物为所止处，此即《论语》“君子思不出其位”。格于物，即不出其位也。第三，“格物”即止于人事之至善。《诗》曰“天生烝民，有物有则”，此“则”犹言法则、准则。以今语说之，犹云榜样或标准。再配合《礼记》中射礼，“格”就是“止”，是“恰好至当”之意；“物”就是“礼”，也就是法则、准则。因此，“格物”就是“止于所应立之处”，这个“应立之处”就是“人性之明德，人事之至善”之义。他的这个解释就是从文献的根据、依据来说的，我们没有办法去否定他，他就是把“格物”这两个字的本意通过文献做了一个陈述，所以我把他归为自我认知范式。大致来说，历史上朱熹对格物的解释开出的是科学的系统，王阳明开出的是人文的系统，但是钱穆先生则完全回到一个既非“人文”又非“科学”的系统。我不知道对不对，这就是一个自我认知范式的解释案例，供大家参考。

三、四大认知范式应用的效应

唯物认知范式、科学认知范式、人文认知范式、逻辑认知范式这四种认知范式对我们中国传统哲学产生了怎样的作用呢？这个是我们要理解的。有很多学者写文章做过反思、进行过检讨，其中批评的是比较多的，特别是近 20 年来，因为我们要建设自己的东西，我们要打造自己的哲学。我觉得这个反思的方向是对的，但是我们还是要做一个客观的了解。就像我们现在来了解宋明理学，知道它是受佛教受道家的影响形成的一样。现在我们说 20 世纪的中国哲学、20 世纪的儒学，比如熊十力的儒学、冯友兰的儒学、牟宗三的儒学等，它们在 20 世纪生成，有其生成的机制、生成的资源，其中既有我们中国传统的儒、佛、道的要素，又有西方的要素。所以我们要对这些东西做一个辨析，辨析不是否定，因为我们没法否定，因为它们是资源，对 20 世纪中国哲学、儒学的形成有其积极效应。

第一个积极效应是这四大认知范式对中国传统哲学资源进行了系统的发掘整理。一是概念和命题的发掘整理。比如，本体论方面有天、气、理、道，主客关系方面有天人、能所，认识论方面有致良知、三表法、格物致知，社会历史观方面有势、理、明分使群、元会运世。大家可以看到，我们现在写文章，或者读我们现在的著作，都充斥着这些概念和命题，我们绕不开。二是哲学系统和方法的发掘整理。比如，系统方面有唯物论哲学系统、科学哲学系统、逻辑思想系统、人文思想系统，方法方面有怀疑方法、归纳方法、中庸之法、直觉方法。张岱年先生写的《中国唯物论史》和《中国古代辩证法思想发微》，都是按照唯物认知范式梳理出来的系统。刚才我们讲科学认知范式的时候，举了中国科学思想史、中国科技哲学史等相关方面的著作，它们就是用科学认知范式来解释中国古代思想里面的科技思想的。《中国逻辑思想史》也是一样，都有系统。当年冯友兰先生在他的著作里面说到，中国哲学缺乏一个系统，我们要借助西方哲学的系统，来把我们的系统梳理出来。所以西方哲学、马克思主义哲学对我们中国哲学的系统的梳理和发掘其实是有作用的，不能说没有作用，其方法不能说是没有作用的方法，特别是其对哲学方法的发掘是非常重要的。三是哲学特点和价值的发掘整理。特点有辩证法丰富、注重人事、务实致用、机体主义、直觉思维、圆融和谐。价值则有生态智慧、生命智慧、多元共生、知行合一、民本思想、实用精神。论述中国哲学的特点和价值的著作很多。就辩证法而言，从《周易》到《道德经》，再到王船山的著作，都有着丰富的辩证法思想。哲学是一门人文学科，具有较强的思辨性、批判性，但是中国哲学却有注重人事的特点。接下来是务实致用，中国哲学很务实，不仅儒家务实，而且佛、老二家也很务实。大家到庙里、道观里面去看看，就会感受到。然后是机体主义。关于机体主义，方东美先生提得比较多。他之所以不厌其烦和大张旗鼓地讲机体主义，是因为他的西学很好，他对西方的机械主义、西方的二元论有深切的体会，才会对中国哲学、儒家哲学的直觉思维有切身的哲学感受。再如圆融无碍、圆融和谐，儒家、道家、佛教三家到最终的境界都是圆融无碍、圆融和谐的。价值方面就更多了，在座的同学应该都有所体会，比如生态智慧、生命智慧、多元共生、知行合一、民本思想等，对这些价值的揭示都得益于一个新的坐标，也就是以西方哲学、马克思主义哲学对中国传统哲学的解释。

第二个积极效应，我个人觉得是哲学形式品质的提升。一是哲学术语的输入。当代中国哲学没有这些术语就不能“行走”。这些术语很多，如本体、宇宙、物质、意识、存在、客观、主观、时间、空间、运动、对立统一、普遍联系、反映论、可知论、经验论、感性、理性、共相、殊相、社会存在、阶级、人民群众、英雄、历史发展规律、价值、意义、人格、境界、意志自由、语境、前见、过度诠释、文本、自律、他律、平等、自由等。二是哲学表达方式的丰富。当代中国哲学没有这些表述就不能“飞翔”，比如唯物主义（朴素的、机械的）、唯心主义（主观、客观）、辩证法、形而上学、主观主义、唯意志论、绝对理念、神秘主义、实证主义、实用主义、唯理论、唯名论、本体论、宇宙论、人文主义、实在论、宿命论、泛神论、物活论等。三是哲学思维方式的升级。当代中国哲学没有这些思维就不能展开，比如物质第一性、意识第二性、辩证思维、社会存在决定社会意识、形式逻辑思维、归纳演绎、定义界定等。

第三个积极效应是中国传统哲学内容品质的提升。现代中国哲学家由于应用四大认知范式，从而形成了具有新内容的哲学思想。20 世纪的中国哲学家通过对认知范式的应用，通过他们的解释，融会贯通，形成了他们自己的哲学。在这个意义上，我们认为这四大认知范式对我们中国传统哲学内容是有丰富和提升的。熊十力、冯友兰、贺麟等著名的哲学家在 20 世纪对中国哲学进行了创造，他们的哲学思想就包含了他们自己的哲学思考，而他们的哲学思考就融合了中国传统哲学、西方哲学和马克思主义哲学的不同内容。所以从这个意义上来讲，我们完全可以说，如果我们认同这些著名的学者的解释是存在的，是可以接受的，那么当然我们可以说他们的解释丰富了我们中国传统哲学内容。

一是科学认知范式对中国传统哲学内容的丰富。案例 1“每事问”：“儒家不反对知识，此等精神，根本与科学相得。《论语》记‘子入太庙，每事问’，足见其平时无在不存每事问的精神。吾以为科学成功，特别在此。”这是熊十力的解释。案例 2“言顾行，行顾言”：“重视事实与验证……是中国思想上的两项主要态度。如《中庸》中的‘言顾行，行顾言’、《论语》中的“人能弘道，非道弘人”等，都是一种重视事实、实践和证验的精神。”这是钱穆的解释。大家注意，这类解释就成了熊先生、钱穆先生的思想。二是人文认知范式对中国传统哲学内容的丰富。案例 1“仁”：“孔子之精神，所以能涵盖这许多概念，亦无他，亦即因仁心原是成就各方面，要使各种现实的可能的人生价值文化价值，都充量实现的。”仁心对一切人文价值的涵盖之特质，展示了对自由权利与保护自由权利的法律制度的容受的前景，从而实现了儒家在观念与实践上的突破。这是唐君毅的解释。案例 2“克己”：冯友兰认为，由于“己”是“自我中心的念头”，因而它会阻碍善待他人，所以若要善待他人，就必须消灭“自我中心的念头”，即“克己”。若人人能“克己”，即人人善待对方，从而就能落实“平等义”，也即“忠恕之道”。三是逻辑论证方式对中国传统哲学内容的丰富。案例 1“举一反三”：“孔子认为，一个正方形的四个角是相同的，只要知道其中的一个角，就可以推知另外三个角。这说明孔子的‘举一反三’方法已经触及同类事物可以相推的逻辑原理，具有鲜明的推类性质。”这是温公颐的观点。案例 2“梁惠王不仁”（《孟子·尽心下》）：大前提为凡是仁者都是以其所爱及其所不爱，小前提为梁惠王不是以其所爱及其所不爱，结论为梁惠王不是仁者。这个三段论完全符合三段论规则，是一个正确的三段论。这是陈克守的说法。这些例子都告诉我们中国的学者用逻辑认知范式解释我们中国传统的命题概念，然后阐发自己的逻辑思想，这是丰富和发展。四是唯物认知范式对中国传统哲学内容的丰富。这里举两个例子，一个是“和实生物”，另一个是“形质神用”的命题。案例 1“和实生物”：“严格区别‘和’与‘同’的含义，反对‘去和而取同’。‘和’就是以一种元素与另一种元素相配合，求得矛盾的均衡与统一。……如果‘去和而取同’，害怕对立面，那就‘以同裨同，尽乃弃矣’。史伯主张‘以他平他’，就是反对绝对等同的形而上学，容许对立面的存在来平衡新旧矛盾。”这段话强调、肯定了“和实生物”所蕴含的差异性、多样性、对立性思想，认为这不仅可以求得矛盾的均衡与统一，而且是对“以同裨同”形而上学的否定。这是萧萐父、李锦全主编的教材《中国哲学史》中的说法。案例 2“形质神用”：不仅正确地解决了物质与精神谁先谁后的问题，而且将精神理解为特定形体的自我运动，从而具有了辩证法思想——以“形神不二”的观点反对了形神分离的观点，以“形质神用”正确说明了人精神活动的生理基础。这是冯契的观点。冯契是一个有哲学气质的逻辑学家，我读到他这样一个说法的时候很震动，他认为这个命题证明了人精神活动的生理基础，但是过去我们不会这样讲，因为关于“形质神用”，我们的哲学史教材基本上就是用唯物唯心、物质决定意识的原理套一下。以上是四大认知范式的应用对我们中国传统哲学的积极效应。

但是，这四大认知范式在被广泛地应用于解释中国传统哲学的学术实践中的同时也产生了副作用，特别是到了 20 世纪下半叶，副作用是比较明显的，所以到了 21 世纪，学界开始反思检讨，形成了一股力量。其消极效应可以从三个方面来看。

第一个方面，误解中国传统哲学的意涵。这是用西方哲学的方法，也就是人文认知范式，或者科学认知范式、逻辑认知范式，或者马克思主义的唯物认知范式解释中国传统哲学时所发生的误解情形。利用这些认知范式来解释中国传统哲学，可能会偏离中国哲学原来的意涵。举例来说，李石岑不是专业的哲学家，但他写过一本《中国哲学十讲》，他解释《论语・阳货》中的“唯女子与小人为难养也，近之则不孙，远之则怨”说：“谓女子与小人之‘难养’，是明明白白地说地主阶级不容易畜养他们，但又何曾顾到他们之无以自养呢？……正是地主阶级难养，并不是女子与小人难养，因为女子与小人是当时的生产者，是女子与小人养地主阶级，并不是地主阶级养女子与小人。”这是用唯物认知范式，用马克思主义哲学的阶级分析方法来解释这句话。另外有人就说这个解释不对，为什么呢？因为“女子”并非泛指女性，特指“人主”所宠幸的臣妾，引申为受宠幸的身边人；“小人”是阴私满腔、与君子恰好相反之人；“养”指修身养性；“孙”通“逊”，有规矩，“不孙”就是无礼，坏了规矩。因此，这段话应该是这样的意涵：恃宠者与小人，他们都很难培养自己的道德品质，所以与之相处要有远近分寸，太近了容易失礼，破坏规矩；过于远离，又容易招致怨恨。这后面的一种解释就认为，李石岑先生的解释偏离了《论语》的本意。

第二个方面，四大认知范式的应用对我们中国传统哲学义理有肢解的副作用。这个很要命，因为中国哲学不论是儒家、道家还是中国佛教，都有自己的义理系统，比如朱子、阳明的思想不会和孔子、孟子的主体思想相悖，而是前后贯通的，所以中国哲学存在自洽的义理系统。也就是说，我们要解释一个命题的话，一定要注意其义理系统的边界、限制。所以谈到陆象山所说的“宇宙即是吾心，吾心即是宇宙”，很多中国哲学史教材都说这是主观唯心主义。讲主观唯心主义要吞并客观世界，主观吞并客观世界，这是肢解中国传统哲学义理的案例，我是不能认同这样的解释的。讲陆九渊取消了主客观限制，如果按照这样一个主客观对立的方式来处理“宇宙即是吾心，吾心即是宇宙”这一命题，那么就对这个命题的意涵没有理解，离得很远，这样一个理解肯定是不符合他的原意的。陆象山是心学家，他讲的本心是什么？本心就是关怀，本心就是儒家的担当，这是陆王心学的本心。为什么是这样？孔孟讲德政、仁政。仁政、德政是干什么呢？也是一种关怀嘛！孔子不是为了做官，而是为了传道，他有着济世的情怀。陆象山也是不愿意参加科举考试，他所说的“本心”也是儒家仁爱思想的体现。孟子为什么提出仁政呢？也是要救世，他是看到当时社会有很多的问题，想着如何拯救它。所以“宇宙即是吾心，吾心即是宇宙”表达的是陆象山作为儒者的担当和情怀，而不是说要吞并这个宇宙，他吞并不了，他也不会去吞并，他是把宇宙世界的事当作自己的事，和后面的王阳明是一样的，用我的心，用我的整个的生命来关心，来担当这个宇宙世界的事情。如果你那样理解，就偏离了其原意，就与儒家义理没有任何关系了。

再看一个例子，任继愈解释王阳明的“万物一体”：“所谓天下犹一家，中国犹一人，是说使人人做到父慈子孝，兄友弟恭，夫妇有别，君臣有义，不使一个人发生违背封建伦理教条的行为。他又说：‘仁者以天地万物为一体，使有一物失所，便是吾仁有未尽处。’大人就是要把自己的仁推广到天下每一个人，不使一人一物失所。……这些正是历代封建正统学者所强调的‘亲亲仁民’的虚伪原则，并没有什么新内容，这里头没有什么平等精神或什么普遍的爱，它完全是为封建压迫的合理性提供理论根据的。”这一解释问题很多，任先生主编的比较早的白皮的《中国哲学史》，就是用阶级分析方法写的，他认为“万物一体”是抹杀阶级斗争、抹杀阶级差别。那么，王阳明的万物一体有没有这方面的意思呢？我们不可能再找到王阳明去问。张岱年先生也写过类似的文章，张岱年先生认为王阳明的“万物一体”，主观上是为统治阶级服务的，客观上则有利于老百姓，为老百姓争得利益。我个人觉得张先生的评价更合理。王阳明是思想家，而且王阳明是伟大的思想家，在他的万物一体思想里面融贯包含了许许多多的内容，比如说他要体贴天下万民的疾苦，不能简单地解释成为统治阶级服务之类的。如果用阶级分析方法来否定“万物一体”本有的积极的人文的意涵、人文的精神，那么就是不合理的，是在肢解中国传统哲学义理。

第三个方面是消解中国传统哲学的价值。对四大认知范式的应用存在一种弊病，即教条化应用，这会使我们中国传统哲学的义理价值被消解。案例1，蔡尚思写过一本书《中国传统思想总批判》，他原来是复旦大学历史系教授，他在这本书里面批判儒家，比如儒家的孝、忠观念，其中这样解释“不孝有三，无后为大”：其一，孝是男人的道德。男人实行出妻纳妾，以求多子而免无后，女子便成为无后的不孝者。其二，孝是富贵之人的道德。贵族富人有妻或多妻，贱族贫人无妻或一妻。多妻者多子，无妻者无后。富贵者多罪恶，贫贱者多善良，儒家以上层恶人为道德，以下层善人为不道德，善恶结果颠倒起来。因此，孝不是美德。大家看《孝经》和《论语》以及《礼记》，看儒家对孝的定义，会知道蔡先生的这样一个解释、批判和否定，毫无疑问把儒家的孝观念的丰富价值否定掉了。这种否定在五四时期是有一定市场的，这是客观的事实，我们要说出来，没有必要遮遮掩掩。案例2，牟宗三在《中国哲学十九讲》中说道：“‘君子敬以直内，义以方外，敬义立而德不孤。直方大，不习无不利。’有人就把‘直方大’的直说成是几何学上的直线，方是广场，大是无限的空间，他就是不从道德方面讲。但是在‘直方大’上面明明说的是‘敬以直内，义以方外’，这明明是道德，你怎么可以把它讲成几何学呢？”如果把它变成一个几何学的问题，那么其中的道德意涵就没了。

综上，我们将20世纪中国学者解释我们中国传统哲学的实践分为五大认知方式，其中四大认知方式是域外的、“姓西”的，包括唯物认知范式、人文认知范式、科学认知范式和逻辑认知范式。这四大认知范式的应用，产生了一些效应，当然这里举的例子都非常有限，有些案例也不一定非常典型，我的书里面有很多例子，大家有兴趣可以去看一下。关于这个效应，一是积极的效应，包括对形式和内容的效应；二是消极的效应，就是化解、肢解和误解，到现在都还有。接下来是第四个大问题，五大认知范式应用的学术经验。

四、五大认知范式应用的学术经验

第一点，我个人觉得，20 世纪中国学者用西方哲学、用马克思主义哲学解释中国传统哲学的学术实践，是解释中国传统哲学的一个有益方向。我们现在图书馆中保存下来的 20 世纪中国哲学的那些著作和成果就告诉我们这一点是应该肯定的。具体来说，应该察其不足，扬其优长，化腐朽为神奇。因此，我们不能自我封闭，不能做鸵鸟、自我欣赏，只有敞开胸怀，才能发现自己的缺点，才能改正缺点，才能丰富自己、壮大自己。

第二点，认知范式必须与被解释的中国传统哲学文本相契，就是说，我们用人文认知范式、科学认知范式、逻辑认知范式或唯物认知范式解释中国传统哲学的时候，如果不相契，就肯定会出问题。简单来说，用其他的理论来解释你研究的对象时，你要考虑相契不相契，不相契就是牛头不对马嘴，就像刚才我前面举的例子，熊十力先生就说用罗素的数理逻辑思想解释道德心灵学说是没法解释的。四大认知范式应用于中国传统哲学研究所以会出现误读、损害中国传统哲学的情形，所用认知范式与被理解的对象不相契是原因之一。因此，我们必须注意认知范式与被理解的对象在特性上的相契性。

第三点，以马克思主义哲学、西方哲学解释中国传统哲学所造成的消极影响，主要责任是中国学者自己，是从事解释的主体，不可将责任推卸给学说和方法。马克思主义哲学是正确的世界观和方法论，但在学术研究中不能教条地使用。之所以在用四大认知范式解释我们中国传统哲学时会出现误解、肢解等毛病，更多的情况之下是因为我们的主体的缘故，是我们进行解释的人要承担责任，不能怪马克思主义哲学，不能怪西方哲学，至少你可以不用，对吧？而且在用马克思主义哲学、用西方哲学的时候，有的学者用得很好、很恰当、很有分寸、很有成果，有的学者用得一塌糊涂。这就告诉我们主体的素质很重要，所以刚才我讲消极的效应是因为教条化使用，把好东西变成负面的东西。这是我的第三个判断。可能有些朋友不会认同，但是我认为我们作为中国哲学研究的主体，你们、我们包括我本人要承担这样一个责任。讲通俗一点，就是你拿着筷子吃饭的时候，那筷子把你的牙齿弄掉了，那你怪谁啊？难道要把筷子扔掉吗？很简单，你自己没弄好，其他的人用筷子没事，而且吃得好好的、香喷喷的。

第四点，五大认知范式的解释功能都是相对的，彼此互补合作才能完整地解释中国传统哲学。比如前边讲到的“格物”，可以做科学的、人文的、逻辑的、唯物的解释，但都必须建立在自我认知范式基础上，即必须进入具体的语境。虽然五大认知范式在 20 世纪对我们中国传统哲学的解释发挥了各自的特殊的有益的作用，但是五大认知方式是各有限制、各有边界、不能越俎代庖的，所以它们要合作，而且还要追求相契。所以你看我前面讲这些内容的时候，讲这五大认知范式应用的时候，格物好像讲得比较多，格物用科学认知范式可以解释，用人文认知范式也可以解释，甚至用逻辑认知范式也可以解释，用自我认知范式也可以解释（比如钱穆先生），然后用唯物认知范式也可以解释。所以说有的时候这五大认知范式的解释功能是各有特殊性。因为这样一个特殊性，所以五者之间要互相帮助，使它们解释的对象、解释的结果相得益彰。这就是我那本书《生生的传统》研究的结论之一，五大认知范式的应用对全面、正确解释中国传统哲学提供了重要的方式，具有重大的学术意义。

整理者：张雪枫

第十二讲

让儒学走出中国哲学：社会科学视野下的儒家思想

主讲人：王学典
山东大学儒学高等研究院执行副院长、《文史哲》杂志主编非常感谢有这样一个机会，与我们尼山世界儒学中心联合研究生院儒学专业的同学做学术上的交流。其实研究儒学是我的工作，不是我的专长，但是协助许嘉璐先生来主持山东大学儒学高等研究院的工作，使我有更多的机会从学术史的角度来思考儒学的相关问题。出于工作的需要，我个人一直在思考一个问题，就是儒学复兴的问题。如何让儒学这样一个在农耕社会占主流地位的意识形态的理论，在工商社会里焕发出它的生命力？这是我长期思考的一个问题。怎么给儒学注入新的活力，如何对中华优秀传统文化（包括儒学在内）进行创造性转化和创新性发展，是我很长时间一直在琢磨的问题。我今天晚上跟大家交流的主题是让儒学走出中国哲学，主要谈的问题就是社会科学视野下的儒家思想，这一主题的本质就是要回答如何对以儒学为主干的中华优秀传统文化进行创造性转化和创新性发展的问题。

大家知道，对中国传统文化进行创造性转化和创新性发展在 20 世纪 80 年代就被提出来了，不是现在才提出来的。20 世纪 80 年代林毓生先生提出对中国传统文化进行创造性转化，实际上意思是一样，所以这是一个非常重大的历史任务，也是一个非常重大的命题。我个人认为特别是创造性转化与创新性发展即“双创”提出来之后，到现在为止，学界并没有完成这个任务，或者我们也很难指出哪些是我们“双创”当中的成果。到现在为止，我个人认为在学界好像并没有大家公认的一些东西出来。另外，“双创”这个命题意味着什么？我们究竟应当怎么样来进行“双创”？我觉得这些都是我们要提出来思考的问题。

这个问题还涉及至少两个方面的任务：一个是我们既不能照搬西方；另一个是我们同样也不能照搬传统。我们照搬传统，那传统怎么办？这就是如何继承辉煌灿烂、伟大优秀的中华传统文化的问题，也是我们面临的一个非常重大的任务。按照一个研究文化地理的老一辈的学者的说法，中国文化是汉字文化，汉字文化是世界上最优美的文化。我就想：为什么这样一个世界上最优美的文化还要进行“双创”，还要进行创造性转化，为什么不能照搬？一个很优秀的东西，为什么不能照搬？我觉得这是一个非常大的问题，我个人认为传统的人文思想、人文主张、人文理念、人文追求如何指导对一个现代国家的治理，是我们首先要认真考虑的问题。换句话说，治理一个现代国家，是更多地依靠现代社会科学，还是要依靠那些古老的人文理念，是需要我们再考虑的问题。

在我个人看来，传统的人文理念、人文主张、人文追求无论多么优秀，在今天都不能直接指导对一个现代国家的治理。换句话说，我们治理一个现代国家要更多地依靠现代社会科学，而不是那些古老的人文理念、人文智慧。这对我们学界而言是不言自明的。比方说我们现在管理经济需要更多地依靠现代经济学的知识，我们治理国家需要更多地依靠现代政治学的知识，而不是依靠《论语》《孟子》，甚至《尚书》。我认为现在的经济学知识、政治学知识、管理学知识、法学知识是我们治理一个现代国家的主要凭据。前段时间我和我们政协界的一个同行一块儿到外地调研，她年近六十，但她老是跟我说：王老师，我正在考虑养老的问题。我说：你怎么现在就考虑这个问题？她说：我必须老有尊严，即使生病我也得保证我的尊严。她说她正在考察她所在城市济南的养老机构和设施。所以说，即便“老吾老以及人之老，幼吾幼以及人之幼”这些人文理念很好，但是如何设计和建设一整套养老设施，也是个非常大的问题，比方说一个小区要规划多少养老床位，配备多少工作人员，配备多少医学人员，配备多少所谓的服务人员，这些都是问题，“老吾老以及人之老”这项理念不能直接解决这个问题，要想直接解决这个问题，必须先依靠现代人口学的知识。简言之，我们要治理一个现代国家、一个现代社会，即使这些传统的人文理念再好，也存在如何落地的问题。“天下为公”如何落地？这些都是我们应该考虑的问题。

大家知道，在中国近百年的学术体系当中，儒学研究主要的方向是在文献学专业，在历史系叫历史文献学，在中文系叫古典文献学，负责整理古籍古书。这项工作的主要目的就是让现代人更好地利用古籍，这是一项基础性的、准备性的、非常重要的工作。但是对儒家思想的研究，对儒家哲学的研究，对儒学价值的研究，长期以来是在哲学系，是在中国哲学史专业。哲学系分中国哲学、西方哲学、马克思主义哲学，大家都非常清楚。儒学长期寄居在哲学系，而且寄居在中国哲学史专业。但是我个人感觉，要实现儒学的创造性转化和创新性发展，仅有哲学面向从目前来看是远远不够的，要想真正让儒学研究繁荣起来，要想儒家的那些优秀理念、那些具有跨越时空的价值的理念真正落地，就有必要让儒家思想走出哲学专业。因此，儒家思想的社会科学化，是儒学"双创"的必由之路，也是今天我要跟大家交流的主要问题。我认为我们当今面临着两个非常大的任务：第一个是从西方移植过来的社会科学必须本土化、中国化；第二个是我们中国本土固有的思想也应当和必须社会科学化。我觉得这是我们要同时进行的两项工作。今天我就侧重本土思想的社会科学化和大家交流一些看法。

关于这个主题，我今天准备分三个问题来谈：第一个问题是儒家的学说是不是都要拿来进行社会科学化处理；第二个问题是儒学社会科学化的内在依据在哪里；第三个问题是如何对儒家学说进行现代社会科学的创造性转化。

一、儒学的二分与社会科学化

我们先来看儒家学说是不是都应该进行社会科学化的处理，或者都进行社会科学化。换句话说，我们应该对儒家学说进行结构性分析，进而结合百年来的学术史，说明儒学走出中国哲学领域的必要性在哪里。余英时先生在他的论文当中提到一个看法，他说我们应该引入社会学的一对概念——公共领域和私人领域，对儒学进行结构性分析。对儒学进行结构性分析，简单地说，在我看来就是把儒学一刀劈成两半。儒家的思想基本上可以用四个字来概括，我们通常叫内圣外王，或者叫修己安民，就是你把你自己养成一个圣人或者是一个贤人，然后安顿社会、安顿民众，以治理社会、治理国家，处理自身和他人的关系，包括设置基本的社会制度。把儒家的理念一刀劈成两半，一半是道德伦理，一半是社会治理或者国家治理。相应地，用社会学的概念来说，一半是私人领域，一半是公共领域。私人领域就是修身齐家，公共领域包括社会治理、国家治理，即治国平天下。这二者恰好与大家对儒学的一贯认识相合，即内圣与外王这两个方面。我个人认为，在私人领域，儒学不需要社会科学化，仁义礼智信不需要社会科学化，基本的道德要求和人格要求（温良恭俭让）也不需要社会科学化，所以在修身的范围之内，在个人修养的道德层次上，《论语》可以直接拿过来用，这个没问题；但是在治国平天下的层面上，在公共领域，儒学必须社会科学化，因为社会在发展、在进化，我们不能刻舟求剑，治理社会的理论理念必须随着社会的发展进化而发展进化。

大家知道儒学是一个庞大的思想体系，但目前占主流地位的一种看法是把儒家仅仅看成一套伦理学术、一种道德哲学，我觉得这也是需要我们进一步思考的。而且在我个人看来，儒学更多的是一套系统的社会发展理论，不能仅仅将其看作一种道德哲学。

大家知道山东省在做一项工作——筹办尼山世界文明论坛。在尼山世界文明论坛主题的选择上，我们原来有一套想法。儒学与基督教对话已经举行了，儒学与佛教对话也举行过。我在尼山世界文明论坛等好几个场合谈了我个人的一个想法，就是儒学要想获得生命活力或者世界性影响，最关键的不是与伊斯兰教对话，不是与佛教对话，不是与道教对话，不是与基督教对话，而是必须与作为西方主流思想的自由主义进行深入对话。我为什么会提出这样一个想法？大家知道，道教也好，佛教也好，伊斯兰教也好，基督教也好，或者其他宗教也好，它们有一个共同的特点，即都仅仅着眼于自我解脱，考虑的不是整个族群的发展、整体的解放。大家知道上西天极乐世界、进天堂、立地成佛、羽化登仙等，全部着眼于个体，而不是着眼于整个社会的进步和提升，不是着眼于共同体的解放和发展。实际上，只有儒家学说关注社会的小康和人类的大同，关注天下和整个人类的健康发展与和谐相处。最早在2000多年之前，儒家就提出“大道之行也，天下为公”这样的主张，追求“人不独亲其亲，不独子其子”这样的理想社会，正心诚意格物致知修身齐家，是儒家立身的教条。从个人的生老病死到整个社会的基本制度设置，儒家要全面安排人间秩序，而其他文明、其他宗教在我看来均主张避世、逃世乃至弃世。所以我个人一直认为儒学不是伦理学，把儒学看成修身养性的伦理学是降低了儒学的地位。儒学更不是宗教，因为儒学不安顿人的灵魂，不关注彼岸世界，所以儒学对六合之外的世界究竟是什么、彼岸世界是什么持存而不论的态度。儒学关注的是人心，不是灵魂，而人心是当下的在场的肉体，所以在我个人看来，儒学从学科属性来讲，最大的属性是一种比较系统而完善、带有典范性质而且曾在 2000 多年中被付诸实施的社会发展理论。这是我们要考虑的一个非常大的问题。儒学和基督教、道教、佛教这些宗教最大的差异，在于儒学是关注社会发展的，而基督教、道教、佛教都是建立在信仰的基础上的，都无法被社会科学化。儒学主张治国平天下，社会怎么样演化是儒学关心的问题。这是我对儒学的学科属性的认识，应该把儒学划入社会发展理论这个范畴之内，而不能仅仅将它界定为所谓的伦理学或道德哲学。我想这是我个人近期思考的一个稍微和学界的一些同人不完全相同的一点。

流行的经济学说一般是社会发展理论，而在社会发展理论层面上，我刚才说了，随着社会自身的发展进化，儒学要想在当代继续起作用，焕发出生机，或者具有生命活力，就必须同样社会科学化，继续往前发展。儒学所具有的伦理理论和社会发展理论的双重属性，并非并列的，儒学一直被伦理化有它的道理。但儒学也是一种社会发展理论，只不过这种社会发展理论是以德性为中心，建立在德性的基础上。在我看来，儒学是一种比较完善的社会发展理论，而且它曾经在中国历史上 2000 多年间被付诸实施。对于儒学而言，我个人感觉，治国平天下是它的核心，道德是它的准备，伦理是它的基础，所以在内圣外王、修齐治平的序列中，修身齐家是出发点，一个人所成就的最高理想就是突破小我而走向大我，最终目标在治国平天下，也就是说，修身齐家的方向是由治国平天下这个理念规定和指引的。把儒学一刀劈成伦理和社会治理两半，是对学术史在现代学术意义上进行的总结，是在 20 余年的相关研究、持续观察的基础之上，我个人所提出和所坚持的一个看法。

把儒学放在中国哲学史的范围之内，长期以来其实是一个无奈的选择，因为五四运动之后，贯穿整个 20 世纪的有两大命题，而且直到现在我们仍然没能走出这两大命题：一个是如何对待传统；一个是如何对待西方。五四运动所提出来的两大问题对于今天的中国而言仍然是非常尖锐的问题，不但没过时，反而日趋尖锐化。20 世纪大部分时间之内是反传统的。在反传统的背景之下，如何使儒学生存下来，给儒学一定的生存空间？儒学中关于意识形态的部分、关于治国理政的部分，在 20 世纪被等同于所谓的封建意识形态，被等同于礼教，在五四运动前后就被人们踩在脚下了。儒学最后生存在中国哲学史范畴之内，生存在中国哲学范畴之内。换句话说，是中国哲学史，是中国哲学给了儒学必要的生存空间。假如不是中国哲学史，不是中国哲学把儒学的这一块内容收留起来，我们很难想象儒学的最终命运或者其在 20 世纪的最终命运。直到今天，儒学寄居在哲学系，寄居在中国哲学专业。大家知道，新儒学把儒学退回到心性这个范畴之内，我觉得这是对儒学火种的保存。今天我们的视野可能更开阔了，那是另外的问题，但是它在相当长的时期之内不是这样，这里边也牵扯着非常多的问题，包括刚才所提到的儒学的争论，比如大陆儒学学者与台湾学者李明辉先生的争论，还有关于蒋庆先生的政治儒学、干春松教授的制度儒学的讨论。事实上在学界大家早已认识到把儒学局限在哲学的范畴之内、中国哲学的专业之内有其问题。陈来先生在 2013 年就曾经在他的文章当中专门提出这个问题。他说儒学的时代使命并不限于哲学地回应时代，而是更为广泛。他特别提出应该把儒学分为两块，一块是学术儒学，另一块是文化儒学。在文化儒学这个领域之内，我觉得陈先生事实上已经意识到了，因为陈先生认为文化儒学应该讨论儒学与民族的关系、儒学与人权的关系、儒学与经济全球化的关系、儒学与现代化的关系、儒学与文明冲突的关系、儒学与建立和谐社会的关系等。这些是现在整个的文化儒学要面对的问题。我们应该进一步扩大视野。事实上，政治学家、经济学家、社会学家已经介入儒学这个领域很长时间了，我觉得这是我们要面对的一个问题。总之，儒学不能是中国哲学界一小部分学者的专利，甚至也不应仅是人文学术的一个专属的领域和专属的事业，整个哲学社会科学所有的学者都有可能从自己学科的角度进入儒学这个领域，去发掘和各自学科相关的内容，所以我们最近看到一大批传统儒学领域之外的学者已经开辟出新的研究方向。这批学者因为受过严格的社会科学训练，所以更多地使用概念工具，具备较强的问题意识，有着现实关怀，给儒学领域带来了新的风气。这种风气在我个人看来先不用管自觉不自觉，事实上都引领着儒学社会科学化这样一个发展的方向。

这是我给大家讲的第一个大问题，应该把儒学一刀劈成两半，一半是伦理的内容，另一半是社会治理的内容。而社会治理的内容应该社会科学化，伦理的内容作为修身为私人领域，还是可以继续起作用。

二、“九科治儒”：儒学社会科学化的内在依据

接下来，我想给大家讲一讲儒学社会科学化的内在依据。前段时间尼山世界儒学中心山东大学分中心和《孔子研究》编辑部曾开过类似的会议——“社会科学视野下的儒家思想”，我提出了当下儒学领域出现的一些新的研究倾向，我将其概括为“九科治儒”，就是政治学、经济学、法学、社会学、心理学、管理学等九科治儒，事实上不止九科。九科治儒有它的必要性，这一点我前面已经有涉及。那么九科治儒的可能性在哪里？也就是说儒学社会科学化的依据和内在根据在哪里？我要跟大家简单做个汇报。我觉得儒学社会科学化最有利、最强大、最根本的依据，就在于儒家思想自身所蕴含的治国平天下和治国理政的内容。古代儒学的重要遗产，就是关于如何治理和管理一个超大型、超大规模、多民族的国家这样一个遗产。中国古典文献当中蕴藏着丰富的管理学、治理学的遗产。大家

知道，在古代通信手段非常有限，在有这种巨大制约的情况之下，如何治理这么庞大的一个国家，我觉得是我们需要正视的一个内容。这么大的一个地域，在这么久的时期之内治理得井井有条，尽管不断发生农民战争，不断发生改朝换代，但是社会的和平发展、正常发展是整个中国历史的主流。

我们还可以看看古人是怎样概括和总结的。儒家有其经典文献体系，《庄子·天下》做了一个概括归纳："《诗》以道志，《书》以道事，《礼》以道行，《乐》以道和，《易》以道阴阳，《春秋》以道名分。"后来《荀子·劝学》也有一个概括。关于《尚书》是干什么的，《诗》是干什么的，《礼》是干什么的，《乐》是干什么的，《春秋》是干什么的，都有非常多的内容。将《劝学》和《天下》对照着读，我们可以看得非常清楚。在今天学科专业划分极度细致的情况下，我们能够看到什么？大家知道这里面涉及非常复杂的内容，包含社会治理的各个方面、社会发展的各个领域。我为什么说儒学是社会发展理论？因为它涉及社会各个层面，所以在这种复杂的情况之下，我们如果不引入政治学、社会学、经济学、法学、心理学、音乐学、天文学，以广阔的视野对儒学经典进行解读，就没办法全面立体地从这些经典当中挖掘出其真正的价值。单独从人文的层面不能充分解释其价值，儒家的经典涉及的是立体的社会治理。

这里可以举两个例子。第一个是《尚书》。大家知道，它是儒家的政治哲学，是儒家的政治教科书。山东大学孟祥才教授写过一篇文章，题目就是"《尚书》是儒家关于治国理政的最基本的理论"，这个题目就已经说明了《尚书》的价值在哪里。孟老师这篇文章写得非常好，观点非常明确，我就不再多说。另外，最近《文史哲》杂志刊发了刘梦溪先生的一篇力作，刘先生和孟老师两人文章的题目相应，刘先生的题目是"《尚书》是三代之治的经纶大法"。刘先生认为《尚书》是虞、夏、商上古时期的政治图谱和政治伦理典要。刘先生对《尚书·洪范》所言之九畴进行了深入的分析，讨论了国家治理的各个角度，大家可以去看这篇文章。《尚书》蕴藏着非常多的古老的政治学、经济学、法学的内容，我们今天要深入探索《尚书》的价值，离开政治学、经济学、法学这些社会科学的视野，要将其完全谈透，是很困难的，仅仅从人文的角度谈就很困难，因为它涉及的面太多。第二个例子是《周礼》。《周礼》更是如此，其中涉及整个国家的制度设置、中央管理部门的设置。《周礼》给出了一个理想国的制度设计，在中国古代的影响非常大。大家知道，王莽变法改制就是想把《周礼》拿过来加以施行，当然他出现问题了。另外，从西汉到隋唐，把中央的管理制度设计为六部制，都有着《周礼》的影子。通过这些，我们可以看到《周礼》和中国古代政治的关系、和国家治理的关系、和社会治理的关系。这不单单是人文的内容，还包含很多具体的机制上的内容，不是仅仅从哲学的角度就能完全把它的价值概括出来的。从人文的角度很难把它谈得非常透，所以必须结合政治学、制度学、管理学等其他学科的某些内容来解释《周礼》的价值。我个人感觉儒家这些经典当中所包含的内容已经远远超出哲学的范畴，具备社会发展理论的众多特质。

当然除了经书之外，在很多子史书籍当中，同样也保存了丰富的治国理政的内容。其中最典型的就是《管子》。《管子》一般被认为是战国时期稷下学派思想的代表，里边包含了大量的治国理政内容，尤其是经济学的内容。经济史学家胡寄窗先生有一个评论，他说管子是战国中期出现的一个伟大的经济巨匠，在现行的《管子》76 篇中，有 2/3 以上都涉及经济问题，有将近 1/2 的内容研究的是经济问题，这在先秦著作当中是绝无仅有的。那么其中最重要的大概就是《轻重篇》，其中包含的 19 篇文章按我们今天的说法所论述的就是怎么样对市场经济进行调节，涉及财政收入、抑制物价、商品流通等，它包含的内容远远超出我们的想象。有一段时间，我曾和我们经济学院的某些教授进行交流，我问他们有没有读过《轻重篇》，他们说不懂；我跟政治学的学者也交流过，他们也都不读《尚书》，也说不懂。中国的这些典籍都包含了许多对我们今天有用的社会科学的内容，还有更多的例子我就不再举了。但是司马迁写《史记》的时候，在《太史公自序》当中有一段话非常重要，这段话就叙述的是司马谈的《论六家要旨》。这是一篇非常重要的学术史文献，其中说阴阳、儒、墨、名、法、道德等诸家都是“务为治”的，为了透彻说明这个问题，他还引了一句话“天下一致而百虑，同归而殊途”。也就是说，在司马谈的眼中，阴阳家也好，道家也好，墨家也好，名家也好，法家也好，它们有一个共同的追求、共同的目标，都是治理社会，它们追求的是政治。这不仅是对儒家的定位，还是对诸子百家的定位。若放在今天的社会科学的分科当中，那么它们的思想对应的绝不仅仅是哲学和伦理学，还包含政治学、社会学、管理学和法学。各家都是为了社会治理，都是为了管理国家。大家知道，自儒学诞生起，儒家实际上就一直没有放弃自己在管理国家上所承担的责任，儒家一直有救世的责任使命感。我刚才说了儒家与道家、佛教都不一样，道家、佛教要么避世，要么遁世。孔子周游列国，孟子周游列国，都有政治上的抱负，都有治国平天下的抱负，后世文人也大多有这个追求，比如杜甫就希望“致君尧舜上，再使风俗淳”。古典儒学最后的理论形态实学——明清实学——在这一点上体现得更为充分。实学研究的权威和开拓者之一就是葛荣晋先生。他说，明清实学是中国儒学发展的最后的一个理论形态，是中国古代文化走向近代新学的中介和桥梁。明清实学中有大量的这方面的内容，我就不在这里列举了。

除了政治学和经济学之外，一般的社会治理方面，儒家思想对中国古代法律的渗透，或者是中国古代法律条文当中所蕴藏的儒家理念更是比比皆是，这些都有待法学家和法学工作者介入和开掘。法学界瞿同祖早就有法律的儒家化这样一个提法，尽管从目前来看可能在学界有一些争议，但是基本已被大家所接受。举上面这些例子，都是想说明一个问题，即从儒学自身的内容和性质看，儒学是一种社会发展理论，这决定了儒学研究能够被社会科学化。

习近平总书记在于 2016 年 5 月 17 日召开的哲学社会科学工作座谈会上所作的讲话当中说得非常明确，中国古代大量鸿篇巨制中包含着丰富的哲学社会科学内容，总书记还做了明确的概括。既然中华优秀传统文化中包含着大量的哲学社会科学内容，那么它就能够被哲学社会科学化。刚才一开始我就说了，所有的信仰都无法社会科学化，而儒学恰好不是信仰。我们长期把儒学看作心性哲学，看作伦理学，看作道德哲学，甚至有一部分人把它看作一种宗教。我个人感觉这些看法本身都大大窄化了儒学研究的内容，低估了儒学研究的意义。在我看来，儒学在本质上是一种社会发展理论，迄今为止仍然对我们整个中国社会具有巨大价值。儒学的社会科学化有其内在依据，这是由儒学作为社会发展理论的学科属性决定的。这是我给大家交代的第二点。

三、现代社会科学与儒学的现代化

最后，我想说儒家思想的当代应用和儒家思想的落地，必须经过现代社会科学的冶炼，换句话说，必须对儒学进行社会科学化的改造与转化，才能使儒学在当今社会继续发挥作用。

我在 2014 年的一篇文章当中说了一点，“半部《论语》治天下”的时代已经过去，因为儒学要继续起作用，在我看来就必须经过现代社会科学的冶炼，融入现代思想体系和现代知识体系当中。黄仁宇先生说过，传统中国是文人治国的社会，而现代世界的基本特征是用数字管理社会。当然，这个数字和今天的所谓数字化是有差异的，用数字来管理社会的学术就是社会科学。在政治、经济、法律、管理等社会学科当中，大家知道，都在使用数字，都在使用数理工具，这一点是无可置疑的。所以，黄仁宇先生所说的用数字管理社会的学术就是社会科学。而按照黄仁宇先生的说法，应用社会科学管理社会是不可逆转的大势，既然如此，古代形态的儒学和古典形态的儒学显然不能照搬到现代社会。只有经过现代社会科学的冶炼，儒家思想才有可能对一个现代国家的治理发挥作用；儒学必须经过社会科学化，进入现代思想体系和现代知识体系当中，才能应用于对整个中国社会的治理。当然，这是一个双向的互动过程。儒家的理念和视角要融入整个哲学社会科学的结构之中。儒学把自身的理念和价值观辐射到社会科学领域，反过来，儒学自身也必然会受到现代社会科学的重塑。而这种重塑，我个人感觉不是对儒学的扭曲，也不是对儒学的污染，而恰恰是儒学获得其现代形态的必由之路。

比如中医，我认为中医要想在现代世界生存，就必须借助现代自然科学、现代医学、现代生物学所达到的水准锤炼，然后提升现代人对其的信赖，才能在现在的健康治理当中发挥作用。儒学同样是这样。儒学的社会科学化需要用社会科学的视野视角来分析、审视、研究儒学，既不是将儒学的相关思想理念资源简单地嫁接进政治学、经济学、法学、管理学等领域中，也不是简单地借用这些社会科学的经典理念去解剖儒学，对儒学进行所谓的社会科学化。实际上，儒学的社会科学化，是一个传统与现代、学术与现实多维交织的过程，是东方与西方的思想观念交流与碰撞的过程，是儒学与社会科学在共同直面中国现实问题并为其提供解决方案、提供选项的时候的一个互相成就的过程，而不是一个简单的、单向的过程。

为了避免太过抽象，关于儒学如何社会科学化，下面就我目光所及的一些问题举几个案例。大家知道，儒家和墨家有一个主张叫选贤任能。这个主张在中国源远流长，选贤任能是中国士大夫几千年来所设想的最好的政治局面，就是把合适的人安排在合适的位置上。事实上，我们每个人都会觉得自己怀才不遇。那么，怀才不遇的本质在什么地方？为什么每个人都会觉得怀才不遇？我个人觉得其原因是每个人的自我估价都大大高于周围人对他的平均估价。不仅领导干部如此，而且高校老师也同样是这样，成天感觉怀才不遇。他不认为自己有问题，自己有短板，他自己看不到这一点，他不说这个，而是老说自己怀才不遇，李白和杜甫也都是这样。我认为，之所以李白和杜甫千古流传，是因为很多人就是从李白与杜甫的怀才不遇当中来释放自己内心的烦闷。“不遇”这个概念在儒家中是被经常研究的，有专门的作品谈这个问题，包括东晋的陶渊明。大家知道，他写过《感士不遇赋》，在座的诸位，你如果觉得自己怀才不遇，就可以去看看陶渊明写的《感士不遇赋》。这个“遇”当然是遭遇，就是遇到能够赏识你，认识到你的价值，并且能够对你进行恰当使用的那些人。所以说选贤任能是各家学术追求的一个目标。现在学界有学者贝淡宁在这方面做了巨大贡献，他从清华大学被引进到山东大学好几年了，是山东大学政治学与公共管理学院的院长，因为学院在青岛，所以他现在在青岛。我们有时候会见面。贝淡宁写了一本书叫《贤能政治》，副标题是“为什么尚贤制比选举民主制更适合中国”。当然这本书有些争议，就是我们在开会的时候也有争议，这是另外的问题。贝淡宁把中国几千年来源远流长的选贤任能的人文理念，用现代政治学的施政手段做了一系列的处理，然后把贤能政治这个概念变成和民主政治相对的一个现代政治学的概念，在学界已经被广泛接受，如果说西方有民主政治，那么中国就有贤能政治。贝淡宁把这样一个选贤任能的理念经过现代政治学的处理，变成一个现代概念。他怎么处理的呢？问卷调查，逐句分析，建立模型，动用了我们知道的社会科学的实证手段，然后把贤能政治建立在现代政治学的基础之上。在我个人看来，这就是创造性转化的一个典型案例。当然，贝淡宁作为一个加拿大的学者，他有自己政治上的理念和追求，那是另外的问题。但是我认为，就他对中国传统选贤任能理念的社会科学化处理、政治学的处理而言，他这本书能够充当中华优秀传统文化创造性转化与创新性发展的案例之一。

再比如中国古代的经济视角，关于儒家的经济思想，我个人主张，用道义经济这个概念来概括中国古代的经济思想，特别是儒家那一套经济理想，是比较恰当的。不过，这个概念到现在为止还并没有像贝淡宁那样做很细致的处理。什么叫道义经济？简单说，就是不让人饿肚子，有人可以发财，但不能让另外的人饿肚子。儒家特别注意田制，即国家土地的管理制度，比如历史上的井田制、郡田制。儒家所有的田制设计——特别典型的就是历代儒者都向往的井田制设计——的根本目标都是均地安民，体现了天下为公的思想。那么，什么叫安民呢？大家知道，民以食为天，而食离不开土地，要努力不让人饿肚子，所以说儒家的经济思想是一种道义经济，它与大鱼吃小鱼、小鱼吃小虾的市场经济不同，与追求个体利益最大化的西方经济学相对，儒家道义经济的背后是仁政和王道理想。那么，什么是王道？孟子在《孟子·梁惠王上》中有一句话非常形象，他对儒家的理想社会做了一个细致的描述，这句话大家都熟悉，即“五亩之宅，树之以桑，五十者可以衣帛矣”。但关键是“黎民不饥不寒”，这是他追求的理想。所有的老百姓不能处在饥寒交迫的困境之中，不饥不寒是孟子强调的重点。从这个角度看，我们就特别能够理解什么是儒家最为批判的，是杜甫说的“朱门酒肉臭，路有冻死骨”。中国古代史家在进行历史叙述的时候，对一位君主和一个时代最严厉的批评是什么？是人吃人或者人相食，中国古代史家所持的标准就是儒家的仁爱政治和道义经济的理想，这是历史叙述中最集中的一个表现。所以我个人认为，马克思主义之所以能够被中国人大规模地接受，就是因为儒家的经济理想实质上有社会主义色彩，你可以将其看作农业社会主义，或者按照马克思的术语来讲，将其看作空想社会主义，这些都没问题。按我们山东大学何振华教授的说法，能够相隔两千年而握手，是因为有共同的追求。在这个方面，我们中国的学者有大量研究，最早的最著名的是陈焕章先生的《孔门理财学》。这本书原为英文，已经翻译过来了，我不再复述其内容，这本书影响非常大。

另外，近来有一批经济学家，从现代经济学理论出发重新认识儒家学说，其中影响比较大的是盛洪先生，他专门出版了《儒学的经济学解释》一书，尝试从经济学角度阐述儒学的正心、诚意、格物、致知、修身、齐家、治国、平天下。在相关的研究当中，他论证了包括儒家传统在内的那些历史上形成的道德规范在经济上是有效率的，不是空的，一个人最有效率的行为和对策就是遵从道德的行为。换句话说，一个坚守道德的人，从长远来看，他是能获得最高回报的。你做一个被大家认可的人，你最后是不吃亏的。

前一阶段大家知道，网络曾经流传过一位著名学者的一篇文章，他分析了山东人为什么出高官，他的解释是，山东人的官本位意识比较严重，此类的话说了一大堆。我看完这篇文章之后非常不认可。我告诉这位老兄，他虽然身为山东人，但并不了解山东。山东人高官比较多，有统计学上的依据，不是空说。在当前的背景之下，一个人能走多远，和他的道德品质是密切相关的。山东人能够通过种种关卡，最后走到高官的层次，和山东人为人的一些特性是密切相关的，否则的话走不了多远。正如盛洪先生所说，一个坚守道德的人，从长远来看，是能够得到回报的。当然，你是一个什么样的人，那是你的生存方式。我们通常说我想做个什么样的人，这个人不是做的，你想做什么人就能做什么人了吗？那是你的生存方式，那是你的存在方式。盛洪先生对儒家的这种做人的方式从经济学的效率回报角度都做了一些解释，而且这些解释严格来说，是我们哲学学者和人文学者看不到的。他的解释矫正了我们长期持有的儒家重义轻利和缺乏经济实用的刻板印象，也解释了为什么儒学能够成为传统中国最重要的治国理政的资源。当然，盛洪的解释是，道德在市场经济当中和在传统中都是起相当大的作用的。大家如果有兴趣可以去阅读盛洪的这本书。另外在这个方面，有许多经济学家也介入了对儒学的解释，除了盛洪先生之外，北京大学的国家发展研究院的院长姚洋先生也多有论述，他们谈的，都是我们从哲学、伦理学的角度甚至是人文的角度看不到的。这表明，经济学家的独特眼光、社会科学经验，有助于发现传统儒家思想中带有生命力的遗产。我觉得这是值得关注的。

从社会学角度也能驱动儒学研究，在这方面有一系列例证，我在这里不多说，其中最有名的就是费孝通先生。费先生在《乡土中国》中提出了差序格局、礼制次序、长老政治等概念，传统的儒学研究者提不出来这些概念，我们从人文的角度提不出这些概念，这些都是值得我们关注的。另外一个精彩的案例，我个人感觉就是安乐哲先生提出来的儒家角色伦理学。安乐哲先生的《儒家角色伦理学》这本书也已经翻译出版好几年了，我建议大家有兴趣的可以看。我曾在一个论坛上跟安先生讨论说：“我感觉角色伦理学这个概念是从社会学家那里借用来的。”安先生毫不犹豫地肯定了我的判断，他认为它就是一个深具社会学色彩的概念。有些社会科学的经典概念，能像一束光一样照亮原来我们从哲学或者人文角度看不到的东西。安乐哲对中国古代社会的那种社会关系、家庭关系从角色的角度做的解释我认为都非常充分，我个人感觉非常值得我们进一步思考。

心理学也同样能给儒学命题带来别开生面的论证。比方说刘笑敢先生曾经撰写了一篇文章，他也在山东大学做过演讲，叫《取向、入径与科学启示——孟子人性论研究的再思考》。他在该文中就大量使用了美国耶鲁大学心理学教授保罗·布鲁姆的现代心理学研究证据，赋予孟子性善论以现代心理学的依据。孟子在书中说，当一个人看到蹒跚学步的孩子要掉进井里的时候，他的内心会瞬间产生强烈的同情。所以在孟子的理论当中，共情或者同情是基本的出发点。不过，在孟子那里，它只是一种经验上的推己及人。而布鲁姆将神经学研究的新发现——有个概念叫镜像神经元——作为人类道德的先天基因基础，完美地论证了孟子人性本善理论的合理性或者说正确性。看了他这篇文章后，我觉得非常受启发并且感到非常震动，其中有大量的心理学实验。有些实验的对象是 5 个月到 12 个月的孩子，让他们看不同的图片，然后观察其镜像神经元的反应，最后得出来的结论是人性本善。特别是 5 个月到 9 个月之间的婴儿的反应，让他们看优美的图片，看帮助人的图片，看恶人的图片，然后观察孩子的兴奋程度和在神经上的反应，论证得非常透彻。他的实验和经验表明，同理心和同情心确实是先天的基因，在一定程度上支持了孟子的人性本善理论——先天倾向于善。5 个月到 9 个月的时候，孩子就具备识别善恶的能力，有天然趋善的倾向。所以他提出了一个命题，就是“人天然具有道德感”，这和孟子的人性本善理论是一样的。

其他的社会科学研究那就更多了，包括法学学者参与到我们的儒学研究当中，比如说前几年讨论得比较热烈的一个命题，是郭齐勇先生、张祥龙先生这些人提出来的“亲亲相隐”，梁涛、王庆祥、张志强这些研究中国哲学的学者都参与了讨论。这个讨论吸引了很多法学学者进一步深入思考，甚至最后导致了 2012 年通过了《刑事诉讼法》的一个修正案，将被告人的配偶、父母、子女排除在出庭的证人范围之外，这被大家认为是“亲亲相隐”已经重新回到我国的法律中。其产生的影响，是哲学学者和法学学者共同参与的结果。有很多的法学学者介入了这场讨论，我觉得这些讨论对我们都有非常重要的意义。

另外，大家知道，《文史哲》杂志最近几年推出了关于公德和私德的讨论。这是由陈来先生提出来的，但此后参加讨论的学者有政治学领域的学者，像任剑涛先生，有社会学领域的学者，像李向平教授，他们将这一讨论推向了一个新的高度，我们还在继续往下推。这些讨论也都说明了社会科学领域对儒学研究的重要性，即政治学学者、社会学学者能发现哲学学者或者普通的人文学者发现不了的问题。所以我个人感觉我们应该欢迎和鼓励众多的社会科学的学者，大胆利用社会科学的经典概念介入儒学研究中，或者基于社会科学的一些关键理论模型，打造当代儒学研究的新形态新议题。在这一方面，令人耳目一新的尝试很多，《孔子研究》杂志还专门开设了"社会科学视野下的儒家思想"专栏。这是《孔子研究》近几年或者未来几年重点的发稿对象，希望得到大家的关注。

最后我想谈一下另一个问题，无论是从直面和解决中国现实问题的角度，还是从学科发展的角度，儒学的社会科学化都势在必行。前面所讲的贤能政治、道义经济，还有忠信管理——建立在忠诚和信任基础上的管理，以及人性本善的心理学证明，都是社会科学化的案例。社会科学视野下的儒学，所呈现的当然远远不止我刚才所讲的那些内容。如果在儒学当中引入社会科学的研究方法，或者在社会科学领域内进行儒学的研究，或者我们都能按照创造性转化、创新性发展的这样一个要求去做，那么我们定能获得一些新的视野，提出一些有创造性的、能够开辟儒学研究新局面的成果。所以我个人认为，儒学复兴不是复古。儒学复兴是什么意思？我始终认为这相当于西方的文艺复兴。西方文艺复兴表面上是返回到古希腊罗马，实际上意味着现代社会科学的诞生。所以我一直认为，儒学的复兴、中华文化的复兴、传统的复兴也是这样，表面上是走向古代，但本质上是创造一种与西方自由主义的哲学社会科学范式不同的中国的社会科学范式。这就是我所说的本土化，表面上看是儒学复兴，但它就像西方的文艺复兴一样——不是返回到古希腊罗马，而是返回到古希腊罗马那些经典典籍当中去汲取智慧和灵感，然后开启新的创造。在今天没有人会拿着柏拉图的《理想国》、亚里士多德的《政治学》来管理西方社会，没有人会这样做，就像今天没有人拿着《论语》来治国一样，柏拉图的《理想国》、亚里士多德的《政治学》已经在西方文艺复兴之后变成西方的政治学、西方的经济学、西方的法学、西方的社会学、西方的管理学。从西方的文艺复兴当中，诞生的是一个完整的哲学社会科学的自由主义范式。

关于今天中国的儒学复兴，我个人认为不是要回复到儒学当中去，不是要回复到所谓的唐宋去，更不是要回复到所谓汉唐帝国去，我们所要探究的是一种中国本土的，能够呈现中国经验的，能够最大限度反映中国历史、中国特点、中国文化的，能够反映中国国情、中国道路的哲学社会科学的范式。换句话说，我们要打造社会学的中国范式、哲学的中国范式、法学的中国范式、经济学的中国范式、管理学的中国范式。所以在这个意义上，我和在座的年轻朋友一样，期待着中华文化的复兴、儒学的复兴呈现一个新的局面。而且在复兴的过程中，我们要诞生一个上上下下特别期待的中国哲学社会科学的话语体系。按照我的说法，我们要形成一种崭新的国家叙事，这种国家叙事能够反映中国经验，能够把中国崛起背后的故事逻辑讲透彻、讲清楚。我觉得这是中国学术界最近和今后几十年所应该追求的最大目标。新局面的开辟有赖于在座诸位的成长，将来诸位能够“八面来风”，不受制于我是学哲学的、我是学历史的、我是学文学的。我今天给大家讲课，目的是想说：我们为什么要把自己限制住？我们为什么不向各个学科开放？我们为什么不吸取其他学科的那些概念、模型、理论？为什么要自我封闭？所以，在座的年轻朋友，特别是尼山世界儒学中心联合研究生院的年轻的研究生，我希望我们一块儿打开自己的视野，共同把儒学研究推向一个新的阶段。在这个阶段，我们要诞生一个能够反映中国经验、中国道路、中国国情、中国文化、中国传统、中国历史的哲学社会科学的中国范式。我今天的讲述就到这个地方，谢谢大家。

整理者：母光胜

第十三讲

如何看待中华优秀传统文化的现代价值

主讲人：李宗桂
中山大学哲学系教授

大家晚上好，很高兴有机会同大家一起探讨与中华优秀传统文化相关的一些问题。提到探讨学问，在我们的固有印象中，往往浮现的是一幅正襟危坐的授道画面，然而结合我多年来的思考和体会，学问不是“正儿八经”的第一、第二、第三，一板一眼地讲出来的，而是聊天聊出来的，是交流出来的。今天我们要聊的是“如何看待中华优秀传统文化的现代价值”。尽管这个题目很大，不过没关系，要相信学问是可以聊出来的。

一、“三性”统一与守成出新

我从五个方面聊一下我的感悟。

第一个方面，话题缘起。也就是，为什么我们要谈这样一个话题。我认为，做学问要有问题意识。我们谈论、学习、研究中华优秀传统文化，究竟是为什么、要干什么？我想我们不是为了装饰门面，装作有学问，而是要用于提升我们自己的素养，用于为国家社会服务，用于发展中华文化。因此，对于究竟什么是中华优秀传统文化，究竟什么是它的现代价值，需要从深一层去考量。至少对于我们联合研究生院的同学们、老师们来说，应该从学术层面去深入探讨理论与实践的问题、历史传统与现实状况的问题。

第二个方面，切入正题。这个题目“如何看待中华优秀传统文化的现代价值”，第一个关键词或者说核心概念就是中华优秀传统文化。那么，什么是中华优秀传统文化呢？这里可以做很多的阐释分析，不同的人有自己不同的理解和把握，各人可以是其所是、非其所非，我觉得问题不大，道并行而不相悖嘛。但是我在研究过程中发现，网上有关中华优秀传统文化的文章绝大部分是领导讲话、读书心得、各种读书报告等，而真正严格的、严肃的、高层次的学术论文只占很小一部分。这自然是跟高等教育大众化和我们的社会传播大众化、自媒体化有关系。所以，今天我想在这里就这个问题和大家做一个探讨。简单地说，什么是中华优秀传统文化？我觉得，我们中华民族在长期发展过程中创造的、在历史上起过积极作用、至今仍然有正面价值的传统文化，就是中华优秀传统文化。历史上没有发挥过积极作用的，我觉得不算优秀；历史上发挥过积极作用，但在今天已经没有意义、没有价值的，我觉得也算不上优秀；在历史上曾经发挥过非常正面的作用，在今天能够用改革创新的时代精神挖掘它、阐释它、转化它、发展它，并赋予其新的时代内涵，在构建人类命运共同体的工作中能够提供精神资源的，才算得上优秀。从根本上讲，判断什么是优秀传统文化，应该考虑到它的现代价值。

第三个方面，我要聊的是评判中华优秀传统文化的标准或者价值尺度。有哪些标准呢？第一是适应时代要求；第二是推动社会发展；第三是经受实践检验；第四是有助于文化认同；第五是促进民族团结；第六是提供精神支撑；第七是助力民族复兴；第八是有益于世界文明。

第四个方面，当我们谈如何看待中华优秀传统文化的现代价值这样一个话题或者课题时，无法回避的就是什么是现代价值。我觉得可以非常简略地说，现代价值就是传统文化在追求现代化、建设现代化社会的过程中能够具有的价值。在这方面涉及很多很复杂的问题，如现代化概念、现代性问题等。

关于现代性，根据我最近 30 多年来在理论和实践层面的观察和思考，结合我国改革开放新时期以来中国特色社会主义现代化建设实际，我认为所谓现代性是指现代化过程中体现出的，能够适应现代社会的，生产方式、发展方式、治理方式、生存方式、生活方式、交往方式等方面表现出的价值理念、思维方式、审美情趣、伦理观念等制度性、思想性的因素。它可以是一整套的体制机制或者价值系统，也可以是某些具体的思想要素或者文学艺术的构成。从时间维度来看，现代性所描述的并非仅仅是现代社会，它还可以蕴含于传统社会之中。中华优秀传统文化确实可以在现代社会发挥正面作用，在现代化过程中产生正面价值。中华优秀传统文化在我们的现代化建设进程中，在我们的现代化国家建设中，能够与现代社会沟通、与当代文明相协调、与世界文明相融通，它在这些方面具有现代价值，因而是在真正意义上体现了民族精神、民族价值、民族意愿的优秀的传统文化。

第五个方面，在学习研究文化建设实践和社会建设实践的过程中，我对如何看待中华优秀传统文化的现代价值的感悟。我们对中华优秀传统文化应该有什么样的态度？一般谈到这一点，多数人会引用钱穆先生《国史大纲》中的一句话："所谓对其本国以往历史略有所知者，尤必附随一种对其本国以往历史之温情与敬意。"我也很认同这一观点。我觉得我们作为中国人，对我们民族的文化、对我们民族的传统要有温情、要有敬畏。这也是我们文化自尊、文化自觉的底线要求，有自尊自觉才有文化自信。我们可以联系到近些年大家都关注的文化"双创"，就是对中华优秀传统文化进行创造性转化和创新性发展的问题。我们对中华优秀文化，除了要有温情与敬意，要有文化自信之外，还要用"双创"的方法原则去对待它，进行创造性转化、创新性发展，不是简单地照抄照搬，也不是盲目地否定，而是把其中合理的方面，在今天能够与社会相适应、相协调，和世界文明相融合的方面，掘发出来，加以凝聚、升华、转化。

另外，我觉得还要有"三性"统一的思想。什么是"三性"呢？民族性、时代性、世界性。在我看来，民族范畴意义上的文化，或者一个民族的价值系统、价值体系所表现的文化，都具有民族性、时代性、世界性。当我们看待中华优秀传统文化的时候，要看到它的民族性、时代性和世界性。过去在相当长时间内简单地、盲目地否定传统文化，就是过分地、片面地强调时代性。过分地、片面地强调时代性，就会把传统和现代对立起来，把农业文明和工业文明截然断开。还有民族性，过去人们强调文化的时代性，往往会强调它的阶级性，由此往往会忽略新式文化的长期发展与它不断延续的内在机理和动力，也就是忽视文化的民族性。当然了，我们还要看到文化的世界性。中国被迫卷入世界现代化进程之后，文化的世界性自觉不自觉地受到重视。不能要么就是闭关锁国，要么就是全盘西化，很多极端思维是应该避免并且予以化解的。

我曾经在 30 年前写过一本名叫《文化批判与文化重构——中国文化出路探讨》

的书，对近代以来的文化变迁、价值重构的主要例子、主要派别思潮做过一个勾勒和分析，其中也谈到了“三性”统一。在今天全球化时代，我们更要注意“三性”统一。当然，我们对这个问题的认识有个逐渐发展的过程。大概是 2005 年，至今将近 20 年了,《人民日报》组织了一组重点策划的专题专版，一整版 4 篇文章。一篇是金冲及先生的文章。金先生著有《二十世纪中国史纲》一书，是中共中央文献研究室原常务副主任、中国史学会原会长，是老一辈学者。他文章是《传统文化和封建文化不是同义词》，是从文化的时代性、民族性与世界性相统一的角度来探讨问题。另一篇是方立天先生写的。方先生是人民大学教授，已经驾鹤西去了，他的文章是《弘扬中华文化的优秀传统》，强调要看到传统文化在今天的合理性和作用。还有一篇是北京大学汤一介先生写的，他也已驾鹤西去。这两位都是我比较熟悉且支持、扶持我多年的老一辈学者。汤先生的文章是《反思中的西方学者看中国传统文化》，这个问题他谈过多次，他善于从文化的世界性的角度来看传统文化。我写了一篇《重视传统文化的民族性》。这四篇文章实际上内在有机地构成一个整体，就是如何看待中华优秀传统文化。这组文章整体上融入了文化的民族性、时代性、世界性相统一等问题。大家有时间、有兴趣去的话，可以去查看。

另外一个，我觉得我们今天看待中华优秀传统文化，除了要坚持来自中央的理念、态度、方法之外，还要融进新时代的一些理念，就是要构建全人类共同价值。经过若干年的思考，我们国内近年提出了全人类共同价值的命题和理念。我们民族的文化，特别是我们的优秀传统文化也是全人类共同价值的重要构成，比方说仁爱精神、和合精神之类。人民大学哲学院是中国和合文化的“策源地”，张立文先生的《和合学概论》出版了 20 多年。有一次我和张立文先生一起出席学术会议，会后我陪张先生拜访当时新华社香港分社的副社长毛钧年先生。毛钧年先生对《和合学概论》给予了高度评价，认为和合文化非常重要，甚至说香港回归后，和合文化应当是一个重要的发展参考。习近平总书记讲中华优秀传统文化的六个方面时，就提到了其中一个即“尚和合”。显然，和合文化是我们中华文化中蕴含的全人类共同价值，此外还有仁爱精神、正义精神、民本思想等，都可以归入全人类共同价值的范畴。当然，要使中华优秀传统文化真正发生作用，需要进一步思考如何结合新的时代，结合当代世界文明的潮流，讲好中国故事、讲好中国文化的内在精神与价值，要有构建全人类共同价值这样一种雄心。

在对待中华优秀传统文化的问题上，我觉得我们要保持一种守成出新的态度。我这一代人，还有刚才讲的更老一辈的先生，他们也跟我一样，是经历了那个特殊年代的。我们曾经也很激进，也会非常简单地去批判、否定传统文化，而不去做具体的区分。这都是当年受特殊的社会思潮和政治氛围影响所致。但随着社会发展，我们民族、我们国家在新的时代条件下超越了自我，提升了自我，比如我们举国上下衷心拥护并勇敢实践的改革开放。从发展战略的高度和历史发展的轴线来看，改革开放是我们党的一次伟大的觉醒，再大而言之，是我们民族发展史上的一次伟大的革命。改革开放开启了我们通向人类文明主流的康庄大道，也开启了中华文化的新局面。在改革开放的伟大时代，我们要自觉继承中华优秀传统文化，通过创造性转化和创新性发展，构建当代中国新文化，构建人类文明共同体，为人类文明文化的发展提供精神价值。我主张要在守成中创新，因为中国传统文化有个很显著的特点，就是守成。也就是说，从哲学的层面、辩证法的角度来看，其继承性大于变革性，所以说它是守成的文化，或者叫保守的文化。其实保守不一定不好，要看保守的是什么，以及保守到什么程度。一个国家、一个民族、一个文化一定要有所守，但是又不能故步自封、僵化保守，还要有创新，结合时代条件，与时俱进，不断发展。概括来说就是，不忘传统，继承传统，超越传统。

二、看待中华优秀传统文化的应有姿态

接下来我要说的是我们看待中华优秀传统文化的应有姿态。就态度、方法、

立场的层面来看，还应该有一种善用的文化自觉。善用即善于运用。就传统文化而言，孔子是代表人物。过去在古典时代是“尊孔”，到现代中国的五四以后出现“反孔”，在20世纪六七十年代，“反孔”达到了高峰。改革开放以后，慢慢反思，学术逐渐回归正轨，于是有人提出了“释孔”，即解释孔子。经过80年代后期到现在30多年的“释孔”实践和当代文化建设的实践，再加上国学热的出现等，我认为我们今天不能简单地“尊孔”“反孔”“释孔”，我们要利用并且要善用传统文化的长处，为我们的社会发展、文化建构、个人的安身立命提供助力，可以称作“用孔”。这里的“孔”，本质上是传统文化的代名词。但是我们要注意，“用孔”不是简单地回到传统文化，不是寻章摘句、掉书袋，用材料淹没观点，去堆砌文献。在现代电子时代，做学问跟以前非常不一样，掉书袋、堆砌文献太容易了。我们今天要在新的时代条件下做学问，要善用现代工具、善用现代文明的精神去诠释、转化、发展优秀传统文化。我们今天讲要光大优秀传统文化，要使它为我们现代社会服务，为今所用、为我所用，仅仅停留于资料的层面、知识的层面是远远不够的。资料和知识层面的工作，是最初级的工作，我们要善用传统文化的资料和知识，从中阐释出它的现代性，揭示出其中蕴含的民族文化精神。

在对中华优秀传统文化进行“双创”的过程中，在守成出新的过程中，我们要在善用的前提下，在实践中设立一个目标，即弘扬我们民族文化的主体性。我们要有构建中国特色哲学社会学体系和话语体系的理论自觉和价值指向，我们要有自主性，要自立选择，要真正坚持独立自主，不唯洋是从，不然就会跟着别人跑，人云亦云。另外，我们对待中华优秀传统文化在态度方面还应该有“自美”和“美他”这样一种和合精神，即费孝通先生讲的“各美其美，美人之美，美美与共，和而不同”。费孝通先生在晚年提出了两个观点：一个是文化自觉，影响很大；另一个就是和美共美的思想。他认为，在现代化社会，在全球化时代，不同民族、不同文化之间要友好相处、和谐共生。不同民族的文化各有其优长之处，各美其美，但同时不能唯我独尊、唯我独美。要看到别的民族、别的国家、别的文明的优长之处，美人之美，赞美、肯定别人，学习借鉴别人的优长之处。如果都能这样做，就能和谐相处，美美与共。总之，我们看待中华优秀传统文化应该有“自美”和“美他”这样一种和合精神，这是应采取的态度、方法和立场。

在此基础上，我想比较概略地谈一下中华优秀传统文化的代表性内容。党的十八大以来，习近平总书记非常强调弘扬中华优秀传统文化的问题，并做了很多重要讲话，各级各部门，包括各个高校研究机构也做了很多研究，其中不少研究成果被列入国家社科基金重大项目、重点项目、一般项目、青年项目、后期资助项目，或者教育部的类似项目。尼山世界儒学中心和中国人民大学、山东省政府合作，正在积极地推动在教育部人文社科规划项目里面设立中华优秀传统文化专项项目，这说明中华优秀传统文化的弘扬、研究非常重要，发展空间非常大。

习近平总书记在 2013 年 3 月 1 日中央党校建校 80 周年的庆祝大会上有个重要讲话，他说：“各种文史知识，中国优秀传统文化，领导干部也要学习，以学益智，以学修身。中国传统文化博大精深，学习和掌握其中的各种思想精华，对树立正确的世界观、人生观、价值观很有益处。古人所说的‘先天下之忧而忧，后天下之乐而乐’的政治抱负，‘位卑未敢忘忧国’、‘苟利国家生死以，岂因祸福避趋之’的报国情怀，‘富贵不能淫，贫贱不能移，威武不能屈’的浩然正气，‘人生自古谁无死，留取丹心照汗青’、‘鞠躬尽瘁，死而后已’的献身精神等，都体现了中华民族的优秀传统文化和民族精神，我们都应该继承和发扬。”我觉得这些理解是很深刻的，跟我们学术界长期的研究是一致的。在另外的场合，习近平总书记也讲过中华优秀传统文化的重要内容和载体，比如讲仁爱、重民本、守诚信、崇正义、尚和合、求大同。

中华优秀传统文化的代表性内容，除了刚才讲到的方面外，还有天人合一、知行合一、家国情怀、大同理想等，还有近代以来的科学精神、民主精神、平等自由精神、改革精神、革命精神等。我曾经主持过教育部的一项人文社科重大课题攻关项目，课题名称叫做“中国优秀传统文化的现代价值”，最终成果是 50

多万字的专著，其书名就叫“中国优秀传统文化的现代价值”，已由人民出版社于 2019 年出版。关于中华优秀传统文化的代表性内容，还有其他的概括。比如说张岱年先生提出中国文化的精神就是中华民族精神，具体表现为两句话：自强不息，厚德载物。这是《周易》里面的两句话，也受到学者们的高度关注和广泛认同。武汉大学郭齐勇教授写了本《中国文化精神的特质》，还有清华大学陈来教授的《中华文明的核心价值》，等等。这些都是对中华优秀传统文化基本内容、基本精神具有代表性、典范性的概括，都值得同学们去学习、去借鉴。

考虑到联合研究生院的高层次，考虑到线上、线下同学们以及青年教师们研究问题的专深性和高层次，我在这里想简要地表达一种看法，就是在讲中华优秀传统文化的优秀方面的时候，除了赞美性、肯定性、激励性的文辞和思想观点之外，还可以进一步思考有没有别的方面的内容。

我想发表一点和目前为止的流行观点不太一样的看法。这些年，讲优秀传统文化或者优秀文化传统，都是从建设性、肯定性方面去谈的，另外一个重要方面被有意无意地忽略了，这就是中华优秀传统文化中的批判精神。中国传统社会的人，中和、谦和、平正，守正道、走中道，这个是没问题的，温和，讲求彬彬君子，讲求淑女，讲求绅士风度，等等，都是对的。但是我们还有非常尖锐的、激进的、深刻的、辛辣的批判精神。至少从东汉王符的《潜夫论》开始，就有着系统的批判思想，对社会上、历史上、现实中的负面的东西加以批判、反思。明代的李贽、黄宗羲等，都是如此。李贽说“不以孔子之是非为是非”，黄宗羲说“为天下之大害者，君而已矣”，明清之际思想家唐甄说“自秦以来，凡帝王者皆贼也”。今天，我们要大胆肯定黄宗羲、唐甄这些思想家的文化批判精神。南开大学的著名学者刘泽华先生对中国专制社会的一个特点有个本质概括，叫做王权主义。他对专制王权的批判非常深刻。毫无疑问，我们今天建设民主政治、建设中国特色社会主义现代化国家，对民族的优秀文化要发扬光大，但是对另外一方面的东西，妨碍社会进步、妨碍人民生活、妨碍思想自由、妨碍精神独立的那些东西，我们要给予坚决批判，要彻底抛弃。在我看来，文化建设只有批判与重构并举，才能真正把创造性转化、创新性发展落到实处，才能真正在守成中创新。当然，如果脱离传统、背离传统，盲目地抛弃我们的民族传统，就将失去精神支撑，这也不对。这是我关于中华优秀传统文化的一些简单的感悟。

三、彰显和落实中华优秀传统文化的现代价值

接下来，我想讲一下我们最后要如何将中华优秀传统文化的现代价值落到实处。

孙中山先生在领导国民革命的时候，主张要把中华文化从根上救起来，把西洋文化迎头赶上去。他很虚心地学习西方文明，学习西方政治文明，包括思想文化。他将民有、民治、民享的思想吸纳过来，结合中国的历史传统和现实需要，创立了三民主义——民族主义、民权主义、民生主义。大家请注意，这个三民主义是非常中国的，既背靠传统又立足于当时的社会现实，既扎根本土又面对当时的世界。把西洋文明吸纳进来，比如要发展资本、发展工业等，建多少港口、多少铁路，包括把广州和佛山一体化，这些都是有事实依据、有文献记载的。这是非常有意义的。发展经济、发展生产，但同时也要节制资本。他看到了西方国家在社会进步的过程中，在工业化、现代化进程中出现的问题，特别是资本的一些为所欲为的情况，提出要节制资本。这一观点不仅是从西方社会存在的问题出发提出的，更是依托了中国传统文化的“调均”（调节均衡）的思想，就是不要使有钱人为所欲为，不能让穷人没法生活。董仲舒在《春秋繁露》中讲到了要“调均”，主张通过行政手段和经济方式调节社会财富，防止贫富两个极端的对立，防止富者田连阡陌而贫者无立锥之地。但调均并不是搞绝对平均主义，不是把富人的钱财全部没收，那不行。如果是正当的、合法的，则要允许其存在，但是要

有个限度。这个度是什么呢？是让有钱人足以显示他的尊贵但不至于骄横。他如果骄横了，就会对上蔑视朝廷，对下欺侮百姓。此外，要让穷人能够正常生活，即使贫穷，也能够养活自己，饱食暖衣，而不至于忧愁愤懑，老是不满，最后啸聚山林聚众造反。应该说，孙中山先生的三民主义特别是民生主义很好地把中西文化的优长之处结合在一起，彰显了中华优秀传统的现代价值。

中华民族传统文化的很多方面，能够在现代社会条件下发展。即使在发展现代经济的条件下，它也能够适应社会发展、适应民众需求。习总书记说："要加强对中华优秀传统文化的挖掘和阐发，使中华民族最基本的文化基因同当代中国文化相适应、同现代社会相协调，把跨越时空、超越国界、富有永恒魅力、具有当代价值的文化精神弘扬起来，激活其内在的强大生命力，让中华文化同各国人民创造的多彩文明一道，为人类提供正确精神指引。"这段话受到很多学者关注，同样的讲法在另外的场合也讲过，基本意思差不多，正说明了其重要性。我觉得这个说法很好地说明了中华优秀传统文化的现代价值应当如何呈现、如何彰显、如何落实。

前面提到我曾主持过教育部一项重大课题攻关项目，书也出了，叫《中国优秀传统文化的现代价值》。现在大家都很乐于讲中国优秀传统文化的现代价值这个问题，但关于这个现代价值是什么，不同的人有颇为不同的理解。我们可以看到，现在很多国学馆、国学班、女德班，包括网上各种短视频讲的很多东西，都在往现代价值这个话题上靠。应当说，其中有的内容和讲法，对于大众安身立命、养性怡情也有一定帮助，但有的就值得考虑、值得警惕。我觉得，从理论概括、思想提炼的角度来讲，应该可以列出几条中华优秀传统文化的现代价值。

第一条，它是我们民族认同的价值根基，是民族文化的价值根基。中华民族是多元一体的多民族国家。各民族在长期发展中，逐渐形成一个文化共同体、价值共同体，以及民族共同体。我们为何有这么强大的凝聚力？很重要的原因就是有优秀传统文化做基础。所以我觉得中华优秀传统文化的价值表现，第一个方面就在于它是民族认同的价值根基、民族文化的价值根基。我曾写过一篇文章叫做

《优秀文化传统与民族凝聚力》，发表在《哲学研究》1992 年第 3 期，就谈到了优秀文化传统和民族凝聚力的关系等问题，大家有兴趣可以参考。

第二条，它是我们中华儿女构建共有精神家园的历史文化资源。我们社会中有很多差距、差异，乃至于很多矛盾、纠纷、碰撞。一个很重要的原因就是缺乏共有精神家园。在党的十七大报告中，胡锦涛同志明确提出要弘扬中华文化，建设中华民族共有精神家园。我觉得中华传统文化就是我们构建海内外中华儿女共有精神家园的重要历史资源、文化资源。海外的华人华侨共有五六千万人，中国大陆有十四亿人，台湾、香港、澳门地区共有约三千万人，怎样使大家形成更好的民族观念、民族共同体观念？我们要找到一个共同的安身立命之道，这就是全部中华儿女都能够享有的精神家园。这项工作任重而道远，但是我们要做这项工作，找到我们的精神栖息地，而且是海内外都认可、能够接受、能够践行的。而要构建这个精神家园，就要从中华优秀传统文化中去找资源。

第三条，它是马克思主义中国化的通道和桥梁。我们老在讲马克思主义中国化，党在执政之前，就在探索、在实践、在研究马克思主义中国化，就反对教条主义、本本主义，要把马克思主义的活的灵魂树起来、张扬起来，落实在中国革命、中国建设和改革开放的实践之中。要解决这个问题，实现马克思主义的中国化，就要挖掘马克思主义与中华优秀传统文化的相通之处，找到二者的接合点，这是一门大学问。从路径和方法上讲，马克思主义要中国化，就需要找到一个通道、一个桥梁，这个通道、桥梁就是中华优秀传统文化。

第四条，它是我们中国特色的文化标识。我们老讲，要坚持中国文化立场，要弘扬中国精神、中国价值、中国特色等，做了很多努力，但发展的空间还很大。自 1940 年毛泽东发表《新民主主义论》到现在，我们一直在努力彰显、阐发中华文化的民族性特点，探索中华文化和世界文明相通的合理之处。弘扬中国特色不是要搞文化割据，我们是和世界文明主流相一致的，我们真诚虚心地学习包括西方国家在内的所有外国文明的优长之处，来壮大自身、来发展自我，但是我们不会忘掉自我标识，丢掉自我。怎么彰显自我？有什么标识？我觉得，坚持并光大中华优秀传统文化就是重要标识。

第五条，它是我们社会主义核心价值观的精神滋养。社会主义核心价值观24个字大家很熟悉，在国家层面，是富强、民主、文明、和谐；在社会层面，是自由、平等、公正、法治；在个人层面，是爱国、敬业、诚信、友善。这24个字很好地总结了中华人民共和国成立以来特别是改革开放以来文化建设正反两方面的经验，既有中华民族的优秀传统文化，也真诚地吸收了西方文明的优长之处。所以，社会主义核心价值观的提炼，还是需要找到民族优秀传统文化。关于这个问题，我曾经写过一篇文章，叫《“阐旧邦以辅新命”——充分汲取中华优秀传统文化的价值观滋养》，发表在《人民日报》2014年5月19日第11版，是特约稿。编辑本来要我谈谈社会主义核心价值观和中华优秀传统文化的关系，电话里沟通了20多分钟，后来我问他什么时候要，他说两周之内。我当时比较忙，等了差不多3个月给了他。当时我考虑到是《人民日报》约的文章，而且这篇文章有一定的时政色彩，所以我将文章题目定为“弘扬优秀传统，建设当代文化”，结果《人民日报》相关部门负责人把文章题目改成“‘阐旧邦以辅新命’——充分汲取中华优秀传统文化的价值观滋养”。“阐旧邦以辅新命”，出自《诗经·大雅·文王》中的“周虽旧邦，其命维新”。关于这句话，冯友兰先生曾在一篇文章中写道：“我把这两句诗简化为‘旧邦新命’。这四个字，中国历史发展的新阶段足以当之。”“旧邦”，是指中国源远流长的文化传统；“新命”，是指现代化和建设社会主义。“阐旧邦以辅新命”，本质上是以学术的方式参与祖国的现代化建设，所以我认为《人民日报》改题目改得很好。

第六条，它是我们全人类共同价值的精神价值依据。我们正在提倡、倡导构建全人类共同价值。关于这一点，网络上和报刊上有很多文章，我就不详细讲了。当我们讲全人类共同价值的时候，当然要从中国出发，拿出中国的依据。我觉得中华优秀传统文化就是全人类共同价值的精神价值依据，比如中国传统文化所推崇的忠恕之道：己欲立而立人，己欲达而达人；己所不欲，勿施于人。还有追求天下大同的崇高理想、天下为公的价值原则，等等。

第七条，它是我们“双创”或者“两创”的价值检验。“双创”有没有做到、有没有做好，就看中国优秀传统文化的现代价值有没有彰显出来，有没有落实。关于这个问题，我也写过一篇文章，也是《人民日报》约的，题目是“‘两创’：建设文化强国的科学方针”，发表在《人民日报》2018 年 6 月 10 日第 7 版，大家可以参看。

第八条，中华优秀传统文化的现代价值的落实，是马克思主义与中华优秀传统文化相结合的必然归属。我们讲“两个结合”，中国共产党 100 年奋斗的历史是坚持了“两个结合”的历史。第一个结合是马克思主义基本原理与中国具体实际相结合；第二个结合是马克思主义基本原理与中华优秀传统文化相结合。前一个结合，毛泽东时代讲了几十年。第二个结合，是最近几年的新认识、新提法。《在庆祝中国共产党成立 100 周年纪念大会上的讲话》中有明确的提法，这就是马克思主义基本原理与中华优秀传统文化相结合。这个结合的成效如何体现、如何检验？最后一定是要使中华优秀传统文化的现代价值落到实处，彰显出来。

我现在讲最后一条。这最后一条，也只是一句话：中华优秀传统的现代价值的又一个重要内容，表现为它是中国人个人安身立命的重要精神源泉。这一点，大家都很熟悉，我就不多说了。我写过一篇文章，与这个问题直接相关，题目是“国学与中华民族精神家园”，发表在《中山大学学报（社会科学版）》2009 年第 3 期，这里就不重复了，有兴趣的朋友可以参看。

我跟大家聊的是一些非常粗浅或者肤浅的想法，跟大家汇报一下，供大家讨论，谢谢大家！

整理者：马月伟

第十四讲

从本体到仁体——论熊十力哲学

主讲人：吴震
复旦大学哲学学院教授

大家好，我和大家分享的题目是“从本体到仁体——论熊十力哲学”，实际上主要是谈熊十力哲学中的本体论问题和仁体论问题。

熊十力哲学的特色之一是体用不二，体用不二理论特别强调本体论的重要性，甚至将本体提到哲学之所以为哲学的高度。这样一种强调本体、认为不谈本体就不是哲学的观点，是熊十力在20世纪20到30年代初写作、出版《新唯识论》（即《新论》）前后一段时期形成的重要观点，可以看作熊十力的哲学观。熊十力对本体的强调有着深厚的时代背景：一方面，19世纪末20世纪初，中国本土从日本引进哲学这个概念，虽然当时的翻译尚不十分成熟，但哲学已然成为当时中国学术界普遍接受的一般观点，“何谓哲学”这一问题也受到了众多学者的关注与探讨。如胡适先生在1919年出版的《中国哲学史大纲》上卷中就谈到哲学是对宇宙人生的根本追问；冯友兰先生在1931年完成的《中国哲学史》上册中也谈到哲学的初步定义，提出哲学是对宇宙终极问题的追问。另一方面，学界也不断吸取从西方引进过来的哲学。在20世纪二三十年代，西方现代哲学兴起，受当时西方哲学（特别是德国哲学）思潮的影响，中国学界也开始对传统西方哲学的本体论、形而上学产生怀疑，出现了形而上学说不清楚等观点。与当时学术界流行的这种观点有关，熊十力在《新论》中也谈到西洋哲学近来排斥本体论和形而上学，使得西洋哲学变为一种“戏论”。讲这段话的目的，是介绍熊十力哲学形成的背景、形成的过程以及其重视本体论的原因。

在1932年出版的《新论》文言本中，熊十力对儒学历史即儒学观的研究还未充分凸显，而且书中一些术语的使用、资料的运用、观点的援引都有浓厚的佛教气息，但这并不意味着熊十力的立场偏离了儒家。实际上，熊十力哲学的建构，有着“由佛归儒”的明显转向，他在晚年更是明晰地提出“归宗大易”“归宗孔子”。在这一“由佛归儒”的转变中，也就是在撰写《新论》的前后一段时间，他是如何看待儒家思想的？换句话说，儒家思想在其哲学体系中是如何体现的？

在本次讲座中，我抓住仁体观这一问题，探讨熊十力如何看待儒学当中有关仁的思想。仁体观问题在《新论》文言本、语体本中均有非常重要、集中的探讨，反映了熊十力浓厚的儒学观。虽然儒学观并不局限于仁体这一问题，但仁体能够高度集中地反映熊十力对儒家思想（他自己称为儒家哲学）的态度。所以，本次"从本体到仁体——论熊十力哲学"的讲座，我想一方面谈谈熊十力哲学中的本体论，介绍他如何建构起自己的本体论哲学；另一方面集中探讨他的仁体说，以此揭示熊十力的儒学观。

据熊十力晚年回忆，从少年起，他的思想经历了"求之宋明""求之六经""求之老庄""求之佛教唯识""求之《般若》"等多次变化。他读了很多经典，但对这些经典均感到"不满"或"终不谓然"，觉得书中讲得都不怎么对，最终是"反之自心，久而恍然有悟，始叹儒宗《大易》、佛氏《般若》，皆于真实根源甚深处确有发明"，这里的"真实根源"就是熊十力的本体论。在大彻大悟后，熊十力写下了《新论》这部造论之作。

这本书出版后，贺麟对其评价甚高，认为"其哲学为陆王心学之精微化、系统化、最独创之集大成者"。更重要的是，贺麟注意到熊氏有"仁者本心"之说，他引述熊氏之言"盖自孔孟以迄宋明诸师，无不直指本心之仁，以为万化之原，万有之基，即此仁体"，而后指出自己主张的"儒家思想的新开展，应发挥出仁的本体论，仁的宇宙观"之观点，熊氏已然得其先声。按照贺麟的说法，熊十力哲学与宋明理学尤其是陆王心学有很深的渊源，且这一渊源正可从"仁体"这一角度看出。

谈到仁体，马上会想到陈来教授在 2014 年出版的著作《仁学本体论》。这本书一方面是与李泽厚的情本体论进行对话，另一方面对熊十力在《新论》语体本中提出的"仁体"观点给予了充分关注，并对熊十力哲学中体用不二论、即用即体等观点做了一定评价。但陈来教授认为，熊十力的仁体说"始终是指向'仁心'，而非以仁为本的仁本体论"，而且这类以心之仁为本体的说法，早在"明儒已经有了"。这里的明儒显然主要指阳明心学家。此处不围绕陈来对熊十力仁体说的批评展开讨论，只是做一简单客观的介绍。

熊氏一生思想多变，晚年自陈思想变迁颇繁，但这种变化不是说早年晚年的观点截然相反。通过对熊十力早年晚年八本主要论著的研究，可以初步推断，熊十力在创立自己的哲学体系之后，开始自觉地以问题审视的眼光更为集中地将其哲学体系放在中国传统文化中去思考。这个变化是很大的，但这种变化只是研究视域的变化，并不意味着推翻了以《新论》文言本、语体本为代表的熊十力哲学的早期观点。如作为熊十力哲学核心的体用不二论，在 1932 年文言本中就已经提出，在 1945 年语体本中更有高度理论性和系统性的阐发，这种早期的核心观点在晚年的《明心篇》等著作中依旧重要。体用不二这样一种说法很显然与 20 世纪 30 年代就开始在中国蔓延的、由西方哲学引进的唯物唯心观念或者说心物关系有关。对上述二者的关系，熊十力不是 1949 年才表明态度。事实上，他在《新论》文言本中就已经表态，40 年代相继出版的《新论》语体本、《读经示要》和《十力语要》，也有明确的体用不二、反对唯物唯心的观点。也就是说，他这种认为东土哲学历来不把心物分开讲的观点，从 30 年代到五六十年代是始终未改变的。只是 50 年代后的《体用论》《明心篇》《原儒》等著作，表现出对中国传统文化的极大关注，谈论传统文化特别是儒家思想的篇幅大量增加，但谈论过程中仍然坚持自己既不是唯物也不是唯心的心物不二论。所以，对熊十力早年晚年思想的变化，还是要深入熊十力的文本中加以客观把握，这一点对于研究任何问题的学者都是相当重要的。

熊十力的思想有早晚期之分，在本次讲座中，我试图对其思想分期做稍许改变，而且任何划分都是一种方便法门，不可将之看得太死。熊十力不同时期的思想不是说截然不同，而是有了新的拓展。因此，我将熊十力创作《新论》文言本的 30 年代划为思想早期，将在重庆出版三本书的 40 年代划为思想中期，1949 年之后的 50 年代划为思想晚期。

一、重建本体

1932年出版的《新论》文言本开篇就讲："今造此论，为欲悟诸究玄学者，令知实体非是离自心外在境界，及非知识所行境界，唯是反求实证相应故。（实证即是自己认识自己，绝无一毫蒙蔽。）"此处的"玄学"相当于"哲学"，从名词的使用可看出熊十力将自己的思想区别于西方"哲学"的决心。他所言的"实体"相当于"本体"，而且"实体"有"宇宙本体""真实根源""本心""自性"等不同讲法。"实体"不是外在境界，不是知识论问题，而是人之自心与万物共存的一体性，我们唯有通过"反求实证""自己认识自己"的方法才能把握实体，这与阳明学中"良知自知""良知自觉"的"反求自证"的方法有些相似。

但熊氏撰写《新论》文言本之际，并未引述阳明学的"良知自知"等思想，他的"反求""自识""自证"更多地源于佛教唯识宗"证自证分"等思想资源，只是后来在与佛教或友人的论辩中，才逐渐意识到儒家传统中如孔子"求己""默识"或孟子"反身""思诚"等说法正是"反求实证"的哲学方法，而且"宋明儒方法皆根据于是"，认为孔孟的修习方法为宋明儒者所沿袭。更为重要的是，熊氏认为这种方法是"东方哲学"区别于"西洋哲学"的一般特征。他说：

> 今世之为玄学者，弃智而任慧，故其谈体也，直以为思议所行境界，为离自心外在境界。易言之，即一往向外求理，如观物然，而不悟此理唯在反求，只堪自识，遂乃构画抟量，虚妄安立。（如一元、二元及多元等论。）以是驰逞戏论，至于没齿而不知反。

此处“今世之为玄学者”，主要指西洋哲学，也包括 20 世纪 20 年代以降在中国流行的所谓“哲学”。熊十力认为，与自己提出的“玄学”不同，西洋哲学以及受到西洋哲学影响的中国本土哲学在本体问题上存在两个根本谬误：一是以为本体是“思议所行境界”，是可以超越万物的独在；二是以为本体是“离自心外在境界”，把本体想象为心之外的现象界背后的东西。所以西洋哲学在方法上，就犯下了阳明心学批评朱子理学的那种方向性错误，即“向外求理，如观物然”，从而将本体视同“物化”一般的存在[1]，而根本不知对本体的把握唯有“反求”“自识”之一途，其结果是“玄学”变成了各种“戏论”。

1944 年出版《新论》语体本之际，熊氏更清楚地意识到，当时哲学界甚至出现了一股拒斥“本体论”或“形而上学”的思潮，对此，他深表担忧：“近世哲学不谈本体，则将万化大原、人生本性、道德根底一概否认。”这里的“近世哲学”不仅指 20 世纪 40 年代早已在中国流行的来自西方或本土的各种“哲学”，甚至还有来自南京内学院佛教宗门的某些观点，如一些佛教徒否认“真如”即“实体”，对熊氏《新论》大谈“实体”“本体”不以为然[2]。但在熊十力看来，“玄学”的根本问题就在于本体，本体就是哲学的根本问题，而他对此问题“体究二十年”之后，才有《新论》之造作。按照《新论》语体本中的讲法，熊氏“体究二十年”的问题是本体何以是“真常”，其结果是《新论》揭示的“体用不二”这一根本理论。所以严格说来，哲学的根本问题就是体用问题。所以他又明确指出：

> 哲学上的根本问题就是本体与现象，此在《新论》即名之为体用。体者，具云本体。用者，作用或功用之省称。

熊氏认为，体与用本不可分，然主流哲学家“只承认现前变动不居的万象

---

[1] 如熊氏《新论》语体本指出：“本体不可作共相观，作共相观，便是心上所现似的一种相，此相便已物化，而不是真体呈露。”

[2] 参见《新论》所收《破破新唯识论》以及附录《破新唯识论》。

为互相联系之完整体，即计此为实在”，究其实质，是“只知有现象界而不承认现象之有其本体”这一本体论事实；有些哲学家或承认有“本体”，但“不免误将本体说为超脱乎现象界之上，或隐于现象界之后，致有二重世界之嫌”。所以，他们对“体用之本不二而究有分，虽分而仍不二者”缺乏“正解”，这也是熊氏造作《新论》的根本缘由。

同时，熊氏认定“有宗有二重本体过”。如唯识宗说阿赖耶识“恒转”变现，但阿赖耶识又含诸法种子，种子是因，现行是果，因而不免割裂种子与现行为“两重世界”，实际上也掉入了“二重本体”的窠臼。与此构成鲜明对比的，是熊氏心中的中国哲学向来主张体用不二的“一个世界”。尽管《新论》中没有“一个世界”这个词，但可从其学说中推导出来，也是其体用不二说之精髓所在。所以他说：

> 哲学家往往误计本体是超脱于现象界之上，或隐于现象界之背后而为现象作根原，此乃根本迷谬，《新论》谈体用，正救此失。

这说明他作《新论》的理论意图就在于纠正历来有关本体问题的两大错误观点：或认为本体为超脱于现象界之上的“独在”，或以为本体是隐于现象界背后之“根原”或“原因”，以至于有“二重世界”之谬误。熊氏的体用不二论正为打破这种主张心物二元、导致“二重世界”的哲学观[1]，对与这种哲学观相反的唯物一元或唯心一元的一元论，熊氏同样表示反对。熊氏认为，本体即全体，全体即大用，继而提出“全体论”的重要观点，指出本体之生化功能就是“不可分之全体”，是“全体流行”，“本体是万理赅备之全体”，“本体遍为万物之实体”。及至晚年，他更强调：

---

[1]　李泽厚亦承认中国实用理性“素来不去隔断本体与现象……它一向强调‘天人合一,万物同体’‘体用一源’‘体用无间’”，承认中国哲学亦主张“一个世界”。但他从“情本体”出发，认为“‘情本体’恰是无本体，是以现象为体，这才是真正的‘体用不二’。熊十力讲‘大海水即此一一沤’，但又无端建构‘辟、翕’的自然宇宙论”。然而熊氏哲学的“翕辟成变”的宇宙论，在性质上不同于自然宇宙论，毋宁是本体宇宙论。

全体论者，以为宇宙万象不是许多细分之和集，而是一大势力。……全体是生生活跃，故恒起分化。……全体论者，以为宇宙万象不是凭空而起。凭空突起，便是无中生有，断无此理。故说宇宙必有实体。

由此可见，全体即宇宙实体，遍为万物，这是熊氏本体论的重要特色，同时也显现出对朱子学“全体大用”思想的一定吸取，只是他的用法还不同于朱子“吾心之全体大用无不明”的境界语，而是涵盖了儒学“内圣外王”之全体大用。

总之，熊氏强调哲学的根本问题在于“本体论”，故不同于由各种知识组成的“科学”。在 1935 年与张东荪讨论“哲学”问题的过程中，熊十力也谈到了这一点，提出“究极言之，只有本体论是哲学的范围，除此之外，几乎皆是科学的领域”。科学就是科学家通过实证的方法进行研究以获得客观知识的过程，此客观知识是关于各部分的知识；哲学思想本不可以有界限，是阐明万化根源的，是“一切智智”，“一切智智”即“一切智中最上之智，复为一切智之所从出”。因此，熊氏的基本哲学观认为，哲学的基本问题就在于建构本体。而本体论要阐明“万化根源”，故与用密不可分，哲学的要务就在于彰显体用不二论。

二、即用显体

熊氏体用不二论的论证思路主要有两点：一是“由体显用”；二是“即用显体”。熊氏对前者的论述不多，后者才是其体用论的核心，且与阳明学也有关联。先看第一点，《新论》文言本有“称体而用已赅（一称夫体，而用即赅备，岂其顽空可以名体哉！）”，其弟子周通旦在为回应学界对《新论》文言本的各种批评而作的《熊先生哲学释疑》中，也使用了“由体显用”“即用显体”来概括熊氏哲学的体用不二义。

熊氏自己的说法则是“一切知识皆是称体起用”。“称”即“乘”,“称体起用”或“由体显用”是说，一切现象都是本体之流行或发用，现象界知识的根本来源也是本体的流行，所以在某种意义上，流行发用本身就是“本体”。故“流行本即天理之流行”。流行就是体，不是说离开流行有另外的本体，故而有结论：“故乃即用即体，即转变即不变，以此假说功能为本体。立义似创，而旨不违经。”这里的“即用即体”说，也就是体用不二说的另一种讲法。熊氏意识到这个讲法“立义似创”，是前人所未曾道者，但他仍坚持认为这个讲法是符合儒家《大易》宗旨的。熊氏晚年甚至明确认为体用不二是孔子的主张，讲的是现象即实体的道理，这里的“即”就是“不二”义，而非等同义。

再来看“即用显体”在熊十力体用不二论中的含义。他说：

> 即用显体一词，其意义极广大深微，很难为一般人说得。哲学家颇有于流行之外妄拟一个至寂的境界，于万有之外妄拟一个至无的境界（印度佛家哲学有些是近于此的）。这个，固然是极大的谬误，却还有些哲学家竟止认取流行的为真实，而不知于流行认取至寂的方是真实，乃至止认取万有为真实，而不知于显现万有认取至无的方是真实（王辅嗣解《老子》，言凡有皆始于无……）。这种谬误，更是不堪救药。前者，只是求真理而不得。后者，便敢否认真理而不复求了（许多否认本体的哲学家，皆属于后者……）。难言哉，体用也！哲学所穷究者唯此一根本问题。

“即用显体”一词意义广大精微，是理解熊氏体用不二论的关键。“即用显体”的“即”字，按熊氏的用法，表“克就”，而非两种事物相即不离的关系。熊氏“即用显体”的主要理论目的在于反对佛老哲学的本体论。佛老哲学认为，在“流行之外”或“万有之外”有一个“至寂”或“至无”之境界，熊氏指出这种观点会导致“止认取至寂的方是真实”或“止认取万有为真实”的谬误。

但需注意的是，“即用显体”实际上是强调本体本身是不可思议的、“无可措思”的[1]，所以只有从现象作用、本体流行的层面来把握。本来，在宋明理学中，本体“本不可言”“人生而静以上不容说”不仅是程颢、朱子所持的观点，还可视为阳明有关本体问题的基本看法。正因为本体本不可言，故唯有在工夫上着力，由工夫显本体，也是阳明学讲“即工夫即本体”的固有理路。熊十力屡次提到并高度赞赏阳明体用论的一个说法“即体而言用在体，即用而言体在用”，认为“非是自家体认到此，则亦无法了解阳明的话”。熊氏甚至借阳明这句话来论证其体用不二说：

一言乎用，则是其本体全成为用，而不可于用外觅体；一言乎体，则是无穷妙用法尔皆备。

“法尔”是佛典名词，熊氏认为本体主要包含两层道理：一是“法尔道理”；二是“继成道理”。“法尔”即自然，此处的“法尔皆备”是说本然具足，自然圆成，也指“本体无待”。“法尔皆备”之本体自身变现起用，表现为“本体全成为用，而不可于用外觅体”，故谓体用不二。

在此需要提及的是，阳明的原话是“即体而言用在体，即用而言体在用，是谓‘体用一源’”。所谓“体用一源”出自程颐《易传序》，即“体用一源，显微无间”。然而熊氏引阳明此语，均略去后面的“体用一源”[2]。其实，至少从理论形式看，“体用一源”可视为“体用不二”。熊氏不引程颐语，原因是程颐“一源”说的预设是“体用对举”：

伊川说体用一原，似欠妥。以体与用对举，而更云一原，岂别有为体用之原者耶？实则体即用之原，但体不在用外。如大海水与众沤喻，可玩。本

[1] 《新论》语体本曰：“综前所说，理应决定宇宙或一切行是有他底本体的。至于本体是怎样的一个物事，那是我们无可措思的。我们思维作用是从日常的经验里发展来的，一向于所经验的境，恒显似其相。”

[2] 参见《新论》语体本，熊氏在对阳明“即体而言用在体，即用而言体在用”之言作了详细疏解之后，总结道：“综上二义，可知体用虽若不一而实不二。……然寂无未尝不动有，全体成大用故；动有未尝不寂无，大用即全体故。故知体用毕竟不二。”

论意思，只是体用不二。

熊氏认为“体用一源”是将体用分别看作另有“一原”，这就与“体即用之原”的体用不二说不同。佛教讲到“究竟”，常用“遮诠”，熊氏“不二”的说法正借鉴了佛教常用的“遮诠”法。除了“体用不二”，熊氏还有“理气不二”“天人不二”“动静不二”等说法，均是从否定层面描述概念。而程颐所说则是“表诠”法，是从肯定的角度描述概念，为儒家常用，如孔子讲“一贯”、宋明儒讲“合一”，便属于此类。可见，“一源”与“不二”，语虽不同，其义实一。因此，不妨将熊氏对程颐易学的批评视为哲学家的一种意见，此意见是否合理还可做进一步探讨。

总之，熊氏强调哲学的根本问题在于本体论，深刻揭示了“由体显用”“即用显体”的体用不二论，对近代中国哲学的重建有开创之功。从其对体用不二的论证中亦可看出，熊氏对宋明理学特别是阳明学的某些观点是确有所取的。

三、仁为本体

如果说熊氏哲学旨在建构本体论，其最重要的贡献在于体用不二论，那么，其所谓本体又有何种具体的内涵？此点在《新论》文言本中所言不多，这或许与其“截断众流”的哲学论述方式有关。作为一般之论，熊氏对本体有六项定义，此即本体六义：第一，本体备万理、含万德、肇万化，法尔清净本然；第二，本体是绝对的；第三，本体是幽隐的、无形相的；第四，本体是恒久的、无始无终的；第五，本体是全的、圆满无缺的；第六，若说本体是变易的，便已涵着变易了，反之亦然。

这六义都是形式定义，见诸语体本，而且在广义的宋明理学中都能找到类似表述。与文言本相比，熊氏十多年后出版的语体本，在理论推演和体系建构等方面均有进一步完善。他将本体问题置于儒家经典系统，揭示出“仁体”概念在儒家经学中的首出、核心地位，对本体的具体性问题有了更为深入的论述，并对本体“含德”做了具体分析。

熊氏“仁含藏万德”的论述方式，有取于程朱理学的“仁包四德”说，只是他将“仁”推至“含藏万德”的高度，将儒家价值论的几乎全部概念囊括于“仁”之中。在儒学史上，首次提出“仁体”概念的是程颢，明确提出“仁即道也，百善之首”命题的是程颐。不过这些历史知识似乎对熊氏不重要，他关注的是如何将仁体观转化为体用论。

值得注意的是，熊氏体用不二论中的本体恒转而显为“大用”的“刹那刹那，故故不留，新新而起”这一观点，又被表述为“正是仁体显现”。何为“仁体显现”？熊氏说道：“繁然妙有，而毕竟不可得者，假说名用。”这表明“仁体显现”为万有大用，是从仁体角度对体用不二的具体阐发，也表明熊氏在撰写语体本时期，已经对仁的问题有了更深的理论拓展。此时，他已经开始意识到，“孔子所谓仁”即“仁体”，儒家思想的实质就是仁体，质言之，本体即孔子所讲的仁。熊氏明确将“仁体”及“本体”归诸孔子之说，并以此作为区分儒家哲学与西洋哲学（其代表是黑格尔）的主要标志，反映了熊氏独特的哲学观及儒学观。

那么，作为万德之首的仁，究竟有何具体所指呢？按照熊氏的讲法，仁体有“生生之仁”“一体之仁”两种基本义。仁体的这两种内涵在宋明理学中皆有类似表述，特别是王阳明“天地万物一体之仁”中彰显的“一体之仁”观念，可谓是宋明理学有关“仁体”的终极要义。熊氏晚年更是将孔子的“一贯”、孟子的“万物皆备”、阳明的“万物一体之仁”视为儒家“立教”以及“化民成俗”的一贯宗旨。由此，熊氏的本体论已转化出仁体论，只是其仁体思想不免被自己所注重的体用不二论所遮蔽。

与《新论》语体本几乎同时，《读经示要》于 1945 年在重庆出版。该书将儒家经学的大要概括为“九义”，“九义”之第一义是“仁以为体”，这种说法将儒家仁学提到了“齐家治国”“天下大同”的至高地位。在阐明儒家诸经“九义”之后，熊氏在归纳中再次对第一义的仁体问题进行了长篇论述。他讲“仁即道体”，将“仁”直称为“道体”，把“仁”提升至“万有之本体”的高度，并对“仁”做了具体规定，即“生生不已，备万理，含万德，藏万化”。他甚至认为“诚恕、均平、道德、礼让、中和”等儒学价值观无非是“仁体”的体现。

讲完儒家诸经之要义后，在《读经示要》第一讲的结尾，熊氏又不厌其烦地强调“仁学”是儒学的第一要义、根本宗旨。同时，根据此处“孔子以仁立教，《新唯识论》已经言之”的说法，可知熊氏早在《新论》语体本中就已对“仁学”问题有所阐发。他以孟子、阳明所言“本心”释孔子的“求仁之旨”，应该是合乎儒家仁学之本义的。同时也可看出，熊氏的仁体观与宋明理学有一定关联。

关于“本心之仁”何以能够成为“万化之原”“万有之基”？熊氏对这一问题的解答可能也受了阳明学的影响，因为“万有之基”其实是从阳明“无声无臭独知时，此是乾坤万有基”转化而来。这就要提及熊氏二十五岁左右的一场“悟道”体验。他在读到《列子》张湛注“夫万物与化为体，体随化而迁，化不暂停，物岂守故”之际，“忽脱然神悟”，终于明白了长久以来困扰其思绪的阳明说良知是“乾坤万有基”的奥义。他说：

> 吾向以天地万物，为离于吾之身心而独在也。而岂知天地兴我并生，万物与我为一耶？（悟此，则吾与天地万物非异体。）向以缘虑纷驰，物化而不神者为心。而岂知兀然运化，无定在而靡不在，遍万有而为之宰，周吾身而为之君者，此乃吾之本心耶？

这次“脱然神悟”，意味着熊氏对阳明学何以说良知本心便是“乾坤万有基”之问题的根本了悟，同时也意味着熊氏即将彻底解决本心也即宇宙本体这一熊氏哲学之根本问题。换言之，对熊氏而言，本心良知即万有之基，这是其建构宇宙论和本体论的关键所在。二十余年后，熊氏在撰写《读经示要》之时，始断定心学即玄学，即“宇宙本体之学”：

> 穷究宇宙本体之学，谓之玄学，阳明则直指本心，盖以宇宙本体，不待向外求索。反诸吾之本心，当下即是，岂远乎哉？吾心之本体，即是万物之本体，非有二本也。故阳明派下，又立心学之名。其实阳明派之心学，仍是玄学。

我们再回到仁学问题上来。约在 1936 年至 1937 年之间，熊氏将一些寄给友人门生的书信集结为《十力语要》卷二。其中在《答任继愈》一书中，熊氏言及朱子的“仁者心之德爱之理”这一著名论断：

> 朱子言仁者心之德。心之所以得成为心者，以具此仁故耳。不仁，即私欲用事而物化，是乃丧其心者也。只有仁才是心，心之所以得成为心者，仁也，须反自体认。汝解爱之理，以由近及远，由亲及疏为言，是以差等的意义释理。“理”字虽有条理之意，差等亦含有条理意思。然万不可忽者，理是真实的东西，此之发现，则为仁义礼智乃至万善，随所发而莫不各当，秩然有条不紊。如发之事父则为孝，发之卫国则为忠等，故又名之以理也。唯其是真实的物事，故随发各当而有条不紊耳。而或者不察，仅以空洞的形式为理，是但从其发现之有条理处观察，而昧于其本身是绝对真实也，恶乎可哉？……须知此云爱之理者，理即天理，异乎情欲之属于后起者也。夫言爱，即是发为情欲者也，此若本乎天理而起，则情欲亦即天理之用也。若违乎天理，则此爱即私情私欲矣。……朱子以爱之理言仁，此义精微。

此处所言，应当是对朱子“仁者心之德爱之理”的一项善解。特别是他强调“理是绝对真实”，而非“空洞的形式”，显是针对冯友兰而发。由其对朱子《仁说》的维护立场可以看出，熊氏至此已对宋明道学家的仁学思想有了充分的同情了解。须注意的是，所谓“绝对真实”，正是熊氏自己对本体的一项定义。至此可见，本体即仁体，已然构成熊氏哲学本体论的实质内涵。

至于王阳明的仁学思想，熊氏更有充分的肯定，这在其《新论》语体本中已有表现：

> 后儒如王阳明，以致良知为学，亦与孔子言仁相类。夫良知即本心，凡为阳明之学者皆知之。仁即本心，而治《论语》者顾不悟，何耶？孔子答门下问仁者，只令在实事上致力。易言之，即唯与之谈工夫，令其由工夫而自悟仁体（即本心或本体），却不曾克就仁体上形容是如何如何。一则此非言说所及，二则强形容之，亦恐人作光景玩弄。孔子苦心处，后人固不识也。昔有一友，亦尝谓《论语》言仁，非即本心。吾语之曰：《论语》云，“君子无终食之间违仁，造次必于是，颠沛必于是”，此所谓仁，非本心耶，非本体耶，岂可将此仁体说向外去，而只作为行事上之一种规范或德目看耶？其有闻之，悚然有省。

熊氏认为，自孔子至阳明，所言“仁”者，即指仁体、本体或本心。既然本体绝非超然于万物之上或之外而“独在”，那么同样，仁体也必然内在于人心之中，直接构成人之本心，所以，仁体就不能是独立于人心的外在规范或德目。

熊氏又从其本体论视域来审视儒家仁学，并试图将儒家仁学与其体用不二说打通：

> 儒家自孔孟，其谈本体，毕竟于仁或生化的方面提揭独重。《大易》《论语》可以参证。……会通佛之寂与孔之仁，而后本体之全德可见。……仁者，生生不容已也，神化不可测也，太和而无所违逆也，至柔而无不包通也。本体具备万德，难以称举。唯仁与寂，可赅万德。偏言寂，则有耽空之患。偏言仁，却恐末流之弊，只见到生机，而不知生生无息的真体本自冲寂也。……故寂与仁，皆以言乎本体之德。寂故仁，仁亦无不寂。则本体不可执一德以言之也明矣。大本立定，而徵之人伦日用之际，其斯为体用不二之学。

这里的“会通佛之寂与孔之仁”，表明熊氏作《新论》，究心于儒佛会通问题，其思想仍有颇多佛学痕迹。其实，儒家仁体之全德不必借助“佛之寂”始可见，只是若就本体立论，则可承认生生不息之本体确有“本自冲寂”之特征。然

“冲寂”属道家语，若依儒家易学而言，本体之寂，即“寂然不动，感而遂通”之“寂”。按此“寂”字之义，阳明在“南镇观花”论证“心外无物”之际也有所阐发：“你未看此花时，此花与汝心同归于寂”，此“寂”正指向尚未敞明的本体世界；与此相反，“你来看此花时，则此花颜色一时明白起来”，这意味着本体世界的意义得以呈现。用熊氏的哲学语言讲，就是本体的“全体大用”得以“一体呈现”。

不过，对于本体之“寂”，熊氏十分重视，他强调：“夫寂者，真实之极也，清净之极也，幽深之极也，微妙之极也。无形无相，无杂染，无滞碍，非戏论安足处所。默然无可形容，而强命之曰寂也。”这表明熊氏“出佛归儒”后，并未对佛学取一概否认之态度。其实，在熊氏看来，儒家亦讲“寂”，如《易传》“寂然不动，感而遂通天下之故”、《诗经》“上天之载，无声无臭”等说法，都是对“寂”的生动刻画。熊氏认为，就本体言，可以说：“仁者，生生不容已也，神化不可测也，太和而无所违逆也，至柔而无不包通也。”然而在我们看来，讲仁体时，实不必牵涉“寂”的问题，因为仁作为一种本体，其自身本已“具备万德”，故不必再用佛家的“寂”作为补充。由此亦可见，熊氏最终未能在哲学上完全建立起仁体学[1]。

四、以仁为统

我们说从本体论或宇宙论来揭示仁体，是熊氏哲学的内在要求，也是其思想

[1]　熊氏晚年著《明心篇》竟推翻此前的仁体说。其曰：“宋明儒以仁为本体（本体犹云实体），甚失孔子之旨。仁是用，究不即是体，谓于用而识体可也（识者认识。于用是人体，譬之于众沤而识大海水），谓仁即是本体则未可。”由此可印证，陈来判定熊氏虽言仁体，然终不能建构出仁体学，应是不刊之论。

发展的一个趋向，这在 20 世纪 40 年代表现得尤为突出。以《新论》语体本以及《十力语要》和《读经示要》的撰述为标志，熊氏将仁体问题拓展至经学领域乃至儒家外王学领域，并将仁体与仁术结合起来，展现了仁体在社会政治学领域中的意义。对此，我们理应予以适当的理论关切。

大家知道，熊氏哲学有一个鲜明特征，即敢于断言，如“呜呼！经学者，仁学也。其言治，仁术也”，便是熊氏的断言。又如“夫《易》之乾元，即是仁体，万物所资始也。《春秋》以元统天，与《易》同旨”，也是熊氏的断言。这些说法充分反映了熊氏特有的儒学观。在熊氏看来，仁学与仁术是一体的关系，《周易》与《春秋》也是同一旨趣——表现为“以仁为元”“以仁为统”。可看出，熊氏欲将仁体打通经学旨意，并将仁学推展至社会政治领域。

由于熊氏哲学归宗儒家《大易》，因此我们来看看中年熊氏[1]从经学角度对仁体问题的一些深入阐发。他在释《易》时指出：

> 贞，正而固也。正固之德，亦元德之发现。仁体湛寂，无有倒妄，……四德以元为首，元谓仁体。《彖》云“大哉乾元”是也。亨、利、贞，皆元也。乾元即仁体。亨利贞，皆仁体之发现，故曰皆元也。若将四德截作四片说去，便是剖析物质之见，只缘不识仁体故耳。仁之为德，生生不已，备万理，含万善，即太极也。以其为万物之本体，故名仁体。亨、利、贞，乃至万德，只因仁体之发现不一形，而多为之名耳。（须知，言四德，即备万德。）

熊氏用“仁体”释《乾卦·彖辞》的“乾元”，强调宇宙间元亨利贞的发展过程表现为“仁体之发现”。在他看来，从仁体发用上讲，仁体的流行发现就是“生生不已”的仁之德性；从本体论上说，仁体就是“备万理，含万善”的“太极”本体，换言之，由于是万物之本体，故又名“仁体”。在这里，熊氏强调了

[1]　为行文方便，设定熊氏中年时期以 20 世纪 40 年代撰述《新论》语体本以及《读经示要》《十力语要》为标志，以别于 30 年代撰述《新论》文言本的早年时期以及 50 年代撰述《体用论》《乾坤衍》《明心篇》的晚年时期。

仁体具有生生之仁以及仁包四德的基本特征。其中，他特别重视“元”对仁体而言的根本意义，他又说：

> 元者，谓本体只是个生生不息的仁体。而通畅、谐和、正固诸德，皆仁体之发现。
>
> 仁者，乾元，为万物始。……《系传》云：“大德曰生。”《易纬》云：“虚无感动，清净照哲。”皆指仁体言之。故求仁之学，只在返而识得固有仁体，任其流行无间，勿使私意私欲得起而违碍之。日常语默动静，皆是仁体呈露，是谓不违仁。

可见，熊氏突出了以元为仁、以生为仁这两个思想维度，由此强调在人的“日常语默动静”之际，莫非是“仁体呈露”。类似说法，不一而足，我们不妨再举几例：“乾即是元，故曰乾元。元者，仁也”；“此言乾元，即专指仁体而目之”；“仁体生生不息，万物所资之以始”。这是熊氏解释《乾卦·彖辞》“大哉乾元，万物资始，乃统天”一句，以仁体贯穿始终，突出了仁体在宇宙论中具有初始本根的意义，同时也再次强调了仁体的生生义。

除《易》之外，中年熊氏还重视《春秋》一经，认为“孔子之道，内圣外王。其说具《易》《春秋》二经”。熊氏根据乾元即仁体的观点，发现《春秋》一经的要旨就在于强调“以元统天”。关于《春秋》，熊氏特重视公羊学，但显然不是清末康梁一派的公羊学，而是董仲舒的春秋公羊学，特别是公羊学的三世说及三统说。然而，在熊氏的春秋学诠释中，凸显了“仁”的观念：

> 世近太平，虚君将废，而犹有存三统之说，使民群信仰有所系也。三统者何？《繁露·三代改制质文》曰：“《春秋》作新王之事，绌夏，亲周，故宋。”……三统原是一统，一者仁也。《春秋》始于元，元即仁。虽随世改制，而皆本仁以为治。春秋当新王，即以仁道统天下也。……故《春秋》以仁垂统，而又推其统之所承，于是而亲周，而故宋。……其实，一以仁为统而已。仁道，真常也，不可易也。所以通三世之万变，而皆不失其正者，仁为之本

故也。故曰三统实是一统，一者，仁也。

熊氏取《春秋繁露》的三统说：绌夏，亲周，故宋。他认为三统统一于仁，其经典依据是“《春秋》始于元”，由于“元即仁”，所以，三世虽“随世改制”，但在根本精神上，都是以仁为本的。结论是：“《春秋》以仁垂统”，“三统实是一统”。从哲学上讲，“仁道，真常也”，此“真常”即常道，亦即本体，同样，“一者，仁也”，此“一”即仁体，亦即本体。

我们知道，抗战时期熊氏迁徙重庆，在当时的时代背景下，熊氏开始关注中华文化的问题，故有《读经示要》之作，以求对社会政治的未来方向有所建言。在此时期，他尤其强调文化民族性以及对未来社会趋向大同的展望：

> 中华民族，自昔历圣相承，皆以仁道统天下。仁者，生生不息也，厚爱也，虚寂也，健以动也。以上圣哲，以求仁为学，即以行仁为治。天下之人人，皆能保任其本有之仁体，而无蔽于私欲，则皆有天地万物一体之量。有天地万物一体之量，则其共同生活之组织，与一切施为，皆从物我一体处着想。自无有私其一身或一国家一族类者。而国内之阶级，乃至国与国、种与种之界畛，早已不存。全人类共同生活之一切机构，皆基于均平之原则而成立。

熊氏强调中华民族历来具有“以仁道统天下”的文化精神，并提出须以传统文化中“天地万物一体”的思想来调适当今社会共同生活之需求，最终使“全人类共同生活之一切机构”都建立在儒家“均平”原则的基础之上。所谓“均平”原则，在熊氏看来，又须“从物我一体处着想”始有可能，而“物我一体”所体现的正是“天地万物一体之仁”。可见，熊氏的社会政治思想其实与程颢、阳明一系的“万物一体之仁”之精神有重要的同源性，质言之，其中贯穿了儒家的仁学精神。这就表明他在文化认同上已坚定了一条信仰：“中国哲学明‘天地万物一体’之义，已普遍浸渍于中华民族之心髓。”

熊氏对中华文化历史有深沉的忧患意识，对当时社会现实也有强烈的批判精神，认为“自素王殁后，夷狄盗贼横行中土，已二千数百年。晚世列强，皆以凶狡狂噬，迷失仁道，而有人类自毁之忧”。但是，他坚信一点：“三统其绝乎，此亦不然！”自濂洛关闽的宋代新儒学以迄王船山，“犹延一线之绪，仁道未尝亡也”。进而熊氏表示：“上天启予小子以一隙之明，勉思大统，虽甚不肖，又何敢让焉？”这是熊氏所表达的欲以学术救国的气魄和胆识。这与王阳明《拔本塞源论》所抒发的“非夫豪杰之士无所待而兴起者，吾谁与望乎”这一救世悲愿，无疑在思想精神上是相通的。

也正由此，故在熊氏的心目中，王阳明不仅是哲学家或善用兵的军事家，更是“吾国有数之政治家也”。而在熊氏对阳明的这一评语中，其实也反映出其自身的政治关怀。当然，其政治关怀绝非意味着弃学从政，恰相反，熊氏欲从哲学上揭明“仁体”“仁道”“仁政”“仁术”等思想观念，以寄望于重建人类基于“物我一体”“天下大同”的共同生活。

五、结语

最后，对本次讲座做一简要总结。熊十力哲学的主要特色或者说其主要贡献在于：在近代中国重建“哲学”的风潮中，提出建立本体论、宇宙论的重要性。在此过程中，熊氏显示出与西洋哲学相抗衡的自觉意识。他强调本体绝非超越于万有之上的“独在”，也非潜存于现象背后的“原因”，由此高扬“即体即用”“即用显体”的体用不二论。

然而，熊氏哲学的本体论、宇宙论还有另一重要面相，即以“仁体”“仁道”来充实和重建本体。在此过程中，熊氏强调的“生生之仁”“一体之仁”，无疑就是宋明理学史上“仁学”思想的两项基本要旨。他对程颢《识仁篇》以“一体”

言仁、对谢上蔡以"觉"言仁的理路深表赞赏，对朱子以"心之德爱之理"释仁的仁学思想亦有认同，对阳明学的万物一体之仁的思想更是推崇备至。在此意义上可以说，熊氏哲学的整体建构与其积极汲取宋明理学的思想资源是密切相关的。当然也须指出，熊氏对宋明理学的整体把握有所欠缺，他对程朱理学的总体评价并不高，如他竟认定程颢"纯是道家之徒"[1]，对程颐《易传》鄙视过甚，认为张载《正蒙》在实体问题上恐是剿袭道家之说[2]，晚年更是坦陈："余平生于宋学无甚好感"，"两宋以来理学之徒，尊程朱以继孔，而孔学真绝矣"。然而，这仍然不能否认，熊氏在重建仁体的过程中，有取于宋明理学特别是阳明学的一些思想观念，以下出自熊氏晚年论著《明心篇》的一段话便可充分说明这一点：

> 平情而论，吾儒体用不二、天人合一，此为探究宇宙人生诸大问题者不可违背之最高原理也。王阳明自谓发见良知，为千古之一快。余发见体用、天人，亦可饮阳明之一快以自慰。

对熊氏而言，体用不二、天人合一（还可加上万物一体），才是有关"宇宙人生"之根本问题，也就是熊氏认为的真正意义上的"哲学"。正如阳明自以为"发见"良知为"千古之一快"那样，熊氏亦以为他自己重新发现了"体用""天人"这一根本问题及其"最高原理"，也可以称得上是"千古之一快"。至于熊氏哲学是否直接源自阳明学，恐怕未必，早年熊氏就曾针对弟子的这一发问，明确回答："谓吾自阳明入，不若谓吾自得而后，于阳明之言有深入也。"[3] 这个说法是可信的，因其对阳明学是批判地继承而非全部照搬[4]。

---

[1] 《十力语要》卷三《答牟宗三》，显示熊氏及至晚年，仍持此见。《明心篇》说程颢讲"存久自明"，"其骨子里却是老聃致虚守静之旨，明明与孔子无关"。

[2] 见《乾坤衍》："横渠之学本于老子。"认为"王船山推崇太过"。

[3] 《十力语要》卷四《高赞非记语》。按《十力语要》卷四原为《尊闻录》，所收语录书札的年代起讫为 1924—1928 年。

[4] 如熊氏论定阳明学"极端的心即理说未免太过"，认为"讲哲学者，应该认定范围"，然而"阳明不守哲学范围"，意谓阳明的"心即理"说未免连"物理世界"也否认了。这表明熊氏对阳明学乃至宋明理学的理解已带有"近代性"特征。

总体看，熊十力哲学作为近代中国“心学”的典型形态，对于接续儒家文化传统在近代中国的“一线之绪”以重建中国哲学做出了重要贡献。在此过程中，熊氏哲学对宋明理学虽有批评但也有基本认同，这在 20 世纪 30 年代至 60 年代的特殊时代背景下来看，实属难能可贵，特别是他的本体论和仁体观，对于当今重建中国哲学仍有重要理论价值。

第十五讲

戴震的语言哲学

主讲人：吴根友

武汉大学哲学学院教授、文明对话高等研究院院长非常感谢中国人民大学哲学院和尼山世界儒学中心联合研究生院的邀请，让我有机会将自己的研究心得与大家分享。下面我将从四个方面对戴震的语言哲学进行一个扼要的介绍。

一、戴震的“名学”思想

欲理解戴震的名学思想，当理解他对世界二重划分的观点。他将世界分成作为客观的存在者“物”的世界与作为表征事物秩序与条理的“则”的抽象之名两大部分。如他说：“物者，指其实体实事之名；则者，称其纯粹中正之名。实体实事，罔非自然，而归于必然，天地、人物、事为之理得矣”，“自然之极则是谓理”。戴震将描述“实体实事”与指称“纯粹中正”的两类名称分开，进而批评宋儒特别是程朱一系将“理”当作“如有物焉”的客观唯心主义的思想体系，进而为他肯定人伦日用的感性生活作为第一性的社会政治哲学、伦理学提供学理上的支持。

（一）戴震对“名”的分类——“指其实体实事之名”与“称夫纯美精好之名”

学者体会古贤圣之言，宜先辨其字之虚实。今人谓之“字”，古人谓之“名”，《仪礼》云“百名以上书于策，不及百名书于方”，《周礼》云“谕书名，听声音”是也。以字定名，有指其实体实事之名，有称夫纯美精好之名。如曰“人”，曰“言”，曰“行”，指其实体实事之名也；曰“圣”，曰“贤”，称夫纯美精好之名也。曰“道”，曰“性”，亦指其实体实事之名也。道有天道人道：天道，阴阳五行是也；人道，人伦日用是也。曰“善”，曰“理”，亦称夫纯美精好之名也。曰“中”，曰“命”，在形象，在言语，指其

实体实事之名也；在心思之审察，能见于不可易不可逾，亦称夫纯美精好之名也。(《绪言》(上))

所谓“实体实事之名”，即描述客观对象的名称与概念，不含价值判断。而“称夫纯美精好之名”，是指一种价值性的称谓，包含了价值的判断，是一种规范性的词汇。但是，由于天地之大德表现在生生不息的过程之中，因此，用来描述这一最根本性的实体实事时，也暗含了价值的判断，如戴震说：

天地之气化，流行不已，生生不息，其实体即纯美精好；人伦日用，其自然不失即纯美精好。生于陆者入水而死，生于水者离水而死，生于南者习于温而不耐寒，生于北者习于寒而不耐温。此资之以为养者，彼受之以害生。“天地之大德曰生”，物之不生而以杀者，岂天地之失德哉？故语道于天地，实体即美好，不必分言也，《易》曰“一阴一阳之谓道”是也。(《绪言》(上))

这样，事实与价值、是与应当之间的内在联系性由此而得以确立起来。凡符合天道自然而无偏失的人伦行为，因此也获得了正面的价值意义。只是人伦的行为与天道自然的行为还不完全一样，人道必须通过仁义礼的价值引导与规范，即通过“修道以仁”“圣人修之以为教”的过程，才能达至“纯美精好”的境界。而君臣、父子、夫妇、昆弟、朋友“五达道”，亦必须通过“智仁勇以行之，而后归于纯美精好”(《绪言》(上))。这便是戴震在事实描述之名与价值规范之名二者之间既有分又有合的语言哲学思想的内容之一。

(二)两类“名”的内在关系

虽然用来描述“实体实事”的概念与用来表达伦理与价值的规范概念两者之间有所分别，但在天道自然的层面，两者却又可以合而为一。戴震说：

善者，称其美好之名；性者，指其实体之名；在天道不分言，而在人物分言之始明，究之美好者即其实体之美好，非别有美好以增饰之也。(《绪

言》(上))

在《孟子字义疏证·道》中，他将“纯美精好之名”又改成“纯粹中正之名”：“曰性，曰道，指其实体实事之名；曰仁，曰礼，曰义，称其纯粹中正之名”；“善者，称其纯粹中正之名；性者，指其实体实事之名”。

从理论上说，戴震区分了描述“实体实事”与指称“纯粹中正”的两类名称。但他又认为，“纯粹中王”之名是基于“实体实事”之上的一种理想化的法则，因而称之为“理”。如此说来，“理”是包含了自然法则的内容而超越自然法则的人伦规范。戴震通过对“物”与“则”的区分，把客观世界与人对客观世界内部蕴涵的规律的认识这两者区别开来了，从而对宋明理学先验的客观唯心主义思想进行了批判与解构，进而在肯定人的感性生活的基础上重新肯定了道德原则的神圣性，并表达了这样一种新的社会理想：通过神圣而合理的道德原则使人实现自然之极致。

据此我认为，戴震区分描述“实体实事”与指称“纯粹中正”的两类名称的语言哲学思想，已经蕴涵着主客二元对峙的思想倾向。这一思想倾向虽还不能与近现代西方主客二元对立（如笛卡儿“我思故我在”）的思想相提并论，但在宋明理学的思想脉络里，这一思想倾向蕴涵着新的突破旧思想的萌芽，即要求世人，特别是士君子们立足于“实体实事”的经验世界去建构合理、恰当的社会规范，而不只是运用古已有之的规范权威来约束变化了的经验世界。但由于乾隆时代的中国社会整体上仍然保持着农业文明的自然经济形态，江南地区重新恢复的资本主义萌芽过于幼弱，人对自然的开发利用能力还深深地停留在传统的农业生产方式之下，因而也就不可能给戴震的新哲学思考提供足够的社会动力。最终，他的新哲学思想还是窒息在传统哲学天人合一的思维框架里，并且用所谓的“必然”来规范“自然”，丧失了对“自然”的深度认识与开发，进而也无法提供新的“必然”。这恰恰从一个侧面说明，任何社会的新思想的产生还得有与之相适应的社会经济、政治的土壤；否则，新思想本身也难以产生，即使产生了也无法得到必要的社会思想资源的营养，得以发展、成熟，进而形成广泛的社会思潮，反过来推动社会的发展。

二、戴震语言哲学中的句法分析

（一）句法分析

在讨论何者为“道”的哲学形而上学问题时，戴震首次引入了语言学的分析方法，通过对古代汉语中两种谓语动词“之谓”与“谓之”在句子中的不同作用的分析，重新阐释了古典哲学众多命题的意义。《易传》中有“形而上者谓之道，形而下者谓之器”这一著名的哲学命题。程子的解释是：“惟此语截得上下最分明，元来止此是道，要在人默而识之。”朱子的解释是：“阴阳，气也，形而下者也；所以一阴一阳者，理也，形而上者也，道即理之谓也。”程、朱的解释可以说是一种哲学的解释，即从自己的哲学体系出发对古典哲学命题给出新的解释。戴震从自己的“气化即道”的唯气论哲学体系出发，不同意程子、朱子的解释。然而在他所处的时代，程、朱哲学是官方哲学，不容置疑。戴震不能直接说他们讲错了，而是借助语言的分析，以说理的方式来重新解释传统哲学中的核心概念——道，从而为自己的“道论”思想寻找经典的与语言学的支持。

他说：

> 气化之于品物，则形而上下之分也。形乃品物之谓，非气化之谓。《易》又有之：“立天之道，曰阴与阳。”直举阴阳，不闻辨别所以阴阳而始可当道

之称，岂圣人立言皆辞不备哉？……古人言辞，“之谓”“谓之”有异：凡曰“之谓”，以上所称解下，如《中庸》“天命之谓性，率性之谓道，修道之谓教”，此为性、道、教言之，若曰性也者天命之谓也，道也者率性之谓也，教也者修道之谓也；《易》“一阴一阳之谓道”，则为天道言之，若曰道也者一阴一阳之谓也。凡曰“谓之”者，以下所称之名辨上之实，如《中庸》“自诚明谓之性，自明诚谓之教”，此非为性教言之，以性教区别“自诚明”“自明诚”二者耳。《易》“形而上者谓之道，形而下者谓之器”，本非为道器言之，以道器区别其形而上形而下耳。(《孟子字义疏证·天道》)

上文的主要意思是说，古代圣贤所说的“道”，即是阴阳二气。阴阳二气未成形时，谓之形而上，凝结成形之后便称之为形而下。从来没有听说过“所以阴阳者为道”的说法。就语法而言，谓语动词“之谓”与“谓之”在句子中的表意是不一样的。凡是“之谓”句式类型的句子，均是用主语来解释谓语宾词的，其句法可以等值地替换成“A（原宾语）也者，B（原主语）之谓也”的判断句式，如天命之谓性可以等值地替换为“性也者，天命之谓也”。所以“一阴一阳之谓道”的意思是说：道也者，一阴一阳之谓也。而凡是“谓之”句式，则是用谓语宾词辨明主语所言的具体内容，如“自诚明谓之性，自明诚谓之教”两句，不是要说明性与教两个名词或概念，而只是区分“自诚明”与“自明诚”二者之间的区别。同理，“形而上者谓之道，形而下者谓之器”这句话，并不是要说明何者为道、何者为器，而只是用道和器来区分形而上与形而下两种形态而已。

除了在《绪言》（上）、《孟子私淑录》（上）两篇论道的文字中有同样的表述之外，现存《戴震全集》中还没有发现其他地方也有类似的句法分析。戴震在此处所说“古人言辞，‘之谓’‘谓之’有异：凡曰‘之谓’，以上所称解下，……凡曰‘谓之’者，以下所称之名辨上之实”的说法，看不出是语言学史的归纳结论，但合乎今人研究的结论。

（二）对戴震“句法分析”的形式化考察

为了进一步理解戴震的句法分析在哲学思考方面的普遍意义，在此，我们首先将戴震的两种句式分析转换成现代汉语的形式化表达式。“A 之谓 B”，“Y 之谓 X”，依等值替换原则，表述为“B 也者，A 之谓也”，“X 也者，Y 之谓也”，直译为“B就是A，X就是Y”。《中庸》“天命之谓性，率性之谓道，修道之谓教”，可以直译成“性就是天命，道就是率性，教就是修道”。因此，“一阴一阳之谓道”就可直译为“道就是一阴一阳”。在这样的句法中，我们无法转换出“所以一阴一阳称之谓道”的说法。由此语言分析可知，程子与朱子的说法是不能成立的。

“A 谓之 B，Y 谓之 X”，可以翻译成“A 称之为 B，Y 称之为 X”。《中庸》“自诚明谓之性，自明诚谓之教”，可以翻译成“自诚明称之为性，自明诚称之为教”。由此，“形而上者谓之道，形而下者谓之器”，也可以直译为“形而上者称之为道，形而下者称之为器”。这样，道与器之间就不是截然不同的存在形式，而只是人对两种不同存在形式的一种方便的称谓而已。

由以上的翻译转换可以看出，“之谓”句类似定义式的判断句，而“谓之”句则为一种解释句。戴震对经典命题的句法分析，对于比较准确、客观地理解经典的原初意义的确有帮助。但是，哲学解释学往往有一种故意的曲解或误读，通过曲解与误读达到一种哲学的创造。程子、朱子对《易传》中“形而上者谓之道，形而下者谓之器”的解释，在语法上可能真的如戴震所言，是理解错了，不具有学术史的价值，然而却具有思想史的价值。那是程子、朱子的哲学表达。也许，戴震对程子、朱子的批评并没有区分学术史与思想史这两者之间的不同。但戴震对经典意义的还原，把程朱思想与原始儒家的思想分开，其学术努力的效果及其意义是多重的：一是巧妙地批判了官方树立的程朱理学；二是的确澄清了宋儒与先秦儒家思想的不同，本身具有很高的学术价值；三是树立了一种“求真”“求是”的科学精神，并以语言学所具有的实证性特征体现了人文学研究中的科学精神，有力地动摇了当时社会流行的权威主义的思想根基。

三、语词、句子意涵与文本中的言语脉络分析

戴震在批评宋明儒的思想的同时，还引进了语词分析、句子意涵分析和文本中的言语脉络分析等具体的技术性方法。

（一）“天道”“天德”“天理”“天命”等概念之间的区别

在戴震的思想中，各个概念都有明确的界定，如他对“天道”“天德”“天理”“天命”等概念就做了明确的界定。他说：“一阴一阳，流行不已，生生不息。主其流行言，则曰道；主其生生言，则曰德。道其实体也，德即于道见之者也。……其流行，生生也，寻而求之，语大极于至巨，语小极于至细，莫不各呈其条理；失条理而能生生者，未之有也。”(《孟子私淑录》(上))

这即是说，“天道”是就气的运动过程而言的，“天德”是就气运动过程中表现为不断产生万物的品性而言的。“天道”是用来描述气化流行客观的实际过程，属于描述性的语言；“天德”是“天道”不断产生万物的品性之表现，是规范性语言。“天理”是指每类事物、每个具体的事物内部所具有的条理与秩序。所以，戴震说：“天理云者，言乎自然之分理也。”(《孟子字义疏证·理》)因此,“天理”属于描述性的概念，是事物内部自然的条理与秩序。

而所谓的“天命”即是：“凡言命者，受以为限制之称，如命之东则不得而西。故理义以为之限制而不敢逾，谓之命；气数以为之限制而不能逾，亦谓之命。古人言天之所定，或曰天明，或曰天显，或曰明命，盖言乎昭示明

显曰命，言乎经常不易曰理，一也。”（《孟子私淑录》(上)）这样，“天命”其实也是一个描述性的概念，它主要揭示一种自然的或社会的固有法则对人的限制。从外在的规定性角度说是“天命”，从内在规定性、不变性来说是“理”。尽管现代新儒家唐君毅严厉批评戴震对天命、命这两个概念的规定十分狭隘，但从思想的明晰性来说，戴震将自己的思想概念界定得很清晰，本身并没有错。

(二)“形而上”与“形而下”

在戴震的思想体系中，“形”与“气化”是两个不同的概念。他说：

> 气化之于品物，则形而上下之分也。形乃品物之谓，非气化之谓。……《易》“形而上者谓之道，形而下者谓之器”，本非为道器言之，以道器区别其形而上形而下耳。形，谓已成形质，形而上犹曰形以前，形而下犹曰形以后。(如言“千载而上，千载而下”。《诗》：“下武维周。”郑笺云：“下，犹后也。”)阴阳之未成形质，是谓形而上者也，非形而下明矣。(《孟子私淑录》(上))

戴震通过语言学史的例证，证明“而上”与“而下”具有“以前”与“以后”的意思，进而对“形而上”与“形而下”两个短语做出了新的哲学解释。这种哲学思考方式具有语言学的实证性特征。但我们要清醒地意识到，戴震在这里并未举出足够多的例证。因此，其哲学论证是不够充分的。再者，他虽有明确的语法观念，也举出了大量的证据，但基本上还只是一种经验例证的归纳，没有上升到原理的层面，因而还很难得出逻辑上的必然结论。因此，就其哲学思考的结论而言，我们并不一定要同意戴震对“形而上”与“形而下”的具体解释。但通过上述的语言分析，我们可以看到，戴震试图把哲学思考建立在明白无误的语言分析的基础之上，这一新的哲学思考路线值得哲学史家给予充分的关注。那就是，在引进语言分析之后，戴震初步展示出中国传统哲学从未有过的概念自身的明晰性。

（三）“一以贯之”非“以一贯之”

通过非常细腻的语言学分析，戴震对朱子哲学中的一些思想观念进行了非常犀利的批评。他认为，孔子在《论语》中两次所说的“一以贯之”，并不能像朱子所理解的那样：“圣人之心，浑然一理，而泛应曲当，用各不同；曾子于其用处，盖已随事精察而力行之，但未知其体之一耳。”戴震认为：“‘一以贯之’，非言‘以一贯之’也。道有下学上达之殊致，学有识其迹与精于道之异趋；‘吾道一以贯之’，言上达之道即下学之道也；‘予一以贯之’，不曰‘予学’，蒙上省文，言精于道，则心之所通，不假于纷然识其迹也。”（《孟子字义疏证·权》）从表面上看，在这段文字里戴震只是区分了“一以”与“以一”两个短语的不同；其实，在思想上却有非常大的差别。“一以贯之”是说孔子思想具有内在的一贯性，如曾子所说的“夫子之道，忠恕而已”。而戴震认为，孔子的“下学之道”与“上达之道”具有内在的统一性。而朱子的“以一贯之”，则是讲孔子的思想可以用一个核心的概念来贯通，在朱子那里就是用一个“理”字来贯穿孔子的思想。这样一来，就把孔子思想中活泼的、丰富的内容狭隘化、理学化了，显然是朱子想用自己的理本论思想来代替孔子以“仁”为核心的思想。因而，“以一贯之”的理学思想根本不同于孔子“一以贯之”的下学之道。

（四）“己非私”

“己非私”之辩，是清代考据学者反对宋明理学伦理学思想的一个具体的表现，也是清代哲学对个人正当欲求加以维护的伦理学思想在此具体问题上的展开。戴震不仅从思想观念上反对将“无欲”与“无私”混为一谈，而且从文本的语境与语言脉络的分析出发，指出了朱子将“己”释为“私”的不妥之处。对于《论语》中“克己复礼为仁”一语，朱子曾经这样解释道：“己，谓身之私欲；礼者，天理之节文。”戴震对朱子的解释反驳道：“‘为仁由己’，何以知‘克己’之‘己’不与下同？此章之外，亦绝不闻‘私欲’而称之曰‘己’者。”（按：此段虽设为问难语言，实亦戴震自己的观点。）戴震此处对朱子释“己”为“私欲之身”的哲学化解释的批评虽然不是很充分，但为后来学人的讨论提供了新的问题意识。阮元、凌廷堪等后进均详细地辨析了“己非私”的观点，可以说是对戴震伦理学思想的继承与深化。

（五）“孔子论太极之本指”

戴震认为，周敦颐、朱子对“太极”的解释都离开了孔子的“本指”。那么孔子言“太极”的“本指”是什么呢？戴震认为，孔子讲“易有太极，是生两仪，两仪生四象，四象生八卦”，都是根据作《易》的过程而言，并非“气化之阴阳得两仪四象之名”。“孔子赞《易》，盖言《易》之为书起于卦画，非漫然也，实有见于天道一阴一阳为物之终始会归，乃画奇偶两者从而仪之，故曰‘易有太极，是生两仪’。既有两仪，而四象，而八卦，以次生矣。孔子以太极指气化之阴阳，承上文‘明于天之道’言之，即所云‘一阴一阳之谓道’，以两仪、四象、八卦指《易》画。后世儒者以两仪为阴阳，而求太极于阴阳之所由生，岂孔子之言乎？”（《孟子字义疏证·天道》）上述戴震对孔子“太极”概念“本指”的追求，就其结论来看，其对孔子“太极”概念的理解也只能是一家之言。然其哲学思考是通过文本的脉络分析进行的。他的意思是说，孔子从天道变化始于和终于阴阳的实际认识出发，用两仪来摹拟天地变化这一实际过程。孔子所说的“太极”就是气化的阴阳，而不是别的东西。后来的儒者把两仪看成阴阳，而又进一步去追问太极是如何从阴阳中产生出来的，这种思路哪里是孔子当初的意思呢？如实地讲，上述戴震对“太极”内涵的解释、分析已经远远超出了语言的分析，而进入一种文本的哲学解释学领域，但其基础是语言的脉络分析，故仍然可以看成语言哲学分析的一部分。

四、戴震的言意观及其语言哲学的形上学追求

（一）从文字入手理解语言的意义

与宋明理学从哲学思考路径出发重新诠释儒家经典的致思方法不同，戴震直接从文字训诂与语言分析入手重新解释儒家经典的哲学意义。23 岁写作《六书论》一书时，他就形成了独特的哲学思考路径。《六书论》一书现已失传，今从序文中仍可看出其基本思想："自昔儒者，其结发从事，必先小学。小学者，六书之文是也。……故其时儒者治经有法，不歧以异端。"汉以后，"世远学乖，罕睹古人制作本始"，导致对经典理解的偏差。故戴震强调学者明白"文字"制作的原理对理解经典的重要性："六书也者，文字之纲领，而治经之津涉也。载籍极博，统之不外文字，文字虽广，统之不越六书。"(《戴震全书》(六))

戴震试图从文字发生原理出发把握文字的意义，进而通过文字去理解古代的语言。他非常夸张地说："六书废弃，经学荒谬，二千年以至今。"(《与王内翰凤喈书》)他特别激烈地批评后儒（实暗指宋明儒者）不依据故训而凿空解释儒家经典的方法："夫今人读书，尚未识字，辄目故训之学不足为。其究也，文字之鲜能通，妄谓通其语言；语言之鲜能通，妄谓通其心志；而曰傅合不谬，吾不敢知也。"(《尔雅注疏笺补序》)戴震说人们不识字就试图解释经典，显然是夸张的说法。他的真正意思是说，后世儒者不懂文字、音韵、训诂学而去解释经典，所以对经典的解释很少不把意思搞错的。

章学诚第一次听到戴震的这一说法时有点目瞪口呆。不过，从原则上讲，戴震的观点是正确的，即只有通晓古今之异言，然后才能准确地理解古代的经典。但通晓了古代的语言是否就能真正把握古代经典的真正意义，那就是另外一回事

了。戴震非常重视字与语言的关系，所以他本人特别重视对《尔雅》的研究。他说："古故训之书，其传者莫先于尔雅，六艺之赖是以明也。所以通古今之异言，然后能讽诵乎章句，以求适于至道。"（《尔雅文字考序》）

应当说，戴震是在言能达意的前提下讨论语言与经学经典的意义关系的。这种经学研究方法固然有其深刻性，但如果不将语言与社会制度背景、人伦生活实际结合起来，那么仅仅通过语言也还是不能准确地把握经典中的意义的。因此，戴震也十分强调对古代科学知识、制度背景的研究。

（二）声音与意义的关系

戴震还敏锐地意识到，要研究古代文字、词汇的意义，还必须通晓古代语言的发音及其变化的历史。他从人发声的自然节限出发来分析"六书"制作的原理："人之语言万变，而声气之微，有自然之节限。是故六书依声托事，假借相禅，其用至博，操之至约也。"注意到声音与意义之间的关系并不始于戴震，顾炎武、方以智对此已经有所论述。戴震则更进一步地分析了声音与意义关系的具体规则："凡同位则同声，同声则可以通乎其义。位同则声变而同，声变而同则其义亦可以比之而通。"因此，在训诂过程中，就可使用这样的原则："疑于义者以声求之，疑于声者以义正之。"（《转语二十章序》）

戴震的这一"因音而求义"的语言学方法，是对顾炎武、方以智因声求义思想的继承与深化，在同时代的学者钱大昕，后学段玉裁、高邮王氏父子那里均得到了进一步的回应与继承。

钱大昕说："古人以音载义，后人区音与义而二之，音声之不通而空言义理。吾未见其精于义也。"（《说文解字注·六书音均表序》）

段玉裁说："圣人之制字，有义而后有音，有音而后有形。学者之考字，因形以得其音，因音以得其义。治经莫重于得义，得义莫切于得音。"（《经韵楼集·王怀祖广雅注序》）

王念孙说："窃以诂训之旨，本于声音。故有声同字异，声近义同，虽或类

聚群分，实亦同条共贯。譬如振裘必提其领，举网必挈其纲，故曰本立而道生。”（《广雅疏证序》）

王引之亦说：“大人（其父王念孙）曰：诂训之指，存乎声音，字之声同声近者，经传往往假借，学者以声求义，破其假借之字而读以本字，则涣然冰释。如其假借之字而强为之解，则诘鞫为病矣。”（《经义述闻序》）

这些乾嘉学者将对古代文字意义的研究深入至声音与意义的关系层面，进而更加深入、系统地考索了古代经典中字、词的原义。这一点应当是汉代训诂学所缺乏的新内容，也是乾嘉考据学不能被简单地看作汉代训诂学之翻版的理由之一。

（三）通过语言以求经中之道

将文字、名物制度的考订这一广义的语言学研究方法与考究古代圣贤的思想精神联系起来，并从此角度公开批评宋儒在学术方法上的缺失，是戴震哲学思考的根本特点。在《与某书》中，他这样说：“治经先考字义，次通文理，志存闻道，必空所依傍。汉儒故训有师承，亦有时傅会。晋人傅会凿空益多。宋人则恃胸臆为断，故其袭取者多谬，而不谬者在其所弃。我辈读书，原非与后儒竞立说，宜平心体会经文。有一字非其的解，则于所言之意必差，而道从此失。”在此封信中，戴震从文字、名物制度的考订这一广义的语言学研究方法角度公开批评宋儒哲学思考的方法论缺失。他说：“宋以来儒者，以己之见硬坐为古贤圣立言之意，而语言文字实未之知。”对宋儒思想做知识论进路的批评，在当时具有非常大的震撼意义。先且不说宋儒们所说的道理对不对，只要一看宋儒们在基本的语言文字理解能力方面都有问题，则其所阐述的道理是否符合往古圣贤的思想，就自然地要引起人们的怀疑与重新思考了。特别是以朱子为代表的理学，向来以“格物致知”和“道问学”而见长，这时突然变得连字都认错了，岂不令人震惊！因此，戴震从广义的语言哲学的立场出发来解构宋儒理论的权威性，而借助的工具则是当时人们奉为圭臬的语言、文字学方法；在方法论上占有优势，并因此优势而获得时人的心理认同。

以戴震为代表的乾嘉考据学并不反对人们追求形而上的“道”，而只是强调人们应当通过广义的语言工具，以实证的方式去求道。这与西方20世纪语言哲学拒斥形而上学的思路非常不同。因此，我们可以说，戴震只是反对宋儒凿空而言道的方法，强调必须依赖文字、语言的工具以达到对存留于“六经”中的“道”——真理——的把握。他说：“士生千载后，求道于典章制度而遗文垂绝。今古悬隔，时之相去殆无异地之相远，仅仅赖夫经师故训乃通，无异译言以为之传导也者。又况古人之小学亡，而后有故训，故训之法亡，流而为凿空。数百年已降，说经之弊，善凿空而已矣。”（《古经解钩沉序》）

戴震的意思是说，生在圣贤之后几千年的读书人，如何去理解圣贤留下的经典呢？如果仅仅依靠经师和历史上留给我们的训诂，与依赖翻译作为经典的传达者没有两样。古代系统的小学知识已经亡佚，故训的方法也已失传，所以数百年来的解经著作，其严重的弊端在于凭空臆说。基于他对数百年经学史作如此全面否定性的认识，戴震希望以语言学的实证方式来论道，反对宋儒思辨型的哲学思考方式。这一思路在其30岁以前所作之《与是仲明论学书》中，就已经非常明白地表达出来了。他说：“仆自少时家贫，不获亲师，闻圣人之中有孔子者，定六经示后之人，求其一经，启而读之，茫茫然无觉。寻思之久，计于心曰：‘经之至者，道也；所以明道者，其词也；所以成词者，字也。由字以通其词，由词以通其道，必有渐。’求所谓字，考诸篆书，得许氏《说文解字》，三年知其节目，渐睹古圣人制作本始。又疑许氏于故训未能尽，从友人假《十三经注疏》读之，则知一字之义，当贯群经、本六书，然后为定。”

他为了批评宋明以来儒者中的凿空之风，不得不反复强调汉儒强调“故训”的方法论意义。所以他又说：“后之论汉儒者，辄曰故训之学云尔，未与于理精而义明。则试诘以求理义于古经之外乎？若犹存古经中也，则凿空者得乎？呜呼！经之至者，道也；所以明道者，其词也；所以成词者，未有能外小学文字者也。由文字以通乎语言，由语言以通乎古圣贤之心志，譬之适堂坛之必循其阶，而不可以躐等。”（《古经解钩沉序》）

上述两段文字，前一段是戴震早年自学成才时的心得之见，此时他并未与惠栋见面。后一段是中晚年所写。这两段文字均表明，以戴震为代表的皖派考据学，不仅不反对义理，而且特别强调了通过文字、语言的正确途径通达义理的方法的重要性。他将文字、词汇、语言看作通向古经中圣人之道的必经台阶。舍此台阶，我们无法达到古经中的圣人之道。这样，戴震就明确地将文字、词汇、文化制度、语言研究的价值意义与追求圣人之道的崇高价值理想联系起来了。这种方法一方面，使得清代学人对古代圣人之道的认识获得了坚实的方法论基础；另一方面，又在价值理想方面指明了文字、词汇、文化制度、语言学研究的方向，避免文字、语言学研究重新陷入支离破碎之中。

戴震为什么要如此地强调文字、文化制度、语言学研究之于哲学思想研究的意义呢？因为在他看来，如果抛弃了文字、词汇、语言之实证方法，以凿空的方式求道于六经，就会出现两种弊病："其一，缘词生训也；其一，守讹传谬也。缘词生训者，所释之义非其本义。守讹传谬者，所据之经并非其本经。"（《古经解钩沉序》）用现代的语言来说，"缘词生训"即根据作者的主观理解，对经典中的一些关键词做随意性解释，从而会忽略经典所处时代的文字、词汇的本义。"守讹传谬"即对经典的版本问题研究不透，据伪经来释义，有拉大旗作虎皮的意味。戴震的意图很明确，那就是要力求通过文字、语言的工具，使得后人对古代经典高深哲理的解释具有人文学的实证性，从而保证人文学释义的客观性与科学性，不要使人文学的研究陷入高度的主观化的臆想之中，力求在历史的情境中理解古代圣人"与天地之心相协"的精神。在其晚年的《与段若膺论理书》中，戴震坦陈了其一生在哲学方面的终极价值追求与方法论追求："仆自十七岁时，有志闻道，谓非求之六经、孔、孟不得，非从事于字义、制度、名物，无由以通其语言。宋儒讥训诂之学，轻语言文字，是欲渡江而弃舟楫，欲登高而无阶梯也。为之卅余年，灼然知古今治乱之源在是。"

戴震将通过文字、语言的正确方法把握儒家经典中蕴涵的道与整个社会的治乱等大问题联系在一起，充分地展示了他的语言哲学与政治关怀的内在联系。如果从比较哲学的角度看，那么这也是戴震所开创的中国哲学的语言学转向与 20

世纪西方哲学的语言学转向颇为不同的地方。综合上述几节文字所论，我们把以戴震为代表的皖派汉学力求通过文字、典章制度、语言的工具来获得经典解释的客观性方法暂时称为人文实证主义。这一人文实证主义的方法使得乾嘉时期的哲学思考迥然有别于宋明理学的思辨哲学，与明末清初的反理学思潮亦有不同之处。明末清初的反理学思潮可以看成乾嘉时期哲学思想的一种过渡，而乾嘉时期的人文实证主义哲学可以看成清代哲学的典型风貌。

（四）戴震语言哲学的开放性

戴震的哲学思考虽然非常重视文字、音韵、训诂的方法，但并没有完全依赖对字、词的重新解释与对语言的理解来解释经义，而是从更加广阔的文化史角度即“知识考古”的角度重新解释经典的原义。他在《与是仲明论学书》中曾说：“至若经之难明，尚有若干事。”这若干事包括如下几个方面的内容：一是要懂得天文知识；二是要懂得古代音韵知识；三是要懂得古代的礼制；四是要懂得古代历史地理；五是要懂得古代科技制作知识；六是要对生物、植物知识有所了解，从而更好地理解《诗经》中的比喻、比兴等文学手法。我将戴震提出的这些知识手段称为“知识考古”的路径。除此之外，戴震所追求的“一字之义，当贯群经”的遍举法，也可以理解为以整体来确证局部的哲学解释学方法。在《与姚孝廉姬传书》中，戴震提出了要追求“十分之见”的真理论，反对“据孤证以信其通”的或然证据法。显然，这些要求已经远远超出了语言哲学的领域之外，而具有科学的实证与追求真理的精神了。

除上面所讲的内容之外，戴震的语言哲学思想还与哲学的解释学有密切的关联，他还提出了要“大其心”的哲学解释学理念，即己心要合于古圣贤之心，而古圣贤之心实际上是与天地之心相协的伟大心灵，因而也就意味己心与古圣贤之心、天地之心是相符合的，从而实现后来者与古代圣贤精神的对话与沟通。这是一种近乎哲学解释学的方法，以往学术界对此一向比较忽视。在《古经解钩沉序》中，戴震说：“由文字以通乎语言，由语言以通乎古圣贤之心志。”又说：“人之有道义之心也，亦彰亦微。其彰也，是为心之精爽；其微也，则以未能至于神明。六经者，道义之宗而神明之府也。古圣哲往矣，其心志与天地之心协而为斯民道义之心，是之谓道。”

在《郑学斋记》中，戴震颇为心痛地说道：“学者大患，在自失其心，心全天德，制百行。不见天地之心者，不得己之心；不见圣人之心者，不得天地之心；不求诸前古贤圣之言与事，则无从探其心于千载下。是故由六书、九数、制度、名物，能通乎其词，然后以心相遇。”

在《春秋究遗序》中，戴震这样说道：“读《春秋》者，非大其心无以见夫道之大，非精其心无以察夫义之精。”在该文中，他借《春秋究遗》的作者叶书山的话，将经典研究过程中的语言学途径与“精心”“大心”的思想领悟方法结合起来，体现了戴震语言哲学思想内涵的丰富性。他说：“震尝获闻先生论读书法曰：‘学者莫病于株守旧闻，而不复能造新意，莫病于好立异说，不深求之语言之间，以至其精微之所存。夫精微之所存，非强著书邀名者所能至也。日用饮食之地，一动一言，好学者皆有以合于当然之则。循是而尚论古人，如身居其世，睹其事，然后圣人之情见乎词者，可以吾之精心遇之。非好道之久，涵养之深，未易与于此。’先生之言若是。然则《春秋》书法以二千载不得者，先生独能得之，在是也夫。”在这则序文中，戴震当然有美誉叶书山之处，然叶书山所言多有与他自己的观点相合之处，如强调通过语言研究进入对道的理解、非勉力著书以邀名、合于当然之则三点，都是戴震日常反复强调的思想。唯以研究者的“精心”与圣人之心相遇的思想，是戴震在晚年逐渐明晰的新思想。上述两篇序文、一篇学记，集中反映了戴震语言哲学思想之外的哲学解释学的内容，从一个侧面展示了戴震的语言哲学在理论视野上蕴涵着较强的开放性，需要我们从多个方面来理解其哲学思想。20 世纪以来，中国哲学研究长期受制于西方哲学视野与中国现实社会政治与文化需求的影响，给对戴震哲学思想丰富性的认识预留了相当大的理论空间，有待后来者进一步拓展其丰富的哲学内涵。

整理者：金雨薇

第十六讲

中国古代文明视野与儒学

主讲人：杨朝明

中国孔子研究院研究员、院长

非常高兴能和大家一起思考中国古代文明和孔子儒学的关系。今天我就中国古代文明和中国优秀传统文化的关系谈一点自己的看法。

我们如何思考孔子儒学的地位，很大程度上代表着我们对整个中华文明发展程度的认识。近年来，我们一直在谈文化自信。不言而喻，没有高度的文化自信，没有文化的繁荣兴盛，就没有中华民族的伟大复兴。我们要坚定四个自信，就必须深入了解我们民族的文化。没有文化自知，就难有文化自信。

钱穆先生曾说："中国文化表现在中国已往全部历史过程中，除却历史，无从谈文化。"所以，我们谈中国文化不能离开对中华文明史的探讨。从某种意义上说，中国其实就是一个伟大的文明的存在，所以美国前国务卿基辛格博士有这样一种看法：近两百年来，中国落后了，或许是历史上一个短暂的意外，并不是常情。如果中国日后回到它曾经所在的位置，那么不应该感到意外。在他看来，西方国家的建立往往有其开端，但中国似乎没有一个开端的概念，在漫长的历史进程中，中国随时都处于起点，每当中国建立起大一统的盛世，我们都认为这不是创造，而是复兴，回到了巅峰。这个巅峰的中国似乎在黄帝时期就曾经存在。

中国的文明从黄帝到夏、商、周，一直到汉、唐、元、明、清，连绵相续、绵延不绝。为什么我们以黄帝为人文初祖，认为自己是炎黄子孙？我们对中华民族文化的连绵不断必须有一个清醒的认识。近年来，中国来自外部的压力很大——或许中国发展越快，来自外部的压力就越大，这很正常。有人看到了中国崛起背后的文明的原因。英国著名的学者马丁·雅克在一次著名的演讲中特别提到一个类似的观点：放眼世界历史，西方也曾经存在过很多大帝国、强国，它们深刻影响了世界历史，如罗马帝国、亚历山大帝国、拜占庭帝国、奥斯曼帝国乃至后来的大英帝国。它们个个强悍无比，但是在灰飞烟灭之后再也没有崛起的可能，甚至曾经号称日不落帝国的英国如今在某些方面已经被它往昔的殖民地印度超过了。与之形成鲜明对比的是，东方曾经兴盛过的所有帝国几乎都来自中国，这就是为什么中国在衰落后会不断重新崛起和复兴。现在也是这样，中国经过近代一百多年的衰落，如今又开始了它的复兴。

因此，我们必须了解中华民族文化连绵不绝的深层原因，从文化自知达到文化自信。理解历史对我们树立文化自信非常关键。马丁·雅克在思考：为什么西方帝国总是在昙花一现之后灰飞烟灭，而中国能一直得以传承？他指出，“中国”表面上是一个“国家”，其实是一个“文明”。只有从这样的角度出发，才能理解中国为什么能够不断复兴，才能思考中华文明对于当下中国的意义。习近平总书记提出了“两个结合”，即把马克思主义基本原理同中国具体实际相结合、同中华优秀传统文化相结合。为什么要特别提出和中国优秀传统文化相结合？有人说传统文化是历史，但我认为优秀传统文化也是中国的实际。传统是有生命力的，如果没有生命力，就可以进博物馆了。优秀传统文化一定是鲜活的，它就像一条河，从前天流到昨天，从昨天流到今天，还要继续流向明天。

对待传统，我们必须看到它的内在精神，看到它今天仍然有生命力的东西。所以，2021 年 3 月习近平总书记在武夷山朱熹园考察时表示：“如果没有中华五千年文明，哪里有什么中国特色？如果不是中国特色，哪有我们今天这么成功的中国特色社会主义道路？”五千年是中华文明的长度，而中华文明的长度和中华文明的高度直接相关，中华文明的宽度和中国思想的深度密切相连。2022 年 5 月，中央政治局进行第三十九次集体学习，专门学习了中华文明探源工程，习近平总书记在讲话中特别指出：“经过几代学者接续努力，中华文明探源工程等重大工程的研究成果，实证了我国百万年的人类史、一万年的文化史、五千多年的文明史。”2022 年是孔子诞辰 2573 周年，也是孔子逝世 2501 周年，这 2500 多年能否代表中国？我认为，了解中国，应当从孔子开始；不了解儒学，就无法了解中国。如何看待 2500 年前的孔子的地位？这就必须了解孔子思想的广博背景和中国思想的漫长历程，由此思考孔子之为中华文化之集大成者的意义。在中华文明的背景下，我们思考孔子儒学和中国文化，就有了历史感。

今天我们从以下几个方面来回答上述问题，分别是儒家学说的广阔背景、孔子思想的时空维度、以德行仁的王道气象、追求力量先关注方向。

一、儒家学说的广阔背景

我们首先来看孔子儒学形成的背景，即孔子在什么样的背景下思考问题，进而形成了儒学博大精深的体系。孔子儒学在春秋末年创立，春秋末年是一个乱世。我们常常说中华民族应该有自己的魂，应该有自己的根。如果把中华民族比喻成一棵生生不息的大树，那么它的主干就是儒家文化，儒家文化在不同的时期结出了许许多多文明的果实，如唐诗、宋词、元曲、明清小说、中医、绘画、书法、建筑，等等，都是中华文化结出的硕果。中华文化的主干是什么？李学勤先生有这样一个表述：国学的主干是儒学，儒学的核心是经学。经学就是研究中华经典之学。儒家思想的载体就在经典中，几千年来对经典的训释和阐发，就是儒学、国学。当然，在不同的时期，这棵大树也吸收了不同的文明成果，从而获得了滋养。那么，这棵大树的树干为什么这么粗壮？是因为它的根扎得很深很牢。我们可不可以这样想：春秋以前中国历史文化就是中华文化的根，所以我们要重视“前儒学时代”。儒学形成的时代对于我们认识孔子儒学、认识中国文化意义非常重大，所以每当谈到这一点时，我们特别强调，春秋战国时期之前的中华文明已有漫长的发展历程，有较高的发展水准，而春秋战国是中国思想、中国智慧的繁盛期、高涨期。

很多历史文献都很清晰地体现了这一点。孔子以前的文献记载是很多的，不要因为我们现在没有看到更多早期的典籍就怀疑它们。近代以来，疑古思潮和文化虚无主义结合起来，造成了很大危害。实际上，《尚书》中就有“惟殷先人，有册有典”之类的说法；再如《中庸》等典籍中类似“文武之政，布在方策”这样的说法，我们同样不能忽略；《墨子》中不止一次地说：“吾非与之并世同时，亲闻其声，见其色也。以其所书于竹帛，镂于金石，琢于盘盂，传遗后世子孙者知之。”（《墨子·兼爱下》）我们看不到古代的典籍，不代表前人那时不存在。通过以前的文献记载，我们可以得知春秋战国时期的思想家们能够看到更多更为远古的典籍。

现在我们看到这样一个问题，在对中国文明的探索和对中国上古文明的研究中，对中国古代文化的发展水平的估计偏低。所以李学勤先生特别强调：我们应该走出疑古时代，重新对中国文明的发展程度进行估计和评价。在研究中国文明的时候，我们发现一个问题，即很多人喜欢用德国哲学家雅思贝尔斯所提出的“轴心时代”理论理解春秋战国时期，但在人类文明的研究中，“轴心时代”理论没有关注中华文明在诸子时代以前的漫长发展，没有注意春秋战国之前三代的王官之学，也无法解释中国许多思想家何以那样尊崇古代“先王”。《论语》中孔子说自己“述而不作，信而好古”，这是因为中国古代文明的发展程度很高——如果没有较高的发展程度，那么孔子为什么“信而好古”？

孔子“述而不作”，所述者何？那就是《中庸》所说的“祖述尧舜，宪章文武”，可见尧、舜、禹、汤、文、武、周公对孔子的影响很大。所以，学术研究的进展和考古材料都一再证实，尧、舜以来，尤其是夏、商、周“三代”时期的中国文明已经有了漫长的发展历程和有较高的发展水准。孔子的好学成就了孔子的博学，孔子知识广博，但如果那个时代的中国人刚刚进入文明的门槛，那么孔子儒学的高度和深度就会打很大折扣。疑古思潮盛行时期有人提出“截断众流”，后来很多年轻人读了疑古思潮的著作认为中国无书可读，上古时期的典籍似乎无书不伪，这是非常可怕的。现在我们对这些问题有了更清晰的认识。考古在发展，学术在进步，我们可以看到很多典籍成书的真相，典籍都有一个并非一蹴而就的成书过程。当然，这些文本并不是完全没有问题，但是这些问题属于什么性质是很重要的。我们要了解孔子以前的时代，要了解为什么孔子要“祖述尧舜，宪章文武”，为什么“述而不作，信而好古”。如果我们不明白孔子学术的这个特点，就很难真正走进他的思想世界。

我们必须了解孔子思想是如何形成的。著名文化史学者柳诒徵先生曾经在他的《中国文化史》中说："孔子者，中国文化之中心也；无孔子则无中国文化。自孔子以前数千年之文化，赖孔子而传；自孔子以后数千年之文化，赖孔子而开。"孔子在五千年文明中起着承上启下的作用，如果不了解孔子对以前文化的研究继承，我们就可能很难读懂孔子。梁漱溟先生在《东西文化及其哲学》中也说了类似的话："孔子以前的中国文化差不多都收在孔子手里；孔子以后的中国文化又差不多都从孔子那里出来。"这实际上是说，孔子站在当时的历史制高点上，深刻地反思历史、总结现实，系统研究三代的历史文化，在这样的基础上形成了自己博大精深的思想体系。可见，了解孔子之前的中国文化是非常重要的。

河南舞阳贾湖遗址发现了一批 8000 年前的骨笛。测音结果表明，当时不仅有了完整的七声音阶，而且音孔的精度令人叹为观止。我们知道，任何文明如果没有外来的干预，那么实际上是平稳地、缓慢地按照自身的逻辑发展的。文明的发展一定是加速的。最近三四十年的变化让我们感受到文明的发展太快了，我们已经无法预测随后几十年的发展情况。但以前的文明发展是步履缓慢的，我小时候在农村看到的是牛耕，而春秋战国时期牛耕就发明了，可见古时候生产力发展非常缓慢。我们如何认识孔子之前中国历史的发展？我们必须认识到文明的发展是加速的。孔子以前的五六千年，骨笛发现了四十多支，可以装备至少一个乐队。在贾湖遗址发现之前，人们以为先秦只有五声音阶，而七孔骨笛的发现改变了这一观点。一定要把孔子以前数千年的历史讲清楚，讲清楚儒家文化形成的广博背景，这样才有助于我们认识春秋战国时期是历史的繁盛期、成熟期这一情况，才不至于始终在"轴心时代"等理论体系中打转。

我们的"探源工程"取得了非常重要的成果，很多遗址都提供了思考上古文明的生动画面。比如甘肃秦安大地湾遗址、河北武安磁山文化遗址都距离今天七八千年，前者中竟然有面积达 420 平方米的会堂式建筑，后者中发现了能够储藏 10 万斤小米的贮藏室。我们难以想象当时的农业生产力有多高。严文明先生在谈到农业起源与中华文明的关系时指出：8000 年前，磁山文化时期的人们已经有能储藏 10 万斤小米的窖藏。再过 1000 年，河姆渡文化时期的人们已经吃上了大米饭。这些遗迹的考古发掘给了我们很多启示。通过多角度、多学科、全方位的研究，这些文化遗址的考古发掘，对中国早期文化圈的形成以及当时生产力的发展揭示得清清楚楚。之所以考古学家对上古文明这么热忱，是因为它能够把我们之前认识模糊的东西显示得更加具体、生动和形象。“探源工程”对什么是文明提出了中国方案，这实际上是一种深层的文化自信的表现。

这些遗址给了我们很多启示，比如，良渚文化遗址和虞夏的考古时代相当，襄汾陶寺遗址发现了四千年前的测日影的观象台，让我们联想到《尚书·尧典》中“乃命羲和，钦若昊天，历象日月星辰，敬授民时”对天象观测的描述。以前很多人怀疑《尚书》的记载，现在通过二重证据法相互印证，能够看得非常清楚。陕西神木石峁发现了相当于六个故宫面积的古城，那样的年代发现这样的城址，让我们想到《吴越春秋》记载的“筑城以卫君，造郭以守民，此城郭之始也”，可见当时文明已经发展到了怎样的阶段。河南偃师二里头遗址对我们研究华夏文明的渊源、国家的兴起、城市的起源、王都建设、王宫定制等重大问题都具有重要的参考价值。当我们把文献记载和考古发现相互结合时，就会发现中国上古时期的文明的发展程度。对《尚书》中的很多记载，以前有很多人不相信，疑古思潮时期人们认为都靠不住，现在看来，这些记载都不是毫无根据的。

二、儒家思想的时空维度

当我们真正走进儒家学说的时候，就会看到它的思考的时空维度。首先，儒家思考的是人与人之间相处的根本法则。我曾在参加一个国际学术活动时和一个德国学者聊了很久，他说未来世界的精神一定在中国，中国文化不相信超自然的东西，而是思考人类修己的工夫，研究人性和人类的价值。每一个人都是自然人，同时又都是社会的人，作为社会的人，如何与他人相处是一个根本的问题。在中国，家庭私有制和国家产生以后，人们开始思考这个根本问题。荀子说，人“力不若牛，走不若马，而牛马为用，何也？曰：人能群，彼不能群也”。牛马力量比人类大，却要听人的，是因为人能组成社会，有了社会分工，人们就能相互协作。人与人之间应该如何相处，是否应该有一个法则？中国几千年的思考最终形成了一个最重要的东西——礼。礼也者，理也；理，理万物者也。这是人与人之间相处的法则。中国的礼制起源很早，孔子生活在礼崩乐坏的时代，向往周公之治，而周公就是制礼作乐的人。周公是鲁国的始封之君，经天纬地，制礼作乐，但他制礼作乐不是凭空制作。很多人怀疑《周礼》的成书年代，但《论语》说得很清楚：“殷因于夏礼，所损益，可知也；周因于殷礼，所损益，可知也。其或继周者，虽百世，可知也。”周礼就是损益夏、商二代的礼而来的。以前我们对殷周之际的历史了解得不是很清楚，王国维先生在《殷周制度论》中说殷周之际思想“剧变”，但是在制度上，也许实际还是以“损益”为主。大家有兴趣可以看胡厚宣先生当年有关甲骨学与殷商史的研究成果，他证明周代很多的礼制就是损益商朝而来的。由此想到，商朝的礼制一定也是损益夏朝的礼制而来的。这样，我们一直回溯到龙山时代，考古学家说那时就已经有了礼制萌发。有关礼的起源，考古学家们提出了很多足以启发我们的观点，比如青铜礼器完全是由陶制礼器发展而来的，在青铜器发明之前，就有了礼制。

礼有礼的制度、仪式，而制度、仪式表达着礼之义。礼之义就是人与人之间相处的原则。孔子崇拜周公，孔子晚年说：“甚矣吾衰也！久矣吾不复梦见周公。”（《论语·述而》）为什么孔子这么崇拜周公？其原因在于周公制礼作乐的功业。孔子的文化情结就是崇周。“子张问：‘十世可知也？’子曰：‘殷因于夏礼，所损益，可知也；周因于殷礼，所损益，可知也。其或继周者，虽百世，可知也。’”（《论语·为政》）这揭示了孔子思维的时间绵延问题。夏、商、周三代，礼的形式在变革，其内涵不会变。例如，原来我们见面相互鞠躬，后来改为握手，疫情之后有的地方改为拱手。礼的形式在改变，它表达的人与人之间的友好之谊、尊敬之意不会变。所以，我们要去思考周礼的根本精神。不论是三代，还是十世、百世，只要人们相处在一起，只要是社会的人而不是孤立的人，就必须考虑人与人之间的相处法则、准则和共同价值标准。有这样的标准，人与人之间才是和谐的。

再举一例，《孔子家语》记载："孔子初仕，为中都宰，制为养生送死之节：长幼异食，强弱异任，男女别涂，路无拾遗，器不雕伪，为四寸之棺、五寸之椁，因丘陵为坟，不封不树。行之一年，而西方之诸侯则焉。"孔子做中都宰的时候，各地官员都学习孔子治国理政的经验。鲁定公找到孔子，"定公谓孔子曰：'学子此法以治鲁国，何如？'孔子对曰：'虽天下可乎，何但鲁国而已哉！'于是二年，定公以为司空。乃别五土之性，而物各得其所生之宜，咸得厥所"。定公问孔子，用这样的方式治理鲁国可以吗？孔子说，别说治理一个鲁国，治理整个天下也没有问题。孔子的自信，源于他对天下相处的根本问题的思考。孔子与子张的对话，是从三代到十世、百世，这是时间的绵延。孔子答鲁定公问，则是空间的扩大，由中都到鲁国再到天下。

孔子的时空思维，思考的不是一时一地，孔子思想的超越性就在此处。就像当年有人问辜鸿铭：为什么经常谈孔孟之道？孔孟之道是不是过时了？辜鸿铭告诉他，孔孟时代三乘三等于九，今天三乘三依然等于九。这是因为孔孟之道、儒家思想有足够的深度，它具有超越性。礼的深度决定了它的重要功能：决嫌疑、济变、弥争。孔子这样总结反思周公制礼作乐形成的礼乐文明："合于天时，设于地财，顺于鬼神，合于人心，理万物者也"（《礼记·礼器》）。礼有天然的合理性，如果不合理就不是礼。所以，很多人关于礼有不同的说法，但是不同表述的意义都一样，就是礼"不可须臾离也"。"凡礼之大体，体天地，法四时，则阴阳，顺人情，故谓之礼。訾之者，是不知礼之所由生也"（《礼记·丧服四制》），具有这样的特点才是礼。如果我们了解了"礼之所由生"，也就不会去诋毁礼了，礼"所以达天道、顺人情之大窦。故唯圣人为知礼之不可以已也"（《礼记·礼运》）。

中国古人谈礼的时候，其实是在深度地谈人心和道心。作为一个人，他具有的自然属性是人心，人心深不可测，所以说“人心惟危”，但与此同时，“道心惟微”，道心又是很精微的。一个人可以胡思乱想，但不可以胡作非为，所以“惟精惟一，允执厥中”，人必须有个标准，人心和道心要协调统一，要加强道德修养，提升自己的道德境界，使自己的自然属性符合社会性的要求。人心、道心其实就是人情与人义，就是人欲与天理。孔子曾经说：“欲恶者，心之大端也。人藏其心，不可测度也，美恶皆在其心，不见其色也。欲一以穷之，舍礼何以哉？”（《礼记·礼运》）每个人都有自己的好恶，但如果“好恶无节”就非常可怕。一个孩子初生时是非常纯洁的，但他是随时改变的，这就需要礼的约束。“人生而静，天之性也；感于物而动，性之欲也。物至知知，然后好恶形焉。好恶无节于内，知诱于外，不能反躬，天理灭矣。”（《礼记·乐记》）在外在事物的诱导下，我们产生了好恶的情感，喜欢、不喜欢没有内在的规定、约束，就容易流向“好恶无节”的状态。但“物之感人无穷”，如果我们心中没有法度，好恶无节，就会放纵人欲，违背天理。因此，要去人欲、存天理，人心中应当有法度、有规则，不能违背作为社会的人的社会性要求。礼思考的就是我想怎么样和我应该怎么样之间的关系，就是义和利的关系。

儒家为了在人们心中筑起礼的防线，提出人应该明理，明白心安放在哪里。人出门都要从路上走，孔子说：“谁能出不由户？何莫由斯道也。”（《论语·雍也》）孟子说：“夫义，路也；礼，门也。惟君子能由是路，出入是门也。”（《孟子·万章下》）很多孔庙中都有“礼门义路”。“礼门义路”就是指示我们按照礼的要求去做，不该做的不做，这就是人的素养。礼要求人们心中要有法则，循礼而动，遵道而行，这就体现着孔子思维的深度。《论语·卫灵公》记载：“子张问行。子曰：‘言忠信，行笃敬，虽蛮貊之邦，行矣。言不忠信，行不笃敬，虽州里，行乎哉？立则见其参于前也，在舆则见其倚于衡也，夫然后行。’子张书诸绅。”“行”就是走到哪里都能通达的路。孔子说“言忠信，行笃敬”，中原文化要求如此这般，即使到文化不同的地方也依然是这样。礼不是文化的要求，而是做人的要求，不论在哪里，只要是人就应该这样做。这些语录都体现了孔子思想的时空维度，孔子思想的超越性决定了他思想的深度和高度。“子贡问曰：‘有一言而可以终身行之者乎？’子曰：‘其恕乎！己所不欲，勿施于人。’”(《论语·卫灵公》）子贡所问的不是针对哪一个人，而是所有的人。所有的人能够做到“恕”这个字，能够做到换位思考，就是具有一定德性的人。孔子和子贡所思考的实际上是一个根本性的问题。每个人都想富贵，当面对共同的财富，面对共同的集体时，我们如何处置财富？以义处利就是正确处理义和利之间关系的方式，这是做人的法则。儒家的思考展现出一种气象，这种气象就是王道气象，它深入人心、底层、思维深处，兼具宽度、广度和深度。

三、以德行仁的王道气象

孔子及早期儒家有很强烈的“法先王”的思想。孔子总是提到三代之“明王”，即尧、舜、禹、汤、文、武、周公；三代之“明王”与三代之“衰王”即夏桀、商纣、幽厉等形成对照。在早期儒家心目中，“明王”实行的是王政，因此，我们对早期典籍中呈现的王道思想必须了解，尧、舜等“明王”的思想被孔子很好地继承了，对早期儒家影响很深远。将《尚书》《逸周书》等相关典籍中的记载参验合观，会给我们带来很多启发。学者们曾经通过《皋陶谟》思考儒学的渊源问题，根据《逸周书》的“三训”探讨儒家的人性学说，并和郭店楚简进行对比研究，思考周代先王和儒学的关系等问题。研究中国早期文明，应该采取王国维先生提出的二重证据法，考古材料和文献材料应该相互印证，不要孤立地看文献，也不要孤立地看考古成果，而是打通它们，就像破案一样，把考古材料和文献材料都视作破案的信息。我们在研究的时候一定要有史事意识，要研究历史的事件，否则就可能轻易丢弃很多材料；舍弃了这些材料，我们就无法准确把握孔子儒学、古代文化。

在此基础上，我们可以认识到儒学是修心的。孔子创立儒学之前，就有了“儒”字。在甲骨金文中，“儒”是形声字，去掉单人旁的“需”，就是最早的“儒”字。四川大学徐中舒教授在 1975 年写过一篇文章，讲甲骨文中的“儒”就像一个人在洗澡。“儒”本来是一个相礼的职业，表示的是在祭祀等礼仪之前斋戒沐浴。孔子创立的儒家也含有要洗净自身之意，不仅要洗干净身体，还要洗干净心灵，所以他提出的理论是以先王之道濡其身，从而变成君子大人。所以“大学之道，在明明德”，大学者，大人之学也，培养大人必须“明明德”，彰显人性的光辉。这就是孔子所要求的“女为君子儒，无为小人儒”（《论语・雍也》）。就像现在很多人把儒学研究当做手段、职业，或者单纯的研究方向，但做老师不能为了赚钱而工作，要把自己所做的事当做一种提升社会境界、提升人的素养的方式，处理好职业和社会效益之间的关系。研究儒学时若不从儒家精神的实质去理解它，融入不到内心深处，对儒学的理解就一定会受局限。

儒学就是成人之道，要成人就要使自己异于禽兽。儒家思考问题的逻辑起点就是人禽之辩。人只有明白人之所以为人这一点才能成人、成大人，进而成圣贤。儒家之学实际上就是使我们洗干净自己的内心。儒家之学是君子教，君子的基本含义是“君之子”。现在我们理解的君子是对统治者和贵族男子的通称，指地位高的人或有德有位的人，小人与之相对，是普通的民众。孔子说：“君子之德风，小人之德草。草上之风必偃。”（《论语・颜渊》）《孔子家语》对我们理解君子有一个很重要的启发：《孔子家语》夸一个人是君子的方式是称赞他为“君之子”，养不教，父之过，夸一个人有教养实际上是在夸奖他的家庭、他的父母。成为君子也意味着你为父母争得了荣耀，《礼记》说“大孝尊亲”，即大孝使亲尊，最大的孝是为父母争得尊荣，一个人成为君子就是为父母增加了荣耀。君子的概念非常重要，君和臣相对，子和父相对，合成君子，实际上是把家庭教育和社会教育结合起来。社会上夸一个孩子有教养的时候，就说明这个孩子得到了社会教育的认可，从中就能揭示家庭教育的方向。家庭教育必须得到社会教育的认可，这就是家庭教育的取向，也体现了中国人的家国情怀。“欲治其国者，先齐其家”“家齐而后国治”，这就是中国的君子文化。

儒家之学就是要培养更多的君子，儒家论及君子、大人如何引领社会的时候，儒学就成为了社会管理之道。孔子一生求道，《汉书·艺文志》评价儒学“于道最为高”。《淮南子·要略》说：“孔子修成康之道，述周公之训，以教七十子，使服其衣冠，修其篇籍，故儒者之学生焉。”儒学是“修成康之道”而来。在中国古代文明研究中，如果不了解上古时代的历史，不了解成康之治，就无法理解孔子。司马迁说：“成康之际，天下安宁，刑错四十余年不用。”孔子所修成康之道，就是那个时代的社会管理之道，也是那个时代的社会和谐之道。儒学也就是研究社会和谐之道。《汉书·艺文志》说：“儒家者流，盖出于司徒之官。助人君顺阴阳、明教化者也。游文于六经之中，留意于仁义之际。祖述尧舜，宪章文武，宗师仲尼，以重其言，于道最为高。”儒学思想中最重要的就是价值取向，就是信仰，就是仁、义、礼、智、信。这就是儒学，就是中国的道。很多人说《论语》那些话不对，可能是没有理解其内在的精神，理解不了也没关系，但我们一定要认识到抓大放小，“择其善者而从之，其不善者而改之”（《论语·述而》）。“先立乎其大者，则其小者弗能夺也”（《孟子·告子上》），这里的“大”就是道。儒家之道就是王道，就是王天下之道。

关于道与德的关系，《孔子家语》中表述得很明白：“夫道者，所以明德也；德者，所以尊道也。是以非德道不尊，非道德不明。”《论语》和《孔子家语》是孔子的“道德经”，就是谈孔子的道与德。“道”是价值体系，“德”是行为方式，有一定的信仰，才有这种信仰指导下的行为方式。“我”有这样的德性，所以有相应的结果，其中“道”起了决定作用。不知“道”的利害，没有正确的道德观念，价值观扭曲、是非观混乱，必然导致“多行不义必自毙”。“道者，导也”，孔孟老庄总是谈“道”，“道”这个字从字形上来说就像一个年长的人走在路口；从形而上的角度来说，“道”就是我的价值取向；从形而下的角度来说，“道”就是如何不迷路。孔子说：“虽有国之良马，不以其道服乘之，不可以道里。虽有博地众民，不以其道治之，不可以致霸王。”（《孔子家语·王言解》）治理国家就像驾车，驾车的时候马虽然好，但如果不按驭马之法驾车，走不了多远。治国也是这样，没有正确的价值观念，“不以其道治之，不可以致霸王”。这就是共同的价值观念和信仰的重要性。

中国的道是王道，不是霸道。王道是以德服人，霸道是以力服人。“以力服人者，非心服也，力不赡也；以德服人者，中心悦而诚服也，如七十子之服孔子也。”（《孟子·公孙丑上》）孔子的弟子对孔子的佩服即是心服。不能以力假仁，而要以德行仁。所以儒家之学就是王道之学，以德行仁就是王道。儒家的理想集中体现为孔子的大同理想，“大道之行也，天下为公”（《礼记·礼运》），公与私相对，背私为公。公共意识、公德意识，就是人的社会意识。所以要“选贤与能，讲信修睦，故人不独亲其亲，不独子其子，使老有所终，壮有所用，幼有所长，矜寡孤独废疾者，皆有所养”。《礼运》一篇在《礼记》和《孔子家语》中都有，《孔子家语》更加近真。但“大道之行，天下为公”的思想影响了中国几千年。毛泽东曾经说过：“从孔夫子到孙中山，我们应当给以总结，承继这一份珍贵的遗产。”从孔夫子到孙中山追求的都是天下为公。“公”强调的是责任，是义务，是集体优先。

天下为公，强调的是要处理好大我与小我的关系。家庭关系处理好，家庭美德就不成问题；我和大集体、工作单位的关系处理好，职业道德就不成问题；社会是一个大我，我是社会中的一员，处理好我和社会的关系，社会公德就不成问题。中华民族是一个大我，我们作为一个民族，一定要像石榴籽一样紧紧抱在一起。扩大到人们共同生活的地球，就是要建立人类命运共同体。20 世纪 90 年代，美国学者亨廷顿提出文明冲突论，我觉得文明冲突论的实质就是中国威胁论。文明冲突论认为将来站在对立两极上的就是基督教文明和儒家文明。后来华语学者提出，不同的文明不是冲突的，不同的文明应该相互对话。习近平总书记提出文明是多姿多彩的、文明是平等的、文明是互相包容的。中华文化具有王道气象，具有很大的包容性。文明包容论是对文明冲突论的一种超越。

所以王道论实际上是从人心与人性出发，致力于满足人的需求：向上仰望，是对深远历史经验的总结，是对天地智慧的体悟；向下扎根，是对多方利益的兼顾与平衡，求得最大公约数，昭示未来的发展方向。美国学者爱默生说：我们确信，武力会招致另一种武力，只有爱和正义的法则才能实现彻底的革命。

王者的终极追求是什么？是养君子之性，是“仁、义、礼、智根于心……见于面，盎于背，施于四体，四体不言而喻”（《孟子·尽心上》）。王道就藏在君子的素养中，《孔子家语》的第三篇就是《王言解》。《论语》的编者对材料进行了有意的编排，《论语》的思想首先属于《论语》的编者对孔子的理解，《论语》实际上是一部有严密逻辑的著作。《孔子家语》的编排也不是随意的，为什么《王言解》放在这么靠前的位置？思考这个问题，我们也能从中得到启迪。儒家强调必须知是非、明荣辱、敢担当。“君子不器”，君子不能仅仅是器物而没有什么原则，关键的时候，君子要藏器于身，有德性、有能力。这样一个人才能成为全面发展的人，只有这样的人从事国家治理，才能有大格局、大气象。孟子说天下“定于一”，一是整体思维，是和谐思维。儒家的王道思想、王道气象有天下定于一的定力。党的十九大报告的最后指出：“大道之行，天下为公。站立在九百六十多万平方公里的广袤土地上，吸吮着五千多年中华民族漫长奋斗积累的文化养分，拥有十三亿多中国人民聚合的磅礴之力，我们走中国特色社会主义道路，具有无比广阔的时代舞台，具有无比深厚的历史底蕴，具有无比强大的前进定力。”这个定力就是“定于一”。

四、追求力量先关注方向

“止于至善”，就是中国人追求的方向。儒学建立在三代文化的基础上。在

《礼记·表记》中，孔子对三代精神进行了总结："夏道尊命"，"殷人尊神"，"周人尊礼"。范文澜教授将三代文化分别称为尊命文化、尊神文化、尊礼文化。尊礼文化是一种人文文化，关注人、关注人的心灵。人的心灵必须有一种正、一种义，儒家认为这种正义应该对标天命。尧舜时代就已经谈到义的问题。"中"是中正，"正"就是人心道心、天理人欲之间的选择。"正"也就是"义"，"义者，事之宜也"。社会要前行，就要有优秀的人、有德的人来引领，"为政以德"，这样的人才能把全社会带往更好的远方。

孔子说，"政者，正也"（《论语·颜渊》），"其身正，不令而行；其身不正，虽令不从"（《论语·子路》）。身正一定要心正，"正"的标准是什么？"惟天为大，惟尧则之"，"天命之谓性"。周代尊礼，礼是人文文化，周代的人看得很清楚，天意就是民意。中国人强调君子要敬畏天命，"不知命无以为君子"，这个命一方面是天命，一方面是使命。天命规定了我是谁，了解外在赋予我的天命和我内在的使命，就是知命的人。《尚书·尧典》中说："允恭克让，光被四表，格于上下。克明俊德，以亲九族。九族既睦，平章百姓。百姓昭明，协和万邦。黎民于变时雍。乃命羲和，钦若昊天，历象日月星辰，敬授民时。"这是在说人立于天地之间，天人合一，顺应天道。

鲁哀公曾经向孔子请教"君子何贵乎天道"，孔子回答"贵其不已"（《礼记·哀公问》）。天道不已，《中庸》说"诚者，天之道；诚之者，人之道"，人要做到内心的崇敬，实际上是对天道的一种尊崇，"如日月东西相从而不已也，是天道也"（《礼记·哀公问》）。所以说人的合法性、人行为的合法性、人施政的合法性、自己的正义感都是来源于天命，这就是"乾道变化，各正性命"。人处在天地之间，要效法天地之道。在儒家语境中，所有人的人格都是平等的，但是人的格局不一样。所以儒家有君子和小人之分，孔子有"生而知之者""学而知之者""困而学之者""困而不学者"，"中人以上""中人以下"的区分。这个社会要发展，就必须有君子、大人来引领。一个人如果追求更高的境界，就要做圣贤。所以《孔子家语》中把人分为五类："人有五仪：有庸人，有士人，有君子，有贤人，有圣人。审此五者，则治道毕矣。”治理天下必须有高境界的人来引领，任何一种管理都是人对人的管理，管理者个人的格局非常关键。这就是儒家为什么是圣贤之教，王阳明小时候为什么和老师说第一等事业应该是读书做圣贤的原因。曾国藩曾说“不为圣贤，便为禽兽”，一个人如果没有崇高的追求，心中不怀抱理想，甘于沉沦，那么和一般只知道趋利避害的鸟兽有什么区别？儒家之教就是君子之教，就是希望一个人成就自己。所以孔子的学说就是君子之道，辜鸿铭先生说得很好：“孔子全部的哲学体系和道德教诲可以归纳为一句，即‘君子之道’”。所以《论语》的开篇讲“人不知而不愠，不亦君子乎”，《论语》的结尾是“不知命，无以为君子也”。《论语》中“君子”出现了 107 次。“所谓君子者，言必忠信而心不怨，仁义在身而色无伐，思虑通明而辞不专，笃行信道，自强不息，油然若将可越而终不可及者。此则君子也。”这是《孔子家语》对君子的定义，而在君子之上，圣贤境界更高。

所以“不知命，无以为君子也”，儒家的教育是希望一个人了解自己的天命之性、敬畏天命。“率性之谓道”，“率性”是被动的循性吗？我认为应该是主动的率领，率性就道。郭店楚简《性自命出》中有一句话：“待物而后作，待悦而后行，待习而后定。”外部有事物发生了，我对它感兴趣，心动变成行动，进一步变成习惯的时候，我就变成了那样的人。《大戴礼记》有“敬胜怠者吉”“义胜欲者从”，率性就是主动率领，“修道之谓教”，这就是教育的意义。“大学之道，在明明德”，教育就是唤醒善性，彰显人性的光辉，致其良知，收其放心，这样才能使整个社会走向至善。儒家教育从心灵着手，“知止而后有定”，让每个人知其所止，“为人君，止于仁；为人臣，止于敬；为人子，止于孝；为人父，止于慈；与国人交，止于信”（《大学》）。民知所止，所有人都知止，守一以止，这就是正。在集体中，知道我是谁，就知道我该怎么做，这样一来，整个社会就能走向至善。“道前定则不穷”（《中庸》），有了正确的价值观念，就不会走到穷途末路。

西方人讲博爱精神与神圣观念，博爱就是爱，神圣就是敬。与之相应，儒学最重要的就是仁爱精神与敬畏观念，其精神实质也是爱和敬。所以爱与敬是“至德要道”（《孝经·开宗明义》）。中国人培养爱和敬是从家庭开始的，中国人认为自己首先是父母的孩子而非上帝的孩子，首先要爱戴父母和家人，进而把家庭伦理推演到社会伦理，让整个社会充满爱和敬。所以孔子说“立爱自亲始，教民睦也；立敬自长始，教民顺也”（《孔子家语·哀公问政》），孝悌是为人的根本。孟子说“学问之道无他，求其放心而已矣”（《孟子·告子上》），“人之所不学而能者，其良能也；所不虑而知者，其良知也”（《孟子·尽心上》）。要求其放心，就要唤醒善性，从家庭开始。《孔子家语》中说：“吾闻孔子之施教也，先之以《诗》《书》，而道之以孝悌，说之以仁义，观之以礼乐，然后成之以文德。”儒家之教就是成德之教，成德之教非常重要的手段就是“道之以孝悌”，用孝悌来培养爱和敬。中国人的孝悌不是终点，而是起点。从孝悌出发、从家庭出发，把家庭伦理推演到社会伦理。一个真的关心民众的领导，关心民众就像关心自己的子女一样。作为父母官，把民众放在心上，这样的领导一定是好领导。中国文化是回家的文化，是家的哲学，按照传统观念，在外面取得了成就能够光宗耀祖、衣锦还乡，可见家庭观念、故乡观念在中国文化中非常重要。

东西方相比，中国人来到世界上首先考虑的是父母家人，“子生三年，然后免于父母之怀”（《论语·阳货》）。因此，我们从哪种意义上理解丧葬礼仪、孝悌之道以及中国人的尊祖敬宗观念非常重要。《孝经》以爱为至德，以敬为要道，“人道之极，莫过爱敬”（《人物志》）。如果弘扬传统文化的过程中不强调爱敬，那么一定是大起小落。传统文化的弘扬要做到实处，就一定要抓住爱和敬。

西方人说知识就是力量，而我们中国特别强调力量需要方向。提升力量先确定方向，止于至善，这是中国文化的鲜明特色。知止就是方向，方向对了，走得慢点也没关系。对儒家来说，修养的方向就是每个人都应该知其所止。

五、结语

我们今天在中国古代文明研究的视域下思考儒学复兴，可以联想到瑞典物理学家汉内斯·阿尔文博士说过的一句话：“人类要在 21 世纪生存下去，必须回到 2500 年前去汲取孔子的智慧。”林语堂的《孔子的智慧》曾在西方影响很大，西方人 20 世纪 80 年代就已经有这样的认识，我们觉得今天仍然是这样。孔子的智慧代表了中国的智慧，这就是孔子儒学在世界的一种影响。今天我们把孔子的智慧放在中国古文明历史中，讨论文化遗址以及文物的研究给我们带来的很多新认识，使我们看到了中国古文明的长度，我们由此细细思考孔子思想的博大、中华文明的精深。

整理者：姜　楠

图书在版编目（CIP）数据

面向世界的儒学：尼山世界儒学中心联合研究生院共同课：2022 / 靳诺主编．-- 北京：中国人民大学出版社，2023.8

ISBN 978-7-300-31738-0

Ⅰ．①面… Ⅱ．①靳… Ⅲ．①儒学－研究 Ⅳ．① B222.05

中国国家版本馆 CIP 数据核字（2023）第 101885 号

面向世界的儒学

——尼山世界儒学中心联合研究生院共同课 2022

靳　诺　主编

Mianxiang Shijie de Ruxue

——Nishan Shijie Ruxue Zhongxin Lianhe Yanjiushengyuan Gongtongke 2022

出版发行	中国人民大学出版社		
社　　址	北京中关村大街 31 号	**邮政编码**	100080
电　　话	010－62511242（总编室）		010－62511770（质管部）
	010－82501766（邮购部）		010－62514148（门市部）
	010－62515195（发行公司）		010－62515275（盗版举报）
网　　址	http://www.crup.com.cn		
经　　销	新华书店		
印　　刷	涿州市星河印刷有限公司		
开　　本	720 mm × 1000 mm　1/16	**版　　次**	2023 年 8 月第 1 版
印　　张	19 插页 1	**印　　次**	2023 年 8 月第 1 次印刷
字　　数	272 000	**定　　价**	89.00 元